Theresia Hauser · Zeit inneren Wachstums

THERESIA HAUSER

Zeit inneren Wachstums

Die späteren Jahre

Kösel

ISBN 3-466-36480-9

Druck und Bindung: Kösel, Kempten
Umschlagmotiv: Paul Klee: Bäumchen, 1919, 250. 32,2 x 23,2 cm, Öl auf Papier. © VG Bild-Kunst, Bonn 1997
Umschlaggestaltung: Kaselow Design, München

1 2 3 4 5 · 01 00 99 98 97

Gedruckt auf umweltfreundlich hergestelltem Werkdruckpapier (säurefrei und chlorfrei gebleicht)

Inhalt

Zur Einführung

Noch nie sind so viele Menschen in unserer Gesellschaft gleichzeitig älter geworden. Noch nie sind so viele so alt geworden, wie das heute dank medizinischer Forschung und Erfolge der Fall ist. Noch nie gab es so viel Nachdenken über den Sinn dieser langen Lebenszeit, die Menschen nach der Beendigung ihrer Berufsarbeit und ihres Engagements für die Familie noch vor sich haben. Es gibt daher eine vielfältige Literatur mit wichtigen Themen über das Älterwerden und Altsein.

Das vorliegende Buch konzentriert sich – der Titel sagt es bereits – auf die Lebensprozesse speziell des Älterwerdens, die schon in der Lebensmitte ihren Anfang nehmen. Es geht in diesem Buch – genauer gesagt: um die der Lebenssituation des Älterwerdens entsprechende Erneuerung des inneren Menschen. Da diese nur im Austausch mit den Mitmenschen und der ganzen Umwelt gelingen kann, beziehen die einzelnen Kapitel die jeweils besonderen Lebenszusammenhänge mit ein. Denn in ihnen gilt es, zur Übereinstimmung mit sich selbst zu kommen, das heißt inneren Frieden zu finden, und zum Einverständnis mit unserem menschlichen Geschick hinzureifen. Und da sich solche Lebenshaltungen nicht von selbst einstellen, sind in diesem Buch Wege aufgezeigt, die zu einer positiven, das Alter bereichernden, ja beglückenden Spiritualität in den späteren Jahren des Lebens führen können.

Dieses Buch stellt das Alter vor als eine Zeit des persönlichen Werdens, als »Vision eines Aufstiegs«. Denn die Entwicklungsdynamik, die in unserem Leben steckt und uns zeitlebens voranbrachte, will auch im Alter entdeckt und zugelassen werden. Diese Dynamik ist im Alter keineswegs zu Ende. Sie zeigt sich lediglich unter neuen Aspekten. Auch soll deutlich werden, dass unserem Leben ein tiefer Ernst angemessen ist, da es einzig, einmalig, unwiederholbar, kostbar ist. Deshalb ermutigt das Buch dazu, mit Aufmerksamkeit das Leben in seinen vielfältigen Aspekten auch im Älterwerden wahrzunehmen, es mit seinen hellen und dunklen Seiten verstehen und annehmen zu lernen. Auch die Misserfolge, das Fragmentarische, die Brüche und das Scheitern, die Umwege und Irrwege gehören unausweichlich zu unserem Leben. Sich damit zu versöhnen und dies als eine unerlässliche Leistung der späteren Jahre zu begreifen, lässt uns ungescheut hinschauen, woher wir kommen, wer wir geworden sind und wer wir in den Jahren des Alterns werden und sein wollen.

Im ersten Kapitel werden »Lebensprozesse des Älterwerdens« angesprochen. Dabei wird der Prozess der Loslösung von Berufs- und Familienarbeit als eine Zeit gesehen, die geprägt ist von Abschied und krisenhaften Erlebnissen, aber auch von Neuorientierung. Durch die Verwirklichung neuer Lebensziele und -inhalte wird das Alter zu einer Zeit der Daseinserweiterung. Auch kann eine neue Wertorientierung das »alte Leben« erneuern. Das Streben nach Identität im Alter wird im zweiten Kapitel »Zeit inneren Wachstums« als Anruf zu bewusster Gestaltung dieser Lebensphase vorgestellt.

Dem »Miteinander-älter-Werden« gilt das dritte Kapitel. Es bringt Anregungen für die Bemühung, eine Kultur des Zusammenlebens im Alter zu finden, Entfremdungen aufzulösen, auch in »alten« Beziehungen Neues zu entdecken. Dabei wird Wert darauf gelegt, der Alltagswirklichkeit so nahe wie möglich zu sein. Eingefahrene Gewohnheiten erkennen, sie überwinden, damit die Beziehungen zu den uns nahe stehenden Menschen auf neue Weise gesehen und gelebt werden können, ist eine besondere Variante dieses Abschnitts. Auch wird die Aufmerksamkeit auf die kleinen und gewöhnlichen Erlebnisse gelenkt, damit sie zu innerer Zufriedenheit führen und Dankbarkeit erlebt werden kann.

Das Vergehen der Zeit und das Erinnern werden im dritten Kapitel »Die Zeit bedenken« besprochen. Denn das meiste, was wir haben, je älter wir werden, sind Erinnerungen. Deshalb kommt es hier darauf an, welche Einstellung wir zu den Erinnerungen im Laufe der Zeit gewonnen haben. Denn nur als ein mit unseren Erinnerungen einverstandener und versöhnter Mensch können wir Zufriedenheit und Altersweisheit finden, zu der die Bereitschaft gehört, die Endlichkeit und Vergänglichkeit des Lebens anzunehmen.

Das Leben und unsere ganze Lebensgeschichte haben mit Gott zu tun. In der religiösen Erziehung und Sozialisation aber wurden der heute älteren Generation vorherrschend autoritäre und Angst machende Gottesbilder vorgestellt. Deshalb beschäftigt sich das Kapitel »Veränderung des Gottesbildes im Lauf unseres Lebens« mit diesem Gottesbild, aber auch mit dem Prozess der Ablösung von überholten Gottesvorstellungen. Verdrängte und unbewusst gebliebene Gefühle der Angst vor einem strafenden und sich rächenden Gott kommen im Alter in vielen Menschen wieder hoch und blockieren eine vertrauende Beziehung zum Gott ihres Lebens. Manche Menschen scheinen unter einem kaum überwindbaren Misstrauen Gott gegenüber zu leiden.

Da sich während der Lebenszeit älterer Menschen – auf katholischer Seite vor allem durch das Konzil – sowohl im theologischen Denken als auch im kirchlichen Leben vieles verändert hat, will dieses Kapitel die eigene Glaubensgeschichte in ihren Entwicklungsschritten und ihren Schwierigkeiten ins Gedächtnis zurückrufen. Auf diese Weise können Zeiten der Entfremdung, Zeiten der Neuorientierung und ebenfalls die mit zunehmendem Alter reiferen Entscheidungen erinnert, tiefer verstanden und bewusster angenommen werden. Vor allem wird in diesem Kapitel versucht, statt der Angst machenden befreiende Aspekte in dem heute aufscheinenden Gottesbild herauszustellen.
Da es im Glauben an Gott nicht einfach nur um das Für-wahr-Halten von Glaubenssätzen geht, sondern zuvorderst um eine persönliche Beziehung zu Gott, will diese auch unserer Erfahrung zugänglich sein. Das Kapitel »Gottesbilder der Erfahrung« lädt ein, im Nachhinein wahrzunehmen, wie sich Gott in unserer Lebensgeschichte immer anders zeigte, wie er uns immer anders nahe war, auch dann, wenn wir ihn als nicht bei uns gegenwärtig, sondern als fern erlebten. Die Geschichte vom »Rücken Gottes« will uns sagen, wie wir das Bei-uns-Sein Gottes in unserem Leben im Nachhinein verstehen können.

Da es um Beziehung geht, schließt sich das Kapitel an: »Wieder anfangen mit Beten«. Es will unsere Gottessehn-

sucht bewusster machen und zeigen, wie wir sie gerade im Gebet besonders leben und erleben können.
Das Alter hat auch seine schmerzhaften Seiten. Unvermeidliche Minderungen körperlicher und vielleicht auch geistiger Fähigkeiten gehören dazu. Eine Auseinandersetzung mit diesen Aspekten des Alterns versucht das vorletzte Kapitel: »Krankheit und Altern als Grenzerfahrung«.

»Die Endphase des Lebens«, die am Schluss beschrieben wird, kann für die einen kurz oder auch länger dauern. Manche werden sie gar nicht erleben, weil ein plötzlicher Tod ihr Leben beendet. Dieses Kapitel verknüpft Erfahrungen, die Menschen in dieser letzten Phase an der Grenze des Daseins möglicherweise machen, mit mönchischen Lebenshaltungen, die die Existenz des Menschen umzuwandeln vermögen in seine eigentliche und letzte Bestimmung: für ein Leben mit Gott, für das Eins-Sein mit Gott. Das mag Freude heißen, endlich Frieden nach allem Fragen, Zweifeln, Suchen, Kämpfen und Ringen. Das kann sogar Seligkeit heißen, unvorstellbares Glücklichsein. Zunächst aber heißt es zu erkennen, dass wir dem menschlichen Schicksal von Leiderfahrung, von Leiden, Sterben und Tod nicht entgehen können.

Dieses Buch hat eine lange Herkunft. Es wuchs mir zu aus den vielen Erfahrungen, reichen Einsichten und Erkenntnissen, die ich in meiner früheren Arbeit in der Frauenseelsorge und der Erwachsenenbildung gewinnen konnte. Vor allem in den Seminaren, Kursen und Einzelberatungen für Menschen »vor und nach der Pensionierung« kam der Wunsch auf mich zu, diese Erfahrungen auch anderen Menschen mitzuteilen. Nicht zuletzt aber ist dieses Buch

darüber hinaus dank meines bereits mehr als sieben Jahrzehnte währenden Lebens auch das Ergebnis meiner eigenen Auseinandersetzung mit dem Älterwerden.
Es war nicht leicht, die vielen Gesichtspunkte, Probleme und Themen, die das Leben in den späteren Jahren mit sich führt, in eine übersichtliche Struktur zu bringen. Schließlich fügten sie sich während des Denkens und Schreibens in die hier vorliegende Buchgestalt. Ich habe versucht, die einzelnen Kapitel thematisch konsequent durchzugestalten. Da aber im Leben, wie wir wissen, alles mit allem zusammenhängt, ließ es sich dennoch nicht ganz vermeiden, dass mancher Gedanke, wenn auch unter jeweils anderem Aspekt und in einem neuen Zusammenhang, nochmals auftaucht. Die entsprechenden Stellen habe ich daher durch Seitenverweise gekennzeichnet.

Kein Leben gelingt ohne Austausch mit anderen. Das gilt auch für dieses Buch. So möchte ich an dieser Stelle jenen Menschen danken, die in meinen Seminaren, Kursen, Gruppen- und Einzelberatungen durch ihre Offenheit, ihre Anregungen und Mitteilungen zur Auseinandersetzung mit dem Älterwerden beigetragen haben. Mein Dank gilt vor allem meinen Freundinnen und Freunden, die mich während der Arbeit an diesem Buch ermutigt und mit hilfreicher Kritik begleitet haben. Dem Kösel-Verlag danke ich für den Impuls, dieses Buch zu schreiben. Es hat mir geholfen, mein Leben von neuem und wiederholt anzuschauen, es besser zu verstehen und mein eigenes Älterwerden bereiter anzunehmen.

Theresia Hauser

Lebensprozesse des Älterwerdens

Nicht nur die Jahre bestimmen das Alter

»Altern – Vision eines Aufstiegs«

Wie geht das: älter werden? Und: Wann ist man alt? Geben die Jahre an, wie alt ich bin? Oder gilt der oft gehörte Satz: Man ist so alt, wie man sich fühlt? Kommt es allein darauf an, körperlich fit zu bleiben? Oder ist die innere, geistige Lebendigkeit das Geheimnis, dass ältere Leute »jung« sind, »jung« bleiben? Ist es beides zusammen?
Wir werden automatisch älter. Die Uhr bleibt nicht stehen. Tage und Jahre vergehen. Aber wir werden nicht automatisch reifer. Menschlich reifen, innerlich wachsen, mit sich selbst weiterkommen verlangte schon immer, das ganze Leben hindurch, geistig-geistliche Wachheit und Aufmerksamkeit für die eigene Person und ihre Entwicklung, ein Bewusstsein zu haben von sich selbst. Jetzt, in den späteren Jahren des Lebens, gilt es, diese innere Lebendigkeit nicht nur zu bewahren, sondern sie weiterhin bewusst anzustreben. Sie kann als Kommunikations- und Beziehungsfreudigkeit, als informiertes Interesse am Zeitgeschehen, als bleibende, wenn auch veränderte Verantwortung für das gemeinschaftliche Leben in Familie,

Nachbarschaft, in Gesellschaft und Welt verstanden und verwirklicht werden. Innere Lebendigkeit schließt die Bereitschaft zu ständiger Wandlung und Veränderung mit ein, die auch die Aufgeschlossenheit gegenüber jüngeren Generationen möglich macht, deren Lebensverständnis anders ist als das der Älteren.

Älter werden ist, wie der Zukunftsforscher Robert Jungk sagt, mit der »Vision eines Aufstiegs« verbunden. Und Ida Friederike Görres schließt sich ihm an mit der Meinung, der geheimnisvolle Prozess des Alterns gleiche nicht einem Abstieg ins dunkle Tal, vielmehr sei er ein Aufstieg zum letzten Gipfel, vor dem man jedes überflüssige Gepäck ablegen müsse.

Gewiss, das Ersteigen eines Gipfels ist anstrengend. Ein Gipfel aber verspricht auch viel: Eine weite Sicht, die man nur dort gewinnt; eine andere Perspektive; den Blick auf den zurückgelegten Weg; die Distanz zu dem, was man zurückgelassen hat; ein Aufatmen; ein neues Sehen; ein Freiwerden von Belastendem; vielleicht eine neue Einstellung zum Alltäglichen.

In dieser positiven Sicht des Alters als einem Aufstieg steckt eine Aufforderung. Die dem Leben innewohnende Entwicklungsdynamik, die bis zu seinem Ende bleiben und es sogar darüber hinaustreiben wird, soll in den Prozessen des Alterns wahrgenommen, beantwortet und gestaltet werden. Denn »des Lebens Ruf an uns wird niemals enden«, sagt Hermann Hesse. Wenn wir diesen Ruf ernst nehmen, ihn für uns gelten lassen, bleiben wir auch alternd im Fluss des Lebens. Wir erhalten uns dadurch die innere Lebendigkeit, die geistige Beweglichkeit, ebenso die wichtige Fähigkeit emotionaler Beteiligung am alltäglichen Geschehen des Lebens. Denn eine uns erfüllende und befriedigende Lebens- und Sinnperspektive im Alter stellt sich nicht einfach von selbst ein. Sie muss erarbeitet werden. Und zwar in unserem eigenen Inneren.

Eine positive Einstellung zum Alter finden

In unserer Gesellschaft werden immer mehr Menschen immer älter. Die Zahl der Hundertjährigen nimmt zu. Da niemand wissen kann, wie lange das eigene Leben dauern wird, gewinnt folgendes Wort an Bedeutung: »Es ist nicht so wichtig, wie alt man wird; wichtig ist, *wie* man alt wird«. Das betrifft nicht nur, doch auch und vor allem die Körperlichkeit beziehungsweise die Gesundheit des älteren Menschen. Denn sie entscheidet weitestgehend über Befindlichkeit und Lebensqualität der späteren Jahre. Aber schließlich beeinflusst auch die Einstellung zum Alter das Wie des Alterns. Denn trotz körperlichen Trainings, Hygiene und Gesundheitspflege – zu dem das Älterwerden uns schon deshalb verpflichtet, damit wir nicht aus Nachlässigkeit allzu früh fremde Hilfe in Anspruch nehmen müssen – altert der Körper. Der Prozess des biologischen Abbaus, der Minderung unserer Fähigkeiten, der zunehmenden Einschränkungen und – vielleicht – einer totalen Abhängigkeit in der Endphase des Lebens, verlangt, dass wir zu diesen Verlusten, die das Altern uns zumutet, eine angemessene geistige Haltung, eine entsprechende Spiritualität finden. Eine Spiritualität, die die Lebenswende zum Altern und das Alter selbst als eine weitere Lebensphase inneren Wachsens und als eine Zeit begreift, die einen Aufstieg zum reiferen Menschsein ermöglichen kann.

Letztlich geht es um eine Spiritualität des Lebens, denn wie in allen vorausgehenden Lebensabschnitten, so kommt Gott uns auch in dieser letzten Lebensphase entgegen. In diesem Bewusstsein werden die Alterungsprozesse als ein Geschehen verstanden, die uns einladen, uns innerlich zu wandeln und zu läutern. Auch im Alter bleibt Spiritualität weitestgehend eine von uns selbst zu entscheidende Lebenseinstellung, die allem, was das Leben ausmacht, was es bringt, gibt, nimmt und zu tun aufgibt, seine Prägung verleiht. Sie folgt darin einem innersten, geistig-geistlichen Spürsinn, einer Intuition, die alles sichtet, gewichtet, beurteilt, unterscheidet, annimmt oder verwirft. In diesen Vorgängen formt sich unser Leben. Je wacher wir darin sind, je sensibler wir wahrnehmen, was ist, wie es uns betrifft, was eine Situation, ein Mensch, eine Sache fordert, desto näher sind wir uns selbst und unserer eigenen Wahrheit.

Die Einstellung zum Alter muss also von uns selbst täglich erarbeitet, immer neu aufgebracht werden. Man hat sie nicht auf einmal. Die körperlichen Signale fordern uns immer wieder auf, Stellung zu beziehen. So, wie ich mein Alter sehe, beurteile und was ich schließlich daraus »mache«, so ist es auch. Meine Einstellung färbt und formt mein Lebensgefühl: Sie kann resignativ sein, räsonnierend unzufrieden mit allem, was und wie es jetzt ist, oder dass es nicht so ist, wie ich es gerne hätte. Man kann die Zumutungen und die Lasten des Alters und die Veränderungen, die sie mit sich bringen, jedoch auch immer wieder anschauen und sie als jetzt zu mir gehörend allmählich anzunehmen lernen. Auch ist es möglich, innere Zufriedenheit zu finden, obwohl wir sie jetzt vermehrt aus anderen Quellen schöpfen werden als in jüngeren Jahren.

Der alte Mensch hat mehr Zeit zum Nachdenken. Er hat innerlich mehr Raum, seine Gefühle wahrzunehmen und seine verschiedenen Gestimmtheiten. Er kann sensibler und aufmerksamer damit umgehen als in der Hektik früherer Tage und Jahre. So kann er gerade daran arbeiten, seine Gefühle, wo das angezeigt ist, zu verändern, zu wandeln; zum Beispiel, um zu mehr Geduld mit sich selbst, zu mehr Einfühlung und Verständnis auch für den anderen Menschen zu kommen.

Die Wandlungen, zu denen uns das Altern einlädt und auffordert, können stetig und leise vor sich gehen. Unsere Einstellung zu den Alterungsprozessen kann sich mit diesen kontinuierlich formen. Auf diese Weise können wir mit der Zeit zu einem Einverständnis mit dem Unabänderlichen kommen. Der ältere Mensch kann aber auch Turbulenzen ausgesetzt sein, die abrupte innere und äußere Entscheidungen fordern und ihn überfordern, weil er sich darauf nicht vorbereitet hat oder nicht vorbereiten konnte. Das können plötzliche Krankheiten sein, Invalidität oder auch der Tod des nächsten Angehörigen. Diese möglichen Geschehnisse fordern von uns zumindest eine innere Wachheit als eine vorbereitende Haltung auf uns Überraschendes.

In unsere Einstellung zum Altern können wir ein Wort aufnehmen, das Zuversicht schenkt: »Während sich der äußere Mensch verbraucht, erneuert sich der innere von Tag zu Tag« (vgl. 2 Kor 4,16).

Zu einer positiv stimmenden Einstellung im Alter gehört die uns jetzt tragende Einsicht, dass jede der schon durchlaufenen Lebensstufen ihre eigene Bedeutung hatte. Ebenso wie sie hat auch die jetzige Lebensstufe ihre Aufgaben, ihre Chancen des Werdens und Reifens. Auch sie hat ihren eigenen Lebenssinn. Ihn zu suchen und zu entdecken, ihn für sich selbst und auch für andere zu erschließen, bleibt uns aufgegeben. Dieses Bemühen wird sich als belebende Kraft erweisen, wenn wir uns als Suchende verstehen und bewähren. Die Suchbewegung allein schon lässt uns Menschen sein, die sich unterwegs wissen, Menschen mit dem Bewusstsein, nie endgültig fertig zu sein; Menschen, die offen sind, neugierig auf das Leben, so wie es jeden Tag auf uns zukommt.

Aber auch der Blick zurück auf das schon gelebte Leben ist wichtig, um unsere eigene Lebensgestalt in ihrem Gewordensein tiefer zu erfassen und sie in unser Bewusstsein einzubringen. Dabei kann uns der Baum zur Jahreszeit des Herbstes ein Gleichnis sein. So wie die Frucht am Baum die Substanz aus all ihren bisherigen Wachstumsphasen enthält, so hat sich im Kern unserer Person im Lauf des Lebens die unvergängliche Lebenssubstanz angesammelt. Dort ist alles Gelebte bewahrt: aus Kindheit und Jugend, aus der Zeit des Erwachsenwerdens und dem Erwachsensein, aus der Zeit des Älterwerdens und Altseins. Alles ist mit unserer heutigen Lebensgestalt verwoben und in ihr bewahrt.

Betrachten wir unseren Lebensweg, werden wir gewahr, wie viel Lebenserfahrung und Lebenswissen wir erworben haben, welch eine Zeit der Ernte die Zeit des Alterns ist. Aber da das Leben nicht still steht, kommt Neues auf uns zu. Schließlich wird man zum ersten Mal alt. Wir machten diese Selbst-Erfahrung bisher noch nicht. Was man unter oder in der eigenen Haut erfährt ist anders, als wenn man es an anderen sieht oder von anderen weiß. Es bedarf der inneren Bereitschaft, sich in den eigenen, jetzt anders erlebten Grenzen einzurichten. Zufriedenheit, Lebensintensität, selbst Glücklichsein als geistige Qualitäten sind nicht an eine Lebensphase gebunden. Sie können auch das Alter erhellen, besonders dann, wenn wir versuchen, auch andere Menschen zu diesen Einstellungen zu ermutigen oder gar zu befähigen: heranwachsende Enkel und Enkelinnen, Nachbarn, Freunde, Hausgenossen, die eigenen »Kinder«. So können wir dann die Motivation finden, unser jetziges Leben dankbar anzunehmen.

Mit neuen Ängsten umgehen lernen

Was wir auch Positives über das Alter sagen können, es bringt auch Ängste mit sich. Obwohl wir aufatmen darüber, dass wir vieles hinter uns haben, und obwohl wir uns sagen dürfen, dass wir »es« geschafft haben. Aber, daran zu denken, was das Alter alles mit sich bringen kann, ängstigt auch gelegentlich. Wenn wir zum Beispiel unsere Vergesslichkeit erleben, ebenso unangenehm berührt sind darüber, dass wir die Namen von Bekannten zwar auf der Zunge haben, sie aber nicht gleich sagen können; oder wenn wir merken, dass unser Reden manchmal nicht mehr so flüssig ist, uns die gewünschten Worte einfach wegbleiben, können uns diese Erlebnisse, in die Zukunft projiziert, erschrecken. Die Vorstellung, dass wir uns vielleicht eines Tages nicht mehr werden allein anziehen, uns im alltäglichen Leben nicht mehr werden selbst helfen können, dass wir dafür mehr oder ganz von der Hilfe anderer abhängig sein, diesen gar zur Last fallen könnten, beunruhigt uns erheblich. Ebenso die Angst, verlassen zu werden.
Diese Realitäten, die als Möglichkeit in unsere Phantasie dringen, sollten wir nicht verdrängen. Sie müssen ja so

nicht eintreffen. Außerdem hilft Verdrängen der Ängste nicht. Besser wäre, sie anzuschauen und sich mit ihnen auseinanderzusetzen. Andernfalls könnten die Ängste, wenn sie ins Unbewusste verwiesen würden, übermächtig werden und uns eines Tages unkontrolliert überfallen. Sie könnten heimlich unser Lebensgefühl annagen und die positive Einstellung zum Alter gefährden, sie gar aushöhlen. Manche alte Menschen werden morgens, im Dämmer des Halbschlafes, von Ängsten und depressiven Stimmungen angefallen. Die Gefahr, sich in sie hineinsinken zu lassen, ist in diesen Momenten besonders groß.
Helfen wird das Aufstehen, auch wenn es noch nicht an der Zeit wäre. Schon die stehende Haltung, das Straffen der Glieder, das über die ganze Haut fließende Wasser unter der Dusche und das anschließende Begrüßen des neuen Tages, der Dank für einen weiteren Lebenstag, kann die Ängste vertreiben. Von einem über achtzigjährigen Mann hörte ich, dass er in dieser Situation anfängt, für alle Menschen zu beten, von denen er weiß, dass sie krank oder gefährdet sind. Seine »Liste« würde immer länger, sagte er eines Tages. Sein Denken und Beten helfe ihm, sich einbezogen zu fühlen in die Gruppe der Menschen, die zwar noch nicht so alt seien wie er, sondern schon in jungen Jahren leiden oder unheilbar krank sind.

Immer mehr werden wir lernen und lernen müssen, mit uns selbst bewusster umzugehen. Wir werden uns darin üben, herauszubekommen, was für uns persönlich hilfreich ist, um auch mit unseren Ängsten bewusst zu leben. Auch das Reden mit Gleichaltrigen, die ähnliche Erlebnisse haben und vielleicht bereits eine Praxis entwickelt haben, mit ihren Ängsten zu leben, ist eine wirksame Hilfe.

Aus-Sprache hilft zur Bewusstwerdung. Und diese Bewusstwerdung hilft, besser zu leben.
Zur Bewältigung der Ängste vor der Zukunft im Alter kann der Blick in unser zurückliegendes Leben helfen. Immer schon gab es Ängste vor manchen Ereignissen und Aufgaben. Ängste blockierten oftmals unsere Wahrnehmung und verzerrten die Realitäten. Trafen diese dann ein, waren sie lebbar, weil doch nicht so tragisch, wie wir sie uns oft ausmalten. Sollten wir nicht jetzt zu dem Vertrauen finden, dass uns im Alter auch nicht mehr zugemutet werden wird, als wir tragen und verkraften können? An diesem Vertrauen bewusst zu arbeiten, stützt die positive Lebenseinstellung im Alter. Sie gibt Kraft, sogar Freude, den jetzigen Tag unbelastet, die jetzt geschenkte Lebenszeit zuversichtlich anzunehmen und schöpferisch zu gestalten.

Die Endlichkeit bejahen

Zeitgleich mit der Verwirklichung der »Vision eines Aufstiegs«, verstanden als inneres Wachstum auch im Alter, verläuft das Nachlassen der Kräfte, der biologische Abbau. Gerade dieser fordert uns heraus, es mit der Bemühung um den geistig-geistlichen Menschen in uns nicht anstehen zu lassen. Im Prozess des Älterwerdens gehe es nicht nur, wie August Vetter meint, um das »allmähliche Abstandnehmen vom äußeren Dasein«. Es gehe vielmehr »um Selbstfindung und um die Einkehr in das innere Wesen« des Menschen. Schon in der Lebensmitte kann unser »Existenzgewissen« beunruhigende Signale senden, die uns mahnen, mitten in der Turbulenz des Lebens der

»Selbstbegegnung« Raum zu geben, was da heißt, uns selbst nicht aus dem Blick zu verlieren, sich einen Zugang zum eigenen Inneren zu bewahren, oder mit anderen Worten, sich selbst nicht gänzlich zu veräußerlichen. Letztlich sind diese Mahnungen eine frühe Aufforderung, sich der Endlichkeit des Lebens bewusst zu stellen.

Im allmählichen oder auch im plötzlichen und erschreckenden Bewusstwerden der uns gesetzten Grenze zu einer Bejahung unserer Sterblichkeit zu finden, ist eine der schwersten Aufgaben unseres Lebens. Alle Errungenschaften, auch wirtschaftliche und medizinische, und alle Fürsorge zur Gesunderhaltung und Lebensverlängerung »können letztlich ein Sinnverständnis des Alters nicht erreichen und auch keine wirksame Hilfe im seelischen Erlebnis der Alterskrise sein ... ein williges Hineinwachsen in die Schicksalsforderung, alt zu werden, kann im Grunde nur die Religion vermitteln. Eben darin liegt – auch psychologisch gesehen – ihre eigentliche und durch keine andere Instanz zu ersetzende Aufgabe, die sie bereits rechtfertigt«. (August Vetter, »Das Alter in psychologischer Sicht« in: Zwingmann, Charles, Psychologie der Lebenskrisen. Frankfurt a.M. 1962)

Der Glaube an den Gott des Lebens, die Hoffnung auf die Erneuerung unseres Lebens durch ihn und bei ihm, können die Zumutungen des Alters, die den Aufstieg zur letzten Reife des inneren Menschen begleiten, mildern und erträglich machen. Schließlich wird uns dieser Glaube fähig machen, den Tod als die letzte Wandlung unseres Lebens anzunehmen.

Da der alte Mensch naturgemäß in einer anderen zeitlichen Nähe zum Tod lebt als Menschen jüngerer Lebensalter, ist es für ihn besonders wichtig, eine »abschiedliche

Lebenseinstellung« zu entwickeln. Er muss lernen zu vergehen. Unser Name vergeht. Wir werden vergessen. Die Zeit geht über uns hinweg. Auch sie vergeht. Und wir mit ihr.

Im Ja zur Endlichkeit kann der alte Mensch eine wichtige Korrektur in unsere Gesellschaft einbringen, die die allseitige Haben-Orientierung, das Geld- und Besitzstreben relativiert. Wenn er in der Hoffnung auf ein neues Leben nach dem Tod innerlich und äußerlich loslassen und zurücklassen kann, was ihm lieb und teuer war, was er einst unter großer Mühe und Einsatz seiner Lebenskraft zu erreichen strebte, können die Weiterlebenden vielleicht zu einer gelasseneren Haltung gegenüber der Tendenz des »Immer-Mehr« unserer Zeit kommen. Frei geworden vom Festhaltenwollen kann der alte Mensch anderen Menschen hilfreich sein, indem er großzügig und freigebig ist, indem er geben und schenken kann, ohne auf Gegenleistung zu warten oder gar aufzurechnen, was er einmal gegeben hat. Das Geben und Gebenkönnen – das kann eine Einsicht des Alters und ein Teil der Altersweisheit sein – hatte seinen Lohn immer schon in sich. Es ist uns auch dann nichts entgangen, wenn wir Dank vermissen sollten. Diese »Narrenfreiheit«, diese »späte Freiheit« (L. Rosenmayr), die so handeln kann, hat das Verstehen bei sich, auch das großmütige Verzeihen.
Es steht einem alten Menschen schlecht an aufzurechnen, was er einmal gegeben hat. Er, der doch schon die Grenze schaut, auf die das Leben zuläuft, sollte das eigene und das Gedächtnis anderer nicht beschweren mit Erinnerungen an das, was er einst investiert hat – zum Beispiel in die Ausbildung der Kinder oder in die Unterstützung anderer. Das Behalten solcher »Rechnungen« oder gar das Vorrech-

nen des Gegebenen verhindert nicht nur die eigene – doch auch ersehnte – Freiheit im Alter. Ebenso schafft es eine Atmosphäre von Unsicherheit und Unfreiheit unter Angehörigen, erschwert ihnen herzliche Zuwendung und sonst gern gewährte Hilfe.
»Aus diesem Ja zur Endlichkeit«, so der Altersforscher Leopold Rosenmayr, »kann Widerständigkeit gegenüber dem umfassenden Innovationsdruck unserer Wirtschaft und Gesellschaft entstehen. Daraus wird potentiell auch eine lebens- und sozialkritische Haltung ableitbar, welche die Alten der Gesellschaft als Korrektur anbieten können. Sich von der Sucht nach immer Neuem abzulösen, vermag nur, wer die Endlichkeit bejaht«.

Und dennoch: Offensein dem Leben gegenüber

Abstand gewinnen, loslassen, zurück-lassen ist nicht alles, was das Alter fordert. Altern ist gewiss eine Zeit der Abschiede. Es ist eine Zeit der Entflechtung aus manchen, vor allem beruflichen Kontakten und Beziehungen. Es ist eine Zeit der Entpflichtung aus Arbeitsverträgen, persönlichen Bindungen, familiären Rollen und Verantwortungen, auch aus zeitlicher Verplanung. In all diesem Weg-gehen und Weg-geben begegnet uns das Vorbei, die Endgültigkeit des Gewesenen. Aber Altern ist auch eine Zeit, in der wir uns neuen Lebensinteressen und -aufgaben öffnen können. Lange aufgestaute und immer wieder zurückgedrängte Wünsche nach Betätigungen, die wir lieben, nach Erlebnissen, die wir uns nicht gönnen konnten, nach Vertiefung und Erweiterung unseres Wissens, nach aktiver Beteiligung an überfamiliären und außerberuflichen Aufgaben können wir uns jetzt eher erfüllen. Mehr als je können wir jetzt ganz persönlichen Interessen und Bedürfnissen nachkommen, weil wir mehr Zeit haben als früher, weil unsere inneren und äußeren Kapazitäten dafür frei geworden sind.

»Einkehr in das eigene Wesen« steht nicht im Widerspruch zum Offensein dem Leben gegenüber, sie fordert sie sogar. Vernachlässigung oder gar Verzicht darauf würde allzu schnell zu sozialer, geistiger und emotioneller Verarmung, zu depressiven Stimmungen und erschwertem Umgang mit den körperlichen Einschränkungen führen. Vor allem würde ein träger Geist vor der Aufgabe flüchten, durch wiederholte Selbstbesinnung an einem differenzierten Selbstbewusstsein zu arbeiten, aus dem uns eine vertiefte und neue Wertschätzung des vergangenen und gegenwärtigen Lebens zuwachsen kann.

Sich lösen von der Lebensarbeit

Bevor wir in späteren Kapiteln vom Aufstieg zur Altersreife sprechen, besinnen wir uns auf jene einschneidenden Erlebnisse, die uns von außen anzeigen, dass wir älter werden, älter geworden sind. Das ist die Zeit, in der sich der Familienverband auflöst, das letzte Kind das Haus verlässt, wenn also die unmittelbare Elternzeit für Frauen und Männer zu Ende ist. Das ist der Zeitpunkt der »Pensionierung«, wenn wir plötzlich Rentnerin, Rentner werden und hinter unserem Namen das bekannte i.R. oder a.D. schreiben. Dieses Ereignis bringt eine Zäsur in die Lebensgestaltung und in das Lebensgefühl von Frauen und Männern.

Den Prozess der Ablösung von lebenslanger Familien- und Berufsarbeit wollen wir noch einmal anschauen, falls wir ihn schon hinter uns haben. Sind wir mittendrin oder haben wir ihn noch vor uns, können wir uns, auch bereits vorweg, bewusst machen, wie wir uns, wenn der Zeitpunkt gekommen ist, eventuell in diesem Prozess erleben werden. Wir können durch dieses Bewusstmachen und Bewusstwerden eher erkennen, was uns an Loslassen und Neubeginn bevorsteht oder was wir nachzuholen haben. Das Bedenken dieser von Abschied geprägten Zeit kann uns helfen, uns selbst in unserer Gefühlslage besser zu verstehen. Und dieses Verstehen wird uns öffnen für die spirituelle Lebensweise, die wir für die späteren und späten Jahre suchen.

Sich verabschieden aus dem beruflichen Arbeitsfeld

Wenn wir uns bis zur Zeit der Rente in unserer beruflichen Arbeit verausgabt haben, kann uns das Gefühl einer gewissen Sättigung, auch Müdigkeit erfüllen. In den Jahren, die meinem eigenen Berufsende vorausgingen, dachte ich oft an ein Wort von Rainer Maria Rilke, man solle seinem Abschied voraus sein. Es gibt Menschen, die sich schon vor der »Pensionierung« in eine Auseinandersetzung begeben zwischen dem, was sie noch »haben« und leben, und der ungewissen Zukunft, die nach diesem Wendepunkt beginnt. Eine solche Auseinandersetzung ist deshalb wichtig, weil wir uns nicht so schnell oder so einfach lösen aus einem Arbeitsfeld und einem Kollegen- und Kolleginnenkreis, zu dem wir gehören und der ein gut Teil unseres

Lebens ausmacht. Schließlich sind wir durch unsere Arbeit aktiv mit dem Leben in Arbeitswelt und Gesellschaft verbunden. Sich davon zu verabschieden, fällt möglicherweise auch dann schwer, wenn das erwähnte Sättigungsgefühl da ist. Denn dieser Abschied von einem bedeutenden und womöglich geliebten Lebensabschnitt ist, weil endgültig, auch schmerzlich. Besonders dann, wenn Neues anstelle des »Alten«, des zu Verlassenden, nicht in Sicht ist. Schließlich findet man in seiner beruflichen Welt und den darin wichtigen sozialen und sachbezogenen Rollen auch ein großes Maß an Möglichkeiten zur Selbstverwirklichung.

In abgeschwächtem Maße mag das auch für jene gelten, die eine in weiten Stücken unbefriedigende Arbeit, gar eine ungeliebte tun müssen. Auch hier mag gelten, dass »Verpflichtung ein Stoff ist, aus dem sich Charakter aufbaut«. Ihr zu folgen ist jeweils ein persönlicher Sieg über Pessimismus und Resignation. In meinem eigenen Arbeitsbereich habe ich Frauen erlebt, die nach ihrer Pensionierung um eine weit unter ihrem geistigen Niveau liegende Tätigkeit froh waren. Nur deshalb, damit sie morgens beim Aufstehen das Gefühl hatten, zu einer bestimmten Zeit an einem »Arbeitsplatz« erwartet zu werden. Das half ihnen aus ihrer depressiven Stimmung heraus. Schließlich fanden sie nicht nur Drucksachen vor, die in Kuverts eingesteckt werden mussten. Sie kamen auch unter Menschen.

Die Sorge, wie man nach Beendigung der Berufsarbeit zu einer entsprechenden Selbstwerdung finden wird, ist mehr als berechtigt.

Zwiespältigkeit ist die Qualität, die unsere Gefühle an der Wende zu einer neuen Lebenszeit charakterisieren. Ge-

raume Zeit vor der Rente, zum Beispiel in jahreszeitlich bedingtem Stress wie in der Vorweihnachts- oder Inventurzeit, auch in Konfliktsituationen, möchte man am liebsten gleich aus »dieser Mühle« heraus. Drückt die Arbeitslast auf die doch auch schon abnehmenden Kräfte, tröstet der Gedanke, dass es so nicht mehr allzu lang weitergehen wird. Man sehnt das Ende herbei.
Es gehört zum Trauerprozess, der mit diesem Abschied mehr oder weniger stark verbunden ist, dass es dann wieder Zeiten gibt, in denen nur die positiven Seiten des Berufsalltags Gemüt und Bewusstsein erfüllen. Dann ist man versucht, alles glattzubügeln, zu harmonisieren, nicht wahrhaben zu wollen, was auch schwierig war und ist. Oder man räsoniert an allem herum, wird bitter, weil man sich als zu wenig geschätzt, sich ungerecht behandelt fühlt oder auch, weil man sein Ziel nicht erreicht hat. Auch Versäumtes, alles das, was man hätte besser machen können und wollen, wird bewusst. Gefühle der Reue über manches ungute Verhalten, manches unliebsame Wort schaukeln sich hoch. Längst überwunden geglaubte Launenhaftigkeit, vermischt mit Altersempfindlichkeit und -gekränktheit, können zeitweise das Gemüt überschwemmen. Man steigert sich dann leicht in das Gefühl hinein, das Leben sei ungerecht mit einem umgegangen. Vor allem werden in solcher Stimmung Dank und Anerkennung vermisst.

Die bewusst erlebte innere Loslösung vom Berufsleben im Voraus ist für später eine große Hilfe. Werden doch in der erwähnten Auseinandersetzung bereits innere Dispositionen vorbereitet, die eine Anpassung an das Leben danach erleichtern. Man spielt in seiner Phantasie alle Möglichkeiten durch, was nachher sein könnte, wie man das Leben gestalten, mit Sinn erfüllen wird für sich selbst, für und mit anderen. So lässt man die Vorstellung zu, was das Leben noch alles bieten, Augen und Ohren, Seele und Geist nicht nur trösten, sondern mit Lebensfreude erfüllen könnte. Man erlebt dabei eine Art Vorausfreude, die beschwingt und uns das Bewusstsein von neuen Anfängen vermittelt, von Möglichkeiten, die uns noch einmal »jung« sein lassen. Mit der Zeit lernen wir begreifen und wie schon oft im Leben auch akzeptieren, dass Veränderungen es in sich haben, Anderes und Neues zu bringen. Dafür kann man sich bereit machen.

Um sich in diesem Prozess der Ablösung von der Berufsarbeit der eigenen Gefühle bewusster zu werden und dem eigenen Erleben nahe zu sein, werden hier einige Fragen folgen, die sich für die Teilnehmerinnen von »Tagen der Lebensorientierung vor und nach der Pensionierung« als hilfreich erwiesen haben. Falls Sie diese Fragen für sich beantworten wollen, ergänzen Sie die folgenden Satzanfänge entsprechend Ihren Vorstellungen. Vielleicht können Sie das Ergebnis mit jemanden, der in der gleichen Situation ist, besprechen.

Wenn ich an die Beendigung meiner Berufsarbeit denke, fühle ich mich ...

Wenn andere mich auf mein Berufsende ansprechen, erlebe ich ...

Wenn ich zu arbeiten aufgehört habe, werde ich als erstes ...

Wenn ich an mein Arbeitsende denke, freue ich mich am meisten auf ...

Wenn ich aufgehört habe zu arbeiten, befürchte ich ...

Wenn ich nicht mehr arbeite, hoffe ich ...

Wenn ich nicht mehr arbeite, vermute ich, andere erwarten von mir ...
Wenn ich in Rente bin, vermute ich, andere denken von mir ...

In den nächsten Abschnitten werden wir uns beschäftigen mit den Situationen und den Problemen, die auf Frauen und Männer nach dem Ende von Familien und Berufsarbeit warten. Im Voraus können wir uns eine Besinnung gönnen, die uns die Zeit unmittelbar danach nochmals vor Augen führt:

Wie habe ich den Übergang vom »aktiven« Leben zum »Ruhestand« erlebt? Was war, was ist ganz anders, als ich es mir vorgestellt, als ich es erwartet habe?
Wie geht es mir in meinem »neuen Leben«?
Was gibt mir Zufriedenheit?
Was macht mich innerlich unruhig, was bringt mich in ängstliche Anspannung?
Was würde ich anderen Menschen, die die »Pensionierung« noch vor sich haben, raten? Und warum?
Bin ich traurig über etwas, das ich lassen musste? Und warum?
Wie verbringe ich meinen Tag, meine Zeit?

Sich von bisherigen Familienaufgaben lösen

Manches, was wir über die Loslösung von der beruflichen Arbeit gesagt haben, gilt in bestimmter Hinsicht auch für die Ablösung vom »Arbeitsplatz« innerhalb der Familie. Sind die Kinder »aus dem Haus« und in ihre eigenen »vier Wände« gezogen, fällt vieles an Arbeit, vor allem für die Hausfrau, nicht mehr an. Wenn früher das Sorgen und Besorgen die Zeit füllte, entsteht jetzt freie Zeit. Das begrüßen viele Frauen. Auch für sie gilt, dass sie sich endlich eigenen Plänen und Interessen widmen möchten.

Das wird jenen Frauen leichter fallen, die neben der Familie auf solche Interessen nie ganz verzichtet haben, die in Kontakt geblieben sind mit dem kulturellen, sozialen und kirchlichen Leben. Frauen, die »alles für die Familie« und »nichts« für sich taten, fallen leicht in eine Depression, weil sie ihr Leben jetzt als leer empfinden. Wenn sie dann noch mit ihrem Aussehen, ihrer Figur unzufrieden sind, empfinden sie schon leichtere Alterserscheinungen als »Katastrophe«. Frauen, die sich frühzeitig genug nach einer zusätzlichen Aufgabe umgesehen und sich ihr gewidmet haben, kommen leichter über diese Schwelle. Sie gehen aus dem Haus zu einer Arbeit, bereiten sich darauf vor, machen sich dafür schön. In ihrem Tätigkeitsfeld finden sie Anerkennung, die sie vielleicht zu Hause vermissen. Ihr Selbstvertrauen und Selbstwertgefühl wird gestärkt.
Frauen, die neben der Familie immer schon berufstätig waren und es bis zur Altersgrenze bleiben, empfinden das Wegziehen und Selbstständigwerden der Kinder als Entlastung, weil als Ent-lassung aus ihrer bisherigen Doppelrolle als Familien- und Berufsfrau. Sollte die Last der

Hausarbeit zwischen Ehe- oder Lebenspartner geteilt worden sein, ist sie jetzt für beide auf ein erträgliches Maß geschrumpft.
Was Frauen und Männer aufatmen lässt, wenn die Phase der Ablösung der Kinder von den Eltern hinter ihnen liegt, das ist das Ende der unmittelbaren Auseinandersetzung zwischen den Generationen. Ging es doch möglicherweise um unterschiedliche Vorstellungen bei der Berufswahl, über Sexualität beziehungsweise über das Zusammenleben mit der Freundin oder dem Freund, um Fragen der Politik, der Parteizugehörigkeit, um das Wie der kirchlichen Praxis. Was es immer auch für »Streitpunkte« gewesen sein mögen, es war ein intensives, manchmal lautes Leben. Jetzt ist Ruhe eingekehrt.
Männer und Frauen werden eine Zeit brauchen, bis sie eine Lebensintensität finden werden, die nun allein ihnen als den zurückbleibenden Eltern gilt. In diesem Vakuum vermissen sie die Kinder als Gesprächspartner, als Themengeber. Sie vermissen vielleicht die geistige und menschliche Herausforderung, die Kinder für ihre Eltern sind. Bei aller Entlastung auch in dieser Hinsicht, haben manche Eltern zunächst das Gefühl, als bliebe das Leben jetzt vor der Tür, als ginge es an ihnen vorbei, seit sie nicht mehr unmittelbar teilnehmen können am Lebensgefühl und an der anderen Lebenssicht der Herangewachsenen.
Es ist leicht nachfühlbar, wie schwer es Eltern fallen kann, sich von ihren Kindern zu lösen, sie ihrem eigenen Leben, ihrem Lebensstil, ihren Experimenten zu überlassen. Diese Loslösung ist unter Umständen schwieriger und verwikkelter als die Loslösung von der Berufsarbeit.
Bewusstmachung ist die beste Voraussetzung, eigene Schwierigkeiten zu erkennen und mit ihnen umgehen zu lernen.

Deshalb einige Fragen als Anregung zum Überdenken:

Wann hatte ich zum ersten Mal das Gefühl, »alt« zu werden?
Welche Rückmeldungen dazu gaben mir die eigenen Kinder?
Wie erlebe ich mich als Frau, als Mann, seit die Kinder aus dem Haus sind?
Welche Veränderungen in meinem Selbstbewusstsein gibt es, seit die »Kinder« mit ihren Kindern mich »Oma«, »Opa« nennen?
Was daran begrüße ich, was bedaure ich?
Wie weit bin ich in meinem Ablösungsprozess von meiner Tochter, meinem Sohn gekommen? Was freut mich, was schmerzt mich (immer noch)?

Alleinstehend im Rentenalter

»Alleinleben ist ein Trend, der prägend ist für jüngere und ältere Menschen. In den letzten zwanzig Jahren hat sich die Zahl der Ein-Personenhaushalte bei den unter Sechzigjährigen mehr als verdoppelt und bei den über Sechzigjährigen ist sie um das anderthalbfache angestiegen ... Gründe dafür sind die Verbesserung der Einkommensverhältnisse und eine wachsende Neigung zu unabhängiger Lebensführung ... Alleinlebende Frauen sind bis jetzt in der Mehrzahl. Aber bis zum Jahr 2000 ist mit einer starken Zunahme des Anteils alleinlebender Männer zu rechnen ... das › Singledasein‹ im Alter dürfte sich (dann) viel stärker als gegenwärtig auch als › Männerproblem‹ darstellen.«

(Nach einem Vortragsmanuskript von Hermann Brandenburg, Institut für Gerontologie, Universität Heidelberg.)

Männer und Frauen, die allein leben, sind zwar alleinstehend, sie sind aber dennoch nicht allein. Sie leben wie alle anderen Menschen auch in vielfachen Zugehörigkeiten zu Vereinen, Verbänden und Gruppen aller Art. Sie haben sich im Lauf des Lebens, vor allem durch ihre Berufstätigkeit, ein Netz von Beziehungen aufgebaut, Freundinnen und Freunde gewonnen. Dieses Beziehungsnetz bleibt für viele auch in den späteren Jahren tragend.
Viele Alleinstehende leben außerdem in einer dauerhaften Bindung an einen Lebenspartner, eine -partnerin.

Die Lebenswende der Berufs- und Arbeitsbeendigung bringt für Alleinstehende eine besondere Herausforderung. Falls sie nicht in einer nahen Bindung mit jemand leben, haben sie sich zwar an das Alleinsein nicht nur gewöhnt, sie haben darin auch ihre Freiheit gestaltet. Dennoch, die jetzt arbeitsfreie Zeit bringt die Aufgabe für einen sinnerfüllenden Alltag mit sich. Da keine unmittelbare Animation von einem nächsten Menschen zu diesen oder jenen Unternehmungen und Tätigkeiten ausgeht, ist alles und jedes den Alleinstehenden selbst überlassen. Das kommt für manche einer Überlastung gleich und sie erliegen leicht der Gefahr, sich anstrengender Kreativität zu entziehen. Schon vor dem Zeitpunkt der Rente sollte man deshalb prüfen, von wem die einladenden Einfälle bisher ausgegangen sind, welchen Anteil man selbst an den zündenden Ideen hatte, auf die andere gerne eingehen. Falls diese und andere Bemühungen unterbleiben, verliert man schnell Beziehungen, auch Freundschaften erlahmen, soll-

te man es sich zur Gewohnheit gemacht haben, von anderen mehr als von sich selbst zu erwarten. So kann es dazu kommen, dass man sich nach der »Pensionierung« bald einsam fühlt und tatsächlich zu einer alleinstehenden Frau, zu einem alleinlebenden Mann werden kann. Aber man kann sich darin üben, Informationen zu beschaffen, kulturelle Programme zu studieren, Interessen anderer wahrzunehmen und entsprechende Vorschläge für gemeinsame Unternehmung zu unterbreiten (siehe »Kreativ umgehen mit der Zeit«, Seite 139).
Wer immer schon allein lebte, hat im Rentenalter jenen Männern und Frauen, die in dieser immer noch frühen Lebenszeit Witwer, Witwe werden, etwas voraus. Denn sie sind eingeübt in das Alleinleben, wenn auch mit allen Varianten von Beziehungen, die dafür in Betracht kommen können. Witwenschaft fordert eine schmerzliche Umstellung in das Allein-Zurückbleiben (siehe »Abschied und Trauer«, Seite 122), besonders dann, wenn der Ehepartner, die Ehepartnerin überraschend, plötzlich stirbt.
Diese Situation wird vor allem älteren Witwen durch ihre wirtschaftlichen Verhältnisse in unserer Gesellschaft erschwert. Gehören sie doch noch einer Generation an, die die Lebensideale für eine Frau fast nur in der Sorge um die Familie verwirklicht sah. Auch aus diesem Grund fiel für die meisten Frauen eine Ausbildung aus. Falls sie dennoch außerhäuslich gearbeitet haben oder arbeiten mussten, blieb ihnen meist die unqualifizierte, oft sozial nicht abgesicherte Arbeit, was sich auch im Rentenalter mit der geringsten Rentenauszahlung auswirkt. »Das durchschnittliche Einkommen der alten verwitweten Frau (zum Beispiel) beträgt DM 1200,-, 10% der Betroffenen leben mit weniger als DM 600,-.« (Birgit Stappen/Ulrich

Moser »Alter als Chance«, Don Bosco Verlag, München) Wenn diese Frauen außerdem in ihren Ehen kaum Selbstbestimmung verwirklichen konnten, sondern sich nach altem Stil »dem Manne unterzuordnen« hatten, konnten sie kaum ein »eigenständiger Mensch« (Moltmann-Wendel) werden. Trotzdem erwachen manche Frauen im Rentenalter noch zu einem späten Selbstbewusstsein, suchen nach Lebensdeutung, nach geistlicher Vertiefung, nach Antwort auf ihre vielen Fragen. Sie suchen nach Gemeinschaft in ihren kirchlichen und politischen Gemeinden und finden sie durch die dort angebotenen Veranstaltungen für Senioren. Insofern muss niemand vereinsamen, wenn man es nicht selbst will. Es sei denn, die Altersgebrechlichkeit würde jede Kontakt- und Beziehungsaufnahme nach draußen verhindern, und Besuche in der eigenen Wohnung blieben spärlich.

Verwitwete Rentner lernen oft noch sehr spät, ihren Haushalt selbst zu besorgen. Menschen, die darin unselbstständig waren und es blieben, bleibt nur das Altersheim, falls sie nicht in der Familie einer Tochter, eines Sohnes aufgenommen werden oder in Wohngemeinschaften ziehen.

»Die Altersgrenze« als Krise erleben

Das Erreichen der Altersgrenze ist in unserer Gesellschaft für die meisten Menschen verbunden mit dem Ende der Berufsarbeit. Manche geraten dadurch in eine tiefe Lebenskrise. Die Unerbittlichkeit, mit der dieses Ereignis die Grenze unserer Lebenszeit, die Vergänglichkeit, die Endgültigkeit bewusst macht, kann nicht übergangen werden. Jene, die sich in der Lebensmitte den Anzeichen des

Alterns nicht gestellt haben, sie nur oberflächlich kompensiert statt reflektiert und innerlich verarbeitet haben, trifft der Abschied aus dem Arbeitsleben besonders hart. Frauen und Männer, die ihr Selbstverständnis, ihr Selbstwertgefühl, ihre Identität nur aus ihren beruflichen Rollen und der damit verbundenen Stellung in einem Betrieb und in der Gesellschaft bezogen haben, erleben die »Pensionierung« als einen empfindlichen Identitätsverlust. Im Einsatz aller Kräfte und Energien, aller schöpferischen Fähigkeiten in das Arbeitsfeld, vernachlässigten sie, andere Lebensinteressen und -inhalte zu pflegen. Das »zweite Standbein« muss nun erst entwickelt werden.
Je mehr die einst zu uns gehörenden Lebensaktivitäten – auch diejenigen, die mit einer heranwachsenden Familie verbunden waren – zurückweichen, je mehr wir diese nur noch als Vergangenheit, als Erinnerung wahrnehmen, desto stärker kann man möglicherweise die jetzt um vieles ärmer gewordene neue Realität als schmerzlich erleben. Ein vor kurzem pensionierter, bisher in leitender Stellung arbeitender Mann sagte, er müsse erst sehen, wie er und wo er jetzt eine neue Identität findet. Solche Fragen können in jedem Menschen aufsteigen:

Wer bin ich ohne meine Arbeit, ohne meine bisherige Position und gesellschaftliche Geltung?
Wer bin ich ohne meine Familienrolle, Berufs- oder Funktionsbezeichnung, ohne mit all dem damit verbundenen »öffentlichen«, vielleicht auch familiären Ansehen?
Wie geht es mir, wenn ich morgens aufstehe und noch nicht weiß, wie ich den Tag vernünftigerweise verbringe?
Wie schaffe ich es, jedem Tag eine bestimmte Bedeutung zu geben?

Für manche Menschen ist die Beendigung der beruflichen Arbeit zunächst ein Verlust. Sie vermissen über lange Zeit ihre darin gelebten Rollen. Vor allem entbehren sie die Kollegenschaft. Aber auch das Verlassenmüssen einer Firma reißt eine Lücke. Das Zurückbleiben dieser vitalen Lebensbereiche, das Sich-heraus-lösen-Müssen, ist eine Vorwegnahme der Erfahrung von Sterben.
Die Lebenswende zum Rentnerdasein kann daher tief verwirren, ängstigen, unsicher machen, irritieren. Verstärkt wird solche Irritation durch plötzlichen Arbeitsabbruch, verursacht zum Beispiel durch Krankheit oder Unfall. Aber auch bei Frührentnerinnen und -rentnern kommen Ängste auf. Manche leiden unter tiefen Selbstzweifeln, andere an innerer Haltlosigkeit, die sie zu gefährlichem Selbstwertverlust führen, der dann durch Alkohol und andere Drogen kompensiert wird. Weitere Auswirkungen dieser Lebenskrise können Schlafstörungen, Nervosität, Lebensunlust, völlige Inaktivität sein.

Krisen zeigen an, dass etwas aufgehört hat, nicht mehr ist, wie es bisher war. Krisen reißen uns aus dem »normalen« Fortgang des Lebens, aus lange eingeübten, in uns hineingewachsenen Gewohnheiten, aus unseren Selbstverständlichkeiten. Krisen entwurzeln uns aus unserem bisherigen Lebensboden, entreißen uns liebgewordene und mit Lebenskraft erworbene Bestände. Sie stellen uns wieder einmal vor neue, und vielleicht schwierige Entscheidungen. Denn Krise, das bedeutet auch Neubeginn. Das ist die Chance, die in ihr liegt. Sie zu finden und zu nützen, dazu bedarf es entsprechender Neuorientierung, neuer Lebensziele und -inhalte, mit denen sich die nächsten Abschnitte beschäftigen werden.

Älterwerden als Daseinserweiterung

Neue Lebensziele und -inhalte

Von der Lebensmitte an geht es um »eine Umkehr der ursprünglichen Zielstrebigkeit« (A. Vetter), die uns in der ersten Hälfte des Lebens notwendigerweise in unsere Lebensaufgaben hineinführte und hineingebunden hat. Schon in der Lebensmitte sollte man sich deshalb der Aufgabe der »Ichdifferenzierung« (Robert Peck) bewusst stellen. Damit ist gemeint, dass wir außer den Fähigkeiten, die wir in Familien- und Berufsarbeit womöglich bis zur Perfektion gebracht haben, noch andere Potentiale unserer Persönlichkeit entdecken und zum Zuge kommen lassen sollten. Vor allem solche, die nicht unmittelbar zweckgebunden oder in irgendeiner Weise erfolgsorientiert sind, sondern lediglich eine innere Befriedigung schenken, die einfach »nur« gut tun und Freude machen. Tätigkeiten, Unternehmungen, in denen wir uns selbst neu erleben, uns darin überraschen, weil wir neue Saiten in uns erklingen lassen, neue Seiten entdecken und sie ins Spiel des Lebens bringen.

Neu. Das kann so verstanden werden, dass wir ein bisheriges Interessengebiet, dem wir uns nur unter Zeitdruck und nur gelegentlich widmen konnten, jetzt zu unserem Hauptinteresse machen, dass wir irgendeine Sache, die wir immer schon im Auge hatten, an die erste Stelle setzen. Diese neue Priorität, die an die Stelle unserer beruflichen Arbeit rückt, verändert unseren Alltag, verlebendigt die bisher vielleicht nur wenig entwickelten Fähigkeiten, erweitert unseren Horizont, unser Dasein. Das ist, wie wenn nach langer Trockenheit der Regen fällt und endlich das Wachstum wieder anregt.

Selbst das Älterwerden birgt also die Chance in sich, noch Ungelebtem, das wegen der einseitigen Inanspruchnahme durch unsere Pflichten kaum oder gar nicht zum Zuge kam, seine Verwirklichung zu bieten. In der Turbulenz des Lebens, in der wir oftmals »nicht zu uns selbst gekommen sind«, blieben manche inneren Impulse, sich neu zu orientieren, sich menschlich weiterzuentwickeln, auf der Strecke. Jetzt können und sollen wir diese Impulse aufgreifen, indem wir unsere Persönlichkeit in andere Dimensionen hinein ausweiten. Dabei brauchen wir nicht ichbezogen nur an uns selbst zu denken. Das würde zur Verengung unseres Lebens führen.

Eine Lehrerin, die neben Schularbeit und Familienpflichten sich außerschulisch nicht um die schwächer begabten Schüler kümmern konnte, eröffnete nach der Pensionierung einen Schülerarbeitskreis. Zweimal in der Woche versammelte sie um sich die Kinder, manchmal auch die Eltern. Es machte ihr Freude, neue und intensivere Kontakte zu ihnen aufbauen zu können. Ihre frei gewordene Zeit fand darin eine Struktur. Sie brauchte wieder den Terminkalender, der ihr auch jetzt angab, wohin sie ihre Aufmerksamkeit wenden, wo sie ihre Kräfte einsetzen konnte.

Ein Pensionär, der sich der Hospizbewegung angeschlossen hatte, machte die Begleitung Schwerkranker zu seinem Hauptgebiet. Eine frühere Buchhalterin stellte sich ihrem Verein als Kassenverantwortliche zur Verfügung. Diese Arbeit vermittelte ihr das Gefühl intensiver Zugehörigkeit,

die Wahl in den Vorstand ermöglichte ihr ein regelmäßiges Zusammentreffen mit anderen und schließlich gewann sie über diese Arbeit auch neue Freunde.
Neue Lebensziele und -inhalte, die in uns einen starken Widerhall auslösen, geben uns ein neues und gutes Selbstgefühl. Diesem Gefühl sollten wir trauen. Das mit den jetzigen Lebenszielen verbundene neue Erleben brauchen wir im übrigen dringend gegen die uns möglicherweise anfallenden Gefühle des »Nicht-mehr-gebraucht-Werdens«, diese unser Selbstwertgefühl und das Selbstvertrauen aushöhlenden Versuchungen. Ihnen zu widerstehen ist in einer Gesellschaft, die Menschen im Rentenalter weithin auf dem »Abstellgleis« sieht, nicht leicht. Alle Energien sind zu mobilisieren, um im Widerspruch zu solchen »Altersklischees« zu einem persönlichen Altersbild zu kommen, um zur eigenen Lebensweise und darin zur eigenen Lebensgestalt zu finden (siehe »Nach Identität streben ...«, Seite 63).
Die Aufgabe, solche Lebensziele zu finden, muss dem Einzelnen selbst überlassen bleiben. Je nach Fähigkeiten, bisherigem beruflichen, familiärem und außerberuflichem Engagement, das uns immer auch in Beziehung zu anderen Menschen brachte, werden diese Lebensziele verschieden sein, je nach Lebenssituation – in Familie, Partnerschaft oder als Single lebend – wird es leichter oder schwerer sein, in dieser neuen Lebensphase für sich Neues zu erkennen und zu realisieren. Dabei kann uns die Einsicht leiten: Wir sind, wozu wir uns entschließen!
Vielleicht können einige Fragen zum Nachdenken:

Worin sehe ich den tieferen Sinn meiner jetzigen Lebenszeit?

Was ist für mich und mein inneres Wachstum jetzt wichtig?
Wie kann ich meine Vorstellungen – auch gegen Widerstände – verwirklichen?
Was sind meine tiefsten Wünsche? Was sagen sie mir über mich, über mein Leben, so wie es bis jetzt war?
Was will ich mit dem Rest meines Lebens anfangen?
Wie verstehe ich meine Zukunft aufgrund meiner lebensgeschichtlichen Herkunft – meiner Erfahrungen, Fähigkeiten, Einsichten, meines sich angesammelten Lebenswissens?
Wie will ich sein, wenn ich noch älter sein werde als heute?
Wer will ich jetzt sein?

Und noch einmal: Wozu wir uns entschließen, das sind wir auch.
Indem wir zurückschauen und sehen, wer wir in der vergangenen Zeit gewesen sind, wahrnehmen, wer wir heute sind, entscheiden, wer wir jetzt und in Zukunft sein wollen, erfahren wir auch im Alter wieder und nochmals die Entwicklungsdynamik des Lebens, von der wir am Anfang des Kapitels gesprochen haben. Sie stellt uns trotz der langen Lebenszeit und dem darin schon Geleisteten immer wieder vor einen neuen Anfang. Das ist unsere Chance, uns auch im Alter um Erneuerung zu bemühen, nach Identität zu suchen. Oder sagen wir: Uns selbst tiefer zu finden, um letztendlich zu unserer individuellen Lebensgestalt hinzureifen, während wir unserer Vergänglichkeit und Sterblichkeit mit den Jahren mehr und mehr innewerden.
Das Geschenk einer langen Lebenszeit ist heutzutage ein besonderes Ereignis. Nachdem die heute älteren Generationen ihre Lebensarbeit längst hinter sich gelassen haben, können sie dank medizinischer Erfolge noch auf viele Le-

bensjahre blicken. Brauchen doch gerade sie, die so viele wirtschaftliche, politische, kulturelle, technische und kirchliche Umwälzungen erlebt, mitgetragen, ermöglicht und gestaltet haben, viele ruhige Momente, um ihre Zeitgeschichte und darin ihre persönliche Lebensgeschichte anzuschauen und zu bedenken, zu ordnen und zu deuten (siehe »Sich erinnern – Die Vergangenheit einholen«, Seite 147).

Andere Wertorientierung oder »Das Neue« in unserem alten Leben

Geht es wirklich um neue Werte? Oder geht es im Alter eher um eine neue Akzentsetzung der Werte? Vorrangig sollte es uns als älteren Menschen um personbezogene, um mitmenschliche, um gemeinschaftsbezogene Werte gehen. Nachdem sich für die meisten älteren Menschen die Sorge um die Existenzsicherung und damit das notwendige Streben nach Besitz und materiellen Gütern erschöpft hat, können sie sich mit noch größerer Aufmerksamkeit als früher der Verwirklichung dieser mitmenschlichen Werte zuwenden. Zusammen mit den neuen Lebensinhalten kann man dieses Bemühen als das »Neue im alten Leben« verstehen. Dabei geht es nicht um spektakulär Neues, vielmehr um das stetige, leise und sanfte Bemühen, eine innere schöpferische Kraft zu finden, die uns selbst und denen, mit denen wir leben, eine zuversichtliche Lebenseinstellung vermittelt. Weil wir nicht mehr so sehr nach außen leben müssen, können wir uns der inneren Gestaltung des persönlichen und des Miteinander-Lebens betont zuwenden.

Frieden stiften. Versöhnung ermöglichen helfen. Nachdem wir aus der Erfahrung unserer eigenen Verletzbarkeit und Verwundbarkeit gelernt haben, können wir uns als »Friedensstifter«, als Anwalt der Schwächeren und derer, denen Unrecht geschieht, verstehen und engagieren. Friede. Das ist der Wert, dem eine der tiefsten Sehnsüchte der Menschheit gilt. Wir können ihn in unserer Lebenswelt zum Beispiel dadurch verwirklichen helfen, indem wir dafür eintreten, dass ein Konflikt mit allen Beteiligten zusammen angeschaut und analysiert wird. Wir achten auf eine Atmosphäre, in der alle ihre Gefühle sagen und dass alle diese ernst nehmen können. So kann dann jeder seinen, jede ihren Anteil am Konflikt sehen, annehmen und verantworten. Nur so wird Versöhnung entstehen. Durch uns kann auf diese Weise mehr Objektivität in einen Streit gebracht werden, auch mehr Verstehen untereinander und füreinander. Wenn wir darauf achten, dass allen Gerechtigkeit widerfährt, können auch andere dabei Gerechtigkeitssinn erfahren und ihn als einen unverzichtbaren Wert im Zusammenleben für sich übernehmen lernen.

Freundlichkeit, Höflichkeit und Wohlwollen, menschliche Wärme und Mitgefühl sind Werte, die in einer Kultur der Mitmenschlichkeit unverzichtbar, heute in unserer Gesellschaft aber in Gefahr sind zu verschwinden. Gewalt und Gewalttätigkeit nehmen zu, was gerade uns ältere Menschen erschrecken mag. Sind doch gerade wir auf eine höfliche Zuvorkommenheit besonders angewiesen. Wir, die wir aus dem gehetzten Lebensklima herausgekommen sind, können und werden daher diese Werte selbst ernst nehmen. Wir werden sie mitten in einem vielleicht für uns nicht immer leichten Alltag mit der Kraft der Sanftmut

unter die Leute bringen. Freundlichkeit und Höflichkeit können eine gespannte Atmosphäre lockern, in einer mitmenschlich dumpfen, unsensiblen Umgebung in jemandem einen Schimmer von Selbstachtung wecken. Reagieren wir mit einer Geste von Mitgefühl auf Leiden und Nöte der Mitmenschen, können diese besser damit umgehen, da sie Zuwendung und Achtung erfahren und sich nicht als abgeschoben oder gar als unnütz erleben.
Leiden wahrnehmen, Nöte lindern: Das gilt heute auch über den unmittelbaren Lebensraum hinaus. Die Sparsamkeit müsste sich angesichts von Hunger und Nachkriegsfolgen an so vielen Orten der Welt wandeln zu verantwortlicher *Spendenfreudigkeit*.

Solidarität ist ein Wert, auf den vor allem junge Menschen pochen und der uns mit ihnen verbinden kann. Die Einstellung mancher älteren Menschen, »für mich reicht es noch«, angesichts der sich verringernden Ressourcen in der Welt, muss trennend wirken unter den Generationen. Solidarität in der Bemühung, die Schöpfung zu bewahren, die Erde weiterhin bewohnbar zu erhalten, muss uns zur Sorgsamkeit im Umgang mit der Umwelt verpflichten. Es mag lästig sein, den Müll zu trennen, ihn verantwortlich zu entsorgen. Diese Pflicht kann uns aber täglich wach machen für unsere Verantwortung; sie gleicht einem Appell, uns solidarisch zu verhalten, uns unserer generationenüberschreitenden Verbundenheit bewusst zu bleiben.

Langsamkeit. Der Schriftsteller Peter Handtke hat für unsere, von Eile und Schnelligkeit geprägten Zeit, in der das »immer schneller«, »immer höher«, »immer weiter« Triumphe feiert, den Wert der Langsamkeit entdeckt.

Nicht für alte Leute. Für alle findet er wichtig, dass wir uns Zeit lassen, Zeit nehmen, Zeit gönnen. Da wir älterwerdend ohnedies langsamer werden, sollten wir auch dazu eine Einstellung finden, die dieses »Langsamerwerden« als Wert begreift. Schließlich hilft uns die Langsamkeit zu mehr Beschaulichkeit. Unsere Seele kann besser dem nachkommen, was unsere Augen sehen, unsere Ohren hören und unsere Hände tun, wohin unsere Füße gehen. Die Langsamkeit lässt uns innehalten, verschnaufen, verschafft uns Ruhepausen, die wir für die mit den Jahren wachsende Müdigkeit immer mehr brauchen. Die Langsamkeit hilft uns, die in uns hineingewachsene Hektik von Grund auf zu überwinden. Sie hilft uns zum Gegenwärtigwerden im Augenblick, der einzigen Zeit, die wir wahrnehmen, erleben und füllen können. So schnell der Augenblick auch immer vergeht, in ihm haben wir jeweils unser Leben.

Frieden stiften, Versöhnung ermöglichen, Gerechtigkeitssinn, Freundlichkeit, Höflichkeit, Mitgefühl, Solidarität, Sorgsamkeit, Langsamkeit sind uns sicherlich als Werte nicht neu. Wenn wir sie aber im Alter in unserer persönlichen Wertehierarchie vor-rangig verwirklichen, können sie zu »Neuem in unserem alten Leben« führen: zu tieferer Zufriedenheit, zu ausgeglicheneren Beziehungen, zu vermehrter Verbundenheit mit der menschlichen Gemeinschaft. Wir erleben uns bezogen, ein-bezogen, wenn auch nicht mehr durch solche Leistungen und Wertsetzungen wie in früheren Jahren. Durch die Verwirklichung der genannten Werte geben wir nicht nur unserem eigenen Leben eine geistig-schöpferische Qualität. Was wir persönlich leben, hat, solange wir leben, seine Auswirkung. Nicht nur für die uns unmittelbar umgebenden Mitmenschen. Positive Energien, denen wir in unserem Leben eine Chance geben, wirken darüber hinaus.

Offenere, unbelastetere Wahrnehmung

Im Alter richtet sich unsere Wahrnehmung auf bisher weniger bewusst Wahrgenommenes. In der sogenannten »aktiven Zeit« unseres Lebens waren wir von den verschiedenen Ansprüchen in unserer Aufmerksamkeit gebunden auf das hin, was unbedingt zu tun war.
Ein älterer Mann kam zurück an den Ort seiner Berufstätigkeit, an dem er dreißig Jahre eine verantwortliche Stellung innehatte. Es war für ihn ein Erlebnis, die Stadt wiederzusehen, den See, dahinter die Berge. »Das konnte ich früher gar nicht so wahrnehmen«, sagte er. »Mein Blick war dafür nicht frei.« Können wir nicht jetzt mit mehr innerer Offenheit die Amseln im Frühjahr hören, die Blumen betrachten, die Natur bei einem Spaziergang oder wenn wir im Bus oder im Zug durch schöne Landschaften fahren? Es kann natürlich sein, dass wir uns innerlich immer noch nicht frei machen können, immer noch gebunden sind an Sorgen: um die Kinder und Kindeskinder, die Nachbarn, die Freunde, an Aufgaben, die wir uns vorgenommen haben. Wenn das so ist, sollten wir vielleicht bewusster mit dieser »Anhänglichkeit« umgehen, das heißt einen Lösungsprozess in Gang setzen, der unsere innere Empfindsamkeit und Offenheit wenigstens für »besondere Gelegenheiten« frei macht für Eindrücke und Erlebnisse, damit sie unsere Seele, unseren Geist berühren und uns glücklich machen können.

Solches Offensein und inneres Freisein haben wir in Urlaubszeiten erlebt, wenn uns die fremde Landschaft, schönes Naturerleben und gute Gespräche an den Abenden weit genug vom Alltag wegholen konnten. Jetzt haben wir mehr Zeit, Fühler und Antennen auszusenden und Schönheit und Freude zu tanken. Wenn freudlose Tage kommen, können die in der Erinnerung gesammelten Sonnentage und tiefen Erlebnisse die Stimmung aufbessern helfen (siehe »Lebensfreude aus Erinnerungen sammeln«, Seite 155).
In gelassener Offenheit können wir auch Kunstwerke betrachten. Wenn wir uns innerlich auftun, wird nicht nur unser wissensdurstiger Verstand ein Kunstwerk zur Kenntnis nehmen im Sinne von »gesehen« und »abgehakt«. Vielmehr werden wir uns von dem Geist berühren lassen, der sich im geschauten Werk mitteilen will. Es bedarf der inneren Gelassenheit, damit wir selbst eingelassen werden in das Geheimnis schöpferischer Mitteilung. So kann es zu einem Austausch, zu einer Korrespondenz kommen zwischen unserer eigenen, durch das Kunstwerk hervorgerufenen Betroffenheit und dem »Sein« des Kunstwerks, das sich über Form und Farbe und die damit geschaffene Atmosphäre mitteilt. Ähnliche Bereicherung und seinshafte Erfahrung geschieht im Musikerlebnis. Es vertieft sich im Alter, verriet mir ein Musikliebhaber. Weil nicht mehr soviel Lebensschwere an uns hängt, können wir empfänglicher sein für diese immateriellen Geschenke des Lebens.
Weil wir befreiter sind von Pflichten, kann sich die Wahrnehmung auch für unsere Mitmenschen sensibilisieren. »Ich höre aufmerksamer zu, mit mehr innerer Beteiligung, mit mehr Ruhe«, sagte neulich eine Siebzigjährige. Eine früher sehr beschäftigte Journalistin sagte auf die Frage

einer Freundin, was sie denn jetzt nach ihrer Pensionierung tun werde, zu deren Überraschung: »Ich werde jetzt genauer meine eigenen inneren Reaktionen wahrnehmen, wachsamer sein auf das, was ich sage, was ich dabei fühle, darauf achtend, was ich im anderen auslöse«. Diese Frau hat in erstaunlicher Weise für sie wichtige, gleichwohl schwierige Beziehungen verbessert. Sie wurden freundschaftlich und tragend für sie als alleinstehende Frau. Sie strahlt Sympathie aus für jeden; jeden lässt sie fühlen, dass er etwas Liebenswertes an sich hat. Ich finde dies eine sehr anregende, wohl anstrengende und doch lohnende Aufgabe für die späteren Jahre des Lebens. Diese Frau ist für mich ein Lehrbeispiel dafür, wie wir unsere Lebensenergien im Alter für uns und andere sinnvoll investieren können.

Geistige Aktivität nährt die innere Lebendigkeit

Wenn wir im Alter frei geworden sind von der Inanspruchnahme durch Familien- und Berufsarbeit, meldet sich in vielen Menschen geistige Trockenheit in der Art einer inneren Leere, im Gefühl tiefer Unzufriedenheit und Niedergeschlagenheit und Sinnlosigkeit; aber auch als Durst nach Erkenntnis, Erlebnishunger auf Kunst, Literatur, Theater, politische und auch theologische Information. Das zeigt, dass im Alter geistige Arbeit, die Pflege der geistigen Dimension in uns, notwendig ist. Denn oft musste diese im »aktiven Leben« zurückstehen hinter alltäglich Wichtigem. Und die Müdigkeit am Abend reichte vielleicht gerade noch zum Fernsehen. So blieb von diesem Potential unserer Persönlichkeit vieles ungelebt.

Geistige Arbeit bietet uns die Möglichkeit, mit dem Denken unserer Zeit, auf welchem Gebiet auch immer, in Verbindung zu bleiben. Sie bewirkt eine unverzichtbare Daseinserweiterung, öffnet uns für ein besseres Verstehen der Zeitereignisse. Aber auch unser eigenes Leben wird vor dem Hintergrund des erlebten Zeitgeschehens und der Zeitgeschichte verständlicher.

Geistige Arbeit steht gegen das in uns allen hausende Trägheitsmoment. Fragen haben, Fragen stellen, nach Antworten suchen, Gespräche führen, an Diskussionen teilnehmen, überwindet dieses.
Lesen spielt dabei eine wichtige Rolle. Lesen verschafft uns nicht nur eine kenntnisreiche Beziehung zum Wissen, zur Meinung und zum Verstehen anderer. Lesen bietet auch eine Chance, die eigene Meinung, das eigene Weltbild zu erweitern, aber auch, es in Frage stellen zu lassen und es zu revidieren. Lesen kann uns jenes Versenkungserlebnis unserer Jugend wieder zurückbringen, dem wir mit einem Buch in der Hand manche Nacht geopfert haben. Das »Buch ist ein Baustein unserer Lebenskunst. – Wünsche, Sehnsüchte und in besonderer Weise intuitive Ahnung vom Sinn des eigenen Lebens werden wieder wach und vermögen gerade in Krisenzeiten zu helfen« (Elisabeth Lukas, »Wie Leben gelingen kann«, Quell Verlag, Stuttgart).
Geistige Arbeit weckt unser Mitteilungsbedürfnis, macht uns zu sprechenden, sich mitteilenden Menschen, sie hilft uns, manch »totes« Beieinandersitzen oder die »stummen« Mahlzeiten zu Erlebnissen zu machen. Durch unsere geistigen Interessen können wir außerdem Interesse in anderen wecken, sie ihre eigenen entdecken lassen. Das kommt bereichernd auf uns zurück.

Manche Menschen schreiben gerne Briefe und füllen damit viele Stunden. Was kann Schreiben uns denn bringen? Schreiben vermittelt intensive Selbst-Erlebnisse. Denn beim Formulieren unserer Gedanken und Gefühle werden uns manche bisher unbekannten Innenaspekte unseres Wesens bewusst. Beim Schreiben erleben wir manches Geschehen intensiver als beim Geschehen selbst, weil unsere Gefühle ungestört von äußeren Eindrücken dasein und erlebt werden können. Auch vertieft sich beim Schreiben die Beziehung zum Adressaten des Briefes. Wir erleben sie in Facetten, die uns in der realen Begegnung vielleicht verborgen blieben.
Wenn wir schreiben, arbeiten wir an unserer Sprache, an unserer Ausdrucksfähigkeit. Denn Schreiben lockt das Unbewusste und gibt ihm in Worten und Sätzen eine Gestalt. Wir können uns dabei selbst besser erkennen, zwar jeweils nur bruchstückhaft, aber dennoch mehr und mehr. Ähnliches geschieht beim Malen, beim Zeichnen, wenn wir durch Farbe und Form versuchen, uns auszudrücken.
Ein älterer alleinstehender Mann schreibt regelmäßig Tagebuch. Er empfindet sein Tagebuch inzwischen als unentbehrlichen »Gesprächspartner« in den vielen Stunden des Alleinseins. Er schreibt unter anderem über ein Wort, das er gehört, ein Bild, das er betrachtet hat. Er sucht dabei die für ihn wichtige Bedeutung. »Das kommt mir aber erst beim Schreiben. Vorher weiß ich das nicht«, sagt er.
Schreiben fördert das Nachdenken, das genauere Denken. Es hilft sehen, was in uns vor sich geht. Schreiben kann uns klären, uns selbst tiefer verstehen lernen.
Jede geistige Aktivität hilft gegen depressive Stimmungen in der Lebenskrise des Rentenalters. Sie führt aus der

Versuchung heraus, nur um sich selbst zu kreisen. Lesen holt uns aus der Enge heraus, weckt Freude am Erkennen und Dabeisein. Lesen erweitert unser Selbstverständnis. Was wir vor allem in den Gesprächen erleben, die von unserer geistigen Arbeit gespeist werden.

Allerdings: Es bedarf der Entschlossenheit, einer Art Disziplin, ohne die wir zu solchen Erlebnissen nicht kommen werden. Wir müssen uns entscheiden, wie wir mit »unseren besten Teilen« in uns umgehen wollen.

Geistliche Bedürfnisse wahrnehmen und leben

Eine Teilnehmerin an einem Meditationskurs erzählte: »Ich habe mir immer wieder vorgenommen, täglich eine Viertelstunde zu meditieren. Manchmal tat ich es, meist aber nicht. Der Alltag zerrieb mein Vorhaben. Meine Müdigkeit besiegte es. Aber immer wieder kommt es in mir hoch, dass ich das tun soll. Deshalb bin ich in diesen Kurs gekommen, um diesen Impuls allen Widerständen zum Trotz zu stabilisieren. Ich will dadurch aber auch meine Entfremdung Gott gegenüber überwinden. Ich will das Beten wieder lernen.«
Eine vor ihrer »Pensionierung« stehende, in einer Theaterverwaltung arbeitende Frau sagte, sie habe ein tiefes Bedürfnis nach Reizlosigkeit, nach einem Raum, in dem sie nichts an-gehe, nichts Augen und Ohren in Anspruch nähme. Endlich wolle sie zu sich selbst kommen und einfach nur in ihr Inneres abtauchen.
Wer regelmäßig meditiert, und wären es nur fünfzehn Minuten am Tag, kann erfahren, welche guten Auswirkun-

gen diese Übung für uns hat. Sie kann unsere Altersängste mildern, da sie uns mehr bei uns selbst beheimatet. Sie kann uns nach Innen zentrieren und einen realistischeren Blick auf uns, aber auch auf unsere Umgebung schenken; sie gibt uns einen ruhigeren Atem und einen längeren Geduldsfaden und holt uns aus der eingeübten Hektik heraus. Sie übt uns ein, Stille auszuhalten, das Alleinsein als ein Erfülltsein einzuüben. Sie kann uns Gott näherbringen.

Die beiden Frauen äußerten ihr Verlangen nach tiefer Selbsterfahrung, die ein Weg ist, Gott, der in uns wohnt, in uns zu finden. Sie sprachen von der Sehnsucht nach einer Gotteserkenntnis, die nicht der Verstand allein zuwege bringen kann. In ihren Worten wurde jenes Verlangen deutlich, Gott mit dem Herzen zu suchen, ihn im Herzen zu finden. Es ist die Sehnsucht, mit der ganzen Existenz in ihn einzutauchen, sich in ihm zu verlieren, um in ihm, neugeworden, sich selbst wiederzufinden. Diese Sehnsucht – wenigstens ab und zu in sich zu spüren – ist eine der tiefsten Erfahrungen, die wir machen können. Kommt sie doch unmittelbar aus unserer existenziellen Tiefe, wohin sie uns auch führen will: zum Ort, zur Wohnung Gottes in uns. Als Christen glauben wir, dass der Geist Gottes selbst es ist, der diese Sehnsucht, dieses unstillbare, immer wieder vehement aufbrechende Verlangen in uns weckt. Aber oft erkennen wir es nicht als Gottessehnsucht, weil wir vielleicht unsere Beziehung zum Heiligen Geist zu wenig lebendig halten (siehe »Wieder anfangen mit Beten, Seite 255, und »Der Anwalt unserer Identität«, Seite 87).

Wenn wir diese Gottessehnsucht spüren, fühlen wir uns im Innersten gedrängt zum Gebet. Wir haben das Bedürfnis anzubeten, in Gottes Gegenwart »abzutauchen«, um den Ausdruck der Frau aus der Theaterverwaltung nochmals zu erwähnen. Solche Augenblicke sind jeweils eine Einladung, uns zu »bekehren«, was nichts anderes heißt als »ganz« zu sein, ganz zu werden. »Ganz-sein« können wir aber nur mit Gott, niemals ohne ihn. »Denn in ihm leben wir, bewegen wir uns und sind wir« (Apg 17.28). Diese existenzielle Wahrheit ist der Quellgrund und Urgrund unserer geistlichen Bedürfnisse. Wir sollten ihn als solchen anerkennen, annehmen und uns ihm zuwenden.

Es gibt mancherlei Hin-Wege zu tiefer Gotteserfahrung. Auf diesen Hinwegen leben wir bereits geistliches Leben. Wir machen uns ja bereit dafür, dass Gott uns berühren kann. Wenn wir zum Beispiel dem Bedürfnis nach einem Raum der Stille nachkommen, wenn wir auf die Stille hören, in sie hineinlauschen und dabei selbst still werden; wenn wir versuchen, leer zu werden von allem, was uns besetzt hält, gefangen nimmt; wenn wir dem Bedürfnis nachgeben, zu uns selbst zu kommen, bei uns selbst zu sein; wenn wir uns dabei selbst anschauen, mit uns einen inneren Dialog führen, um unser Leben in seiner Tiefendimension besser wahrzunehmen und verstehen zu lernen; wenn wir uns glaubend bemühen, uns der Führung Gottes bewusst und gewiss zu werden; wenn wir seine Behütung und Güte anerkennen.

Für manche ist das Hören von meditativer Musik ein Weg nach innen. Für andere Tanzen in innerer Sammlung. Sie finden auf diese Weise eine tiefe Entspannung, kommen zu sich, suchen Gott. Auch geistliche Gesänge, Musik und Literatur können Hilfen dafür sein, den Gottes-Ort in sich zu finden (siehe »Die täglichen Exerzitien«, Seite 266). Der Gottesdienst der Gemeinde, die Eucharistie, das

Abendmahl ist der sakramentale, uns von Jesus zugesagte Ort der Begegnung mit ihm. Dieses Eintauchen in die Atmosphäre glaubender Gemeinschaft kann uns öffnen für das Berührtwerden durch ihn.

In der Krise oder den Krisenzeiten des Alterns kann uns eine »geistliche Begleitung« eine gute Stütze sein. Ein im Glauben erfahrener Mensch kann uns helfen, unser Leben im Licht Gottes zu sehen, und unsere Erfahrungen aus dem Glauben deuten, auch alte Gottesvorstellungen überwinden und uns den Gott unserer Lebensgeschichte entdecken helfen. Sie kann uns von alten Ängsten befreien und uns bereit machen, die Freude der Gotteskindschaft zu erfahren (siehe »Veränderung des Gottesbildes ...«, Seite 173 und »Immer anders hat er sich uns gezeigt«, Seite 233).

Ich selbst werden

Nach Identität streben im Alter

Hat die Frage nach unserem Selbstverständnis, nach unserer Identität im Alter noch Sinn? Wissen wir nicht längst, wer wir sind? Wer wir in den vielen langen und oft komplizierten Prozessen unserer persönlichen Entwicklung, in unseren beruflichen Rollen und schließlich in unserer gesellschaftlichen Existenz als Bürger unseres Landes – und auch als Christen – gewesen und geworden sind?
Hat das Leben in seinen tausenden von Anforderungen, seinen guten und schweren Tagen, seinem Gelingen und Scheitern nicht hart an uns gearbeitet? Hat es nicht »alles aus uns herausgeholt«, was wir zu geben hatten? Erkannten wir dadurch nicht von eh und je nicht nur, was in uns steckt, sondern wer wir selbst sind? Wurden wir vom Leben nicht geschliffen wie ein Stein im fließenden Wasser?
Und – haben wir nicht selbst an uns gearbeitet und in alltäglichen und auch in weitreichenden Entscheidungen uns und anderen gezeigt, wer wir sind und entschieden, wer wir sein können und wollen? Wuchs in diesen Prozessen des Lebens nicht ständig unser Selbst-Verständnis, unser Identitätsgefühl, unser Selbst-Bewusstsein? Warum sollten wir jetzt, als Ältergewordene, immer noch werden, die wir sind?

Die innere Gewissheit

Aber, kommt uns nicht dennoch – mit innerer Gewissheit – die Einsicht, dass in uns noch etwas aussteht, dass wir noch nicht endgültig fertig sind? Trotz allem, was wir schon geworden sind, es ist noch offen, wer wir sein werden am Ende unseres Lebens. Bis dahin ist der Werde-Prozess unseres Lebens nicht abgeschlossen. Bis dahin sind wir uns in unsere Verantwortung übergeben.

Ein älterer, in einem verantwortlichen Kirchenamt arbeitender Mann hat in einem Gespräch auf die Frage, wer er denn am liebsten sein möchte, geantwortet: »Ich selbst. Nur besser«. Auch hier treffen wir auf das Bewusstsein eines Menschen, der von sich weiß, dass er trotz aller erreichten ehrenvollen Positionen und gewiss beachtlichen Leistungen mit sich selbst noch nicht fertig ist, an seiner Persönlichkeit, an sich selbst, immer noch wachsam arbeiten muss.

Unsere lebenslange Erfahrung mit uns zeigt, dass wir mit der Arbeit an uns nie zu Ende gekommen sind, dass Identität eine nie abgeschlossene Aufgabe ist, kein einmal erreichter Zustand, dass der Weg zu ihr »vielmehr ein dynamischer Vorgang ist mitten im belebten Feld vielfältigsten Austauschs mit der ganzen Umwelt.« (Pierre Bühler, »Christliche Identität zwischen Objektivität und Subjektivitiät«, Concilium 2/88)

Identität ist eine Einheit voller Spannung, die von unserem Ich-Bewusstsein zusammengehalten wird. Denn ich weiß um mich nicht nur punktuell, sondern kenne mich in diesem ununterbrochenen Zusammenhang meiner bisherigen Lebensgeschichte. Unsere Identität baut sich auf aus allen unseren Erfahrungen und Erlebnissen, glücklichen und leidvollen, unseren Entscheidungen, Begegnungen, Konflikten, unseren mutigen und feigen Taten, unserem Versagen und unseren Erfolgen, aus den Verweigerungen und allen Bejahungen. In diesen Lebensvollzügen leitete uns der »Seinscode« als der Seismograph in uns, der auf unser Denken und Handeln sensibel ausschlug. Er vermittelt uns auch weiterhin das Identitätsgefühl, das heißt, wir spüren, wann wir mit uns selbst identisch sind und wann nicht. Ebenso, wo wir uns von anderen abgrenzen (müssen) und wodurch wir uns von anderen unterscheiden (wollen, müssen).

Trotzdem können wir nicht in einem einzigen Satz sagen, wer wir sind. Die Antwort auf die Frage nach unserer Identität liegt nicht einfach auf der Hand. Sie ist uns nicht ohne weiteres zugänglich. Dafür sind wir in unserem Wesen und in einer langen Lebensgeschichte Gewordene eine viel zu vielgestaltige Persönlichkeit. »Man ist sich seiner Identität am bewusstesten, wenn man sie eben erst zu gewinnen im Begriff steht und gewissermaßen überrascht seine eigene Bekanntschaft macht«, sagt der amerikanische Psychologe Erik Erikson (Identität und Gesellschaft, Klett-Verlag, Stuttgart 1973).

Diese Überraschung erleben wir zum Beispiel, wenn wir plötzlich über uns Auskunft geben und sagen sollen, was für uns typisch ist.

Wir können dann eher auf Fragen antworten, die unser Selbstsein in seinen verschiedenen Facetten berühren:

Welche Dinge haben für mich den höchsten Stellenwert?
Woraus lebt mein Selbstvertrauen?
Was lässt mein Selbstwertgefühl wachsen?
Was ist mein tiefster Wunsch, meine tiefste Sehnsucht?

Wem fühle ich mich zugehörig?
Für wen, wofür setze ich mich ein?
Welches sind meine vordringlichsten Interessen?
Was hilft mir am ehesten, ganz bei mir selbst zu sein?
Was freut mich am meisten? Was tue ich am liebsten?
Welches waren meine wichtigsten Entscheidungen im Leben?
Wer oder was hat mich in meinem Leben am meisten geprägt?
Was ist »typisch« für mich? Was gehört zu mir? Was ist mein ganz Eigenes, das »ans Holz Gewachsene«?
Was ist die häufigste Aussage anderer über mich?
Worin sehe ich den Unterschied zwischen meinem Selbstbild und dem Bild der anderen von mir?

Die innere Gewissheit, dass wir mit uns noch nicht fertig sind, an uns noch etwas aussteht, lässt manche – auch schon älter gewordene Menschen – fragen: Wie werde ich sein, wenn ich alt bin? Darin drückt sich das oft unbewusste, aber auch das besorgte und bewusste Streben aus, wir selbst zu werden. Fragen wir allerdings so, kann man den Eindruck gewinnen, als käme das Alter über uns wie ein Naturereignis, dem wir ausgeliefert sind. Zwar können wir das Altern nicht verhindern. Trotz aller modernen Hilfen altern wir. Wenn auch langsamer, mit einem anderen Lebensgefühl und in einem anderen Lebensstil als frühere Generationen. Muss die Frage nicht heißen: Wie *will* ich sein, wenn ich alt bin?
Ich wäre dem Altern nur insofern ausgeliefert, wenn ich es unterließe, mein Leben auch weiterhin zu gestalten; wenn ich meinem eigenen Personsein gegenüber gleichgültig wäre; wenn ich meiner Gesundheit, meinem Geist, meiner

Seele wie auch der mitmenschlichen Gemeinschaft meine Aufmerksamkeit verweigerte; wenn ich stumpf dahinlebte oder gar verhärtete in einem gewissen Protest gegenüber dem Leben, wie es war oder wie es jetzt ist. Dann wäre ich alt. Ganz gleich, wie alt ich den Jahren nach bin. So gesehen gibt es auch junge Greise. Man kann in diesem Zusammenhang vielleicht auch von einer existenziellen Trägheit sprechen. Allerdings ist daran zu denken, dass Kindheit und Umwelt jemanden für die eigene persönliche Entwicklung schwer geschädigt haben könnte oder gar unfähig dazu machten.

»Ich selbst sein, nur besser«

Sollten wir mit dem erwähnten Kirchenmann das Suchen und Finden unserer Identität im Alter ebenso formulieren wollen, werden wir uns selbst mehr in den Blick nehmen, über uns selbst mehr reflektieren müssen und so mit unserem inneren Erleben, mit unseren Gefühlen mehr vertraut werden. Denn in den aktuellen Gestimmtheiten, Gefühlen und Reaktionen ist immer auch Vergangenes mit im Spiel. Im Lauf des Lebens konnten wir, was in uns vorging, nicht immer anschauen, aufarbeiten oder ausleben. Um eine Situation bestehen zu können, schluckten wir oft den Schmerz über eine Verletzung, beherrschten unsere Wut, schwiegen zu mancher Ungerechtigkeit. Jedesmal, wenn wir unsere verletzten Gefühle, unsere Wut, den Zorn unbearbeitet in unser Unbewusstes abdrängten, in den »Schatten« stellten und vergaßen, bildeten sich, von unserem Bewusstsein unbemerkt, mehr oder weniger starke Reaktionen. Mit der Zeit wuchsen sie zu einem Stau an.

Darum können sie plötzlich, uns selbst überraschend, mit Vehemenz aus uns herausbrechen. Das kann uns peinlich sein, da dieser Ausbruch meist der Situation unangemessen ist und oft die »unschuldigen« Leute trifft, die wir »eigentlich« mit unserer Aggression gar nicht meinen.

Eine achtundsechzigjährige Frau klagte vor kurzem am Telefon, sie sei einer Freundin gegenüber »geplatzt«, was ihr so leid täte, sie schäme sich. Aber, sagte diese Frau, die kleinwüchsig und etwas behindert ist, das käme von den vielen Verletzungen, die sie in ihrem Leben wegen ihrer Behinderung und ihrem Aussehen hätte schlucken und ertragen müssen. Sie hätte immer noch daran zu kauen, sei immer noch nicht damit fertig geworden, obwohl sie es so sehr wünsche. Auch für diese Frau gilt: Ich selbst sein, nur besser.

So brechen aus unserem Unterbewussten immer wieder Signale auf, die uns an noch Unerledigtes, an Unversöhntes, an Schmerzliches in unserem bisherigen Leben erinnern wollen. Diesen Signalen sollten wir uns stellen, eine Art Selbst-Erforschung machen, damit wir den ungelebten Aggressionen auf den Grund gehen, ihre Wurzeln erkennen. Stoßen wir dann auf das früher Erlebte, kann uns dieses erneut schmerzen. Diesen Schmerz sollten wir zulassen, ihn annehmen, die damaligen Vorkommnisse anschauen, darüber weinen, sie austrauern, mit einem vertrauten Menschen darüber reden. Dann kann die im Schmerz unbewusst festgehaltene seelische Energie sich befreien, uns selbst freier machen (siehe »Verwundete Erinnerungen«, Seite 151). Ich selbst sein, nur besser. –

Auch gibt es »Fallen«, in die wir ungewollt immer wieder hineintappen. Das fordert unsere Wachsamkeit heraus. Wir hätten zum Beispiel unsere Wünsche oder unsere Kritik gerne mit anderen Worten, in einem höflicheren Ton vorgebracht. Doch machen wir immer wieder den gleichen Fehler: Wir sind entweder zu heftig oder vergreifen uns in der Wortwahl, treffen immer wieder des andern wunden Punkt. Bemerken wir es rechtzeitig, können wir uns zurücknehmen und uns entschuldigen.

Auch kommt vor, dass wir uns gelegentlich nicht leiden können, da wir feststellen, dass wir wieder einmal zu viel von uns erzählt haben, dauernd redeten, anderen ins Wort fielen, sie nicht ausreden ließen oder sie im »alten Stil« belehrt oder bemuttert haben. Und wieder lösten wir die ebenso »alten Reaktionen« auf der Gegenseite aus und verscheuchten so die gute Stimmung. Es bleibt ein Ziel auf der Suche nach dem Selbstsein im Alter, unsere gewohnten Verhaltensweisen durch die Reaktionen, die sie bei anderen auslösen, bewusster wahrzunehmen. Dann können wir sie auch verändern.
Schließlich weiß jede, jeder, an welchen störenden Punkten er, sie arbeiten muss: Ich selbst sein, nur besser.
So haben diese Störsignale eine wichtige Funktion auf dem Weg zu unserem Selbstsein: Sie pochen an unsere Selbstsicherheit, können sie heilsam erschüttern, ver-un-sichern. Dadurch wird unser Blick frei in tiefere Bewusstseinsschichten: Wir nehmen vielleicht mit Staunen wahr, welche Seiten wir aus unserem Selbstbild verdrängt haben. Wir werden gewahr, was an uns noch aussteht, was es immer noch zu bearbeiten gibt; wir sehen, was sich noch nicht zum wahren inneren Wesen gewandelt hat.

Identität finden in unserer Gesellschaft als älterer Mensch

Ist es in unserer Gesellschaft eher leichter oder schwerer, mit sich selbst in Einklang zu kommen, zu bleiben, zu sein? Leichter, weil es mehr Bildungsmöglichkeiten und vielerlei Hilfen dazu gibt; leichter, weil wir uns daher jedwedem Klischee gegenüber eher immun machen können; leichter, weil heute mehrere Generationen gleichzeitig älter werden und sind, weil es ein festes »Rollenbild des Alters« nicht gibt. Diese Situation kann es Einzelnen aber auch schwerer machen. Sind wir doch dazu herausgefordert, uns unter einer Vielzahl von heute gängigen Modellen zurechtzufinden, auszuwählen und uns zu entscheiden, welcher der heute gängigen Lebensstile der eigene sein kann. Oder – worum es eigentlich geht: sich zu entschließen, trotz aller von außen kommenden Angebote eine persönliche Lebensweise im Alter zu suchen, zu finden und zu leben. Schließlich haben wir keine Rücksicht mehr zu nehmen auf einen Betrieb, eine Behörde, einen Chef oder auf Kollegen. Wir haben keine beruflichen Einbußen mehr zu erwarten. Wir können aus unserer jetzt gewonnenen Freiheit heraus handeln. Was unser Zielbild im Alter ist, das werden wir auch sein. Wir sind es bereits.
Die weithin üblichen Meinungen, wenn *man* alt ist, sei *man* weise, gütig, harmonisch oder geizig, engherzig, misstrauisch, haben wir als Betroffene und uns im Alterungsprozess Selbstbestimmende überholt. Wir wissen, bis zuletzt bleibt der alte Mensch – solange ihn nicht schwere Krankheit daran hindert – eigener, selbständiger und selbstverantwortlicher Entscheidungen fähig. Gewiss ist dies abhängig vom Grad der Bewusstheit von und über sich selbst, von

der Lebenseinstellung, die sich ein Mensch im Lauf seines Lebens erarbeitet hat. Jetzt bleibt es dem altgewordenen Menschen aufgegeben, zu einem Einverständnis mit sich und seinem Leben zu kommen. Anders gesagt, inneren Frieden zu finden.

Dennoch: Vielen fällt es schwer, in einer zunehmend pluralistischen Gesellschaft auf Selbstbestimmung und Selbstwerdung zu achten. Denn der heutige Mensch ist in diesem Bemühen meist allein gelassen, was besonders für alte Menschen gilt. Empfinden manche Angehörige der älteren Generationen doch viele der Veränderungen im gesellschaftlichen wie auch im kirchlichen Leben als Identitätsverlust. Geht es doch um verlorene, lieb gewordene Gewohnheiten aus alten Traditionen und Bräuchen, die das schnelle Leben unserer Tage weitgehend hinweggefegt hat. Mit ihnen schwanden Werte, aus denen die jetzt alten Menschen einst ihre Überzeugungen übernahmen oder ihre persönlichen »Standpunkte« aufbauten. Viele davon werden jetzt als nicht mehr gängig und als altmodisch abgetan. Deshalb erleben sie sich in vieler Hinsicht als überholt, fühlen sich in manchen jetzt anders gewordenen Wertbereichen fremd. Das gilt vor allem für jene alte Menschen, die sich immer schon scheuten, Neues zu prüfen und es in die eigenen Wertvorstellungen einzubeziehen.

Aber nicht nur in dieser Hinsicht ist es für sie schwer, was früher gegolten hat, was ganz oben anstand in einer noch fast »geschlossenen« bürgerlichen Lebenswelt, jetzt als bedeutungslos hinnehmen zu sollen. Gelingt es doch kaum noch jemanden, als alter Mensch seine Berufs- und Lebenserfahrung an Jüngere weiterzugeben und sich dabei nochmals in seinen Lebensleistungen bestätigt und geschätzt zu erleben.

Dazu kommt der Wandel der Familienstruktur von der Großfamilie zur Kleinstfamilie, die häufig weit von einander entfernten Wohnbereiche von Familienmitgliedern und Verwandten. Die Mobilität der Jüngeren, die Verplanung derer, die mitten im Leben stehen, lässt viele Ältere und Alte vereinsamen und zum Teil orientierungslos werden. Je nachdem, ob ein älterer Mensch das Beziehungsnetz, das ihn bis dahin getragen hat, aufrecht erhalten kann oder ob er oder sie allein zurückbleibt, kann das Leben für die einen noch recht abwechslungsreich, für andere sehr eintönig sein. Für Letztere schwinden die Identifikationen, die Lebensbezüge. Das Selbstgefühl wird flach: »Wer bin ich, wenn mich niemand anschaut.« (R.P. Litzenburger). Solche Verlusterfahrung führt bei manchen alten Menschen zum Nachlassen der Sorgfalt, sich zu kleiden, auf sich zu achten. Der Antrieb, bewusst an sich zu arbeiten, entfällt weithin. Wir sehen, wie sehr wir auch im Alter einander brauchen, um wir selbst zu sein (siehe »Miteinander älter werden«, Seite 89).

Der innere Prozess des Suchens nach Übereinstimmung mit uns selbst

Die Orientierung, die wir auf dem Weg zu uns selbst brauchen, kommt, wenn wir nach ihr suchen, letztlich aus unserer personalen Tiefe, dem geheimnisvollen Grund in uns. Wir sprachen bereits vom »Seinscode«, in dem sich unser individueller Lebenssinn zur Sprache bringt, der uns unser Selbstsein ahnen lässt, uns unsere Lebenswahrheit finden hilft. Das Wort »Seinscode« besagt, dass es eine verschlüsselte Botschaft gibt, die in unseren Wesensgrund hineingeschrieben ist, die es in den vielen Situationen unseres Lebens zu ent-schlüsseln und unserem persönlichen Wesen entsprechend zu beantworten gilt. Tun wir das, können wir Glück, Selbstübereinstimmung erleben. Diese fordert, dem »Seinscode« gegenüber gehorsam zu sein. Gemeint ist ein existenzieller Gehorsam, in dem es ganz um meine persönliche Wahrheit geht. In solchem Gehorsam hat alle bloße Nachahmung oder fremdbestimmte Fügsamkeit – oft mit Gehorsam verwechselt – aufgehört. Blinder Gehorsam gar, in dem pure Außenlenkung oder unerwachsene Autoritätsabhängigkeit Menschen bestimmen, wirken sich verhängnisvoll aus und führen zu blindmachender Selbstentfremdung. Er kann zur völligen Nichtidentität führen.

Die Erfahrung von Selbstübereinstimmung

Durch manche glückliche Erfahrung von Selbstübereinstimmung erhellte sich uns der »Seinscode« im Innern. Wir erlebten ihn als Weisung und Führung ins Leben und im Leben, wenn wir zum Beispiel nach eingehender Prüfung wichtige Entscheidungen fällten, ob es die für einen Beruf war oder ob es jene für eine Lebensform oder für einen Lebenspartner, eine Partnerin waren. Andere geglückte Ereignisse, in denen wir unsere Anstrengungen belohnt sahen wie in einem gelungenen Examen oder einem vollbrachten Werk, gaben ein Echo auf unser Selbstsein. Dazu gab es Bestätigungen von Menschen, die uns viel bedeuteten. So konnten wir von Lebensstufe zu Lebensstufe mehr und mehr Selbst-Bewusstsein entwickeln.

Wir alle kennen diese glücklich machenden Erfahrungen mit uns selbst, diese jeweils wichtige Selbst-Vergewisserung. Diese sollten wir uns durch die körperlichen Minderungen im Alter nicht einfach überdecken lassen. Wir werden sie – auch als Kampfansage gegen depressive Stimmung – in uns dasein und stark werden lassen, uns dankbar an sie erinnern. Sie können uns heute noch »stolz« machen und uns unsere innere Stärke, unseren Mut wieder fühlen lassen.

In einer Fernsehdokumentation über das »Rote Kreuz« im Zweiten Weltkrieg berichtete eine damals noch sehr junge Krankenschwester, ihr sei seinerzeit eine Gefangenenabteilung zugeordnet worden: »Dort lagen Franzosen, Polen, Amerikaner, Engländer und« – sie stockte und sagte: »Neger. Vor ihnen habe ich mich zuerst gefürchtet. Aber, ich habe alle nach der Art ihrer Krankheit behandelt und nicht nach › Rang und Namen‹ . Darauf bin ich heute noch stolz.« Das sagte sie mit Nachdruck. Sie strahlte dabei glücklich und ihr Gesicht wurde auf einmal jung. – Wer sich an die Rassenideologie der Nationalsozialisten erinnert, kann verstehen, was sie an persönlichem Mut einsetzte und was sie mit »Rang und Namen« meinte.

Aus einem langen Leben wissen wir, dass der Gehorsam gegenüber dem »Seinscode« eine Herausforderung ist, aus unserem innersten Zentrum heraus zu denken, zu prüfen, zu entscheiden, zu handeln. Wo wir ihm gehorsam waren, brachte uns dieser Gehorsam manchmal in Situationen von Auseinandersetzungen, Konflikten und Missverständnissen. Statt Bestätigung zu bekommen, wurden wir angegriffen. Wir lernten die Ängste kennen, uns selbst zu riskieren. Wir erfuhren, dass dieses Risiko Ausgrenzung, Unverstandensein, Einsamkeit mit sich bringen konnte. Wir zahlten den Preis der Freiheit, als wir uns selbst ins Spiel und unsere Argumente vorbrachten. Aber erlebten wir nicht gerade in solch riskanten Augenblicken unser Selbstsein in jenem geheimnistiefen Grund, in dem wir auch die Erfahrung letzter Unverletzbarkeit machten? Gerade dann, wenn wir ganz auf uns selbst zurückgeworfen waren, um ganz zu dem zu stehen, was wir in dieser bestimmten Situation zu sagen und zu sein hatten? Das mag eine Erfahrung letzter Selbstgewissheit und äußerster, letzter innerer Freiheit gewesen sein mitten im Mit-sich-Allein-Sein und Allein-gelassen-Werden von unserer nächsten Umgebung. Selbst Freunden und uns nahestehenden Menschen kann man in bestimmten Augenblicken des Lebens fremd und unverständlich sein. Das forderte und fordert den Mut, auf seine innersten Intuitionen, auf die leisen und doch unüberhörbaren Impulse im Innern zu hören und ihnen zu folgen.

Im Gehorsam gegen den »Seinscode« hat sich der reife, ältere Mensch in einem existenziellen Gehorsam bewährt. Auch und gerade im Alter kann dieser Gehorsam ein Merkmal der Persönlichkeit sein. Denn der alte Mensch hat eher die Möglichkeit, sich frei zu machen gegenüber gängigen Meinungen und Lebensmustern. Ohne darin verhärtet zu sein, hat er seine Lebens- und auch seine Glaubensüberzeugungen gefunden, die er nach wie vor kritisch befragen und durch begründetes Wissen erweitern wird.

Die geistige Lebendigkeit, von der wir schon sprachen, nährt sich aus dem Dialog mit unseren innersten Impulsen. Denn in diesem »Gehorsam als der Fähigkeit, den Seinscode zu lesen« (Ferdinand Ulrich), lernt man, den Zuspruch aus dem eigenen Inneren zu vernehmen und ihn mehr und mehr als das Ur-Eigenste zu verstehen. Von jeher erschloss sich uns so die unserem Wesen gemäße Führung von innen. Sie bleibt uns auch für die späteren Jahre.

In der Bibel fand ich Stellen, die für mich wie die Umschreibung dessen klingen, was wir vom »Seinscode« als eine tief in uns hineingeschriebene Botschaft verstanden haben. Beim Propheten Jeremias heißt es: »Ich lege mein Gesetz *in sie hinein*, ich *schreibe es ihnen aufs Herz*. Ich werde ihr Gott sein, sie werden mein Volk sein« (31,33). Wenn Gott *mein* Gott ist, werde ich mich weiterhin von dem, was er mir von sich zeigen wird, führen lassen. Es wird mir zum Guten gereichen, mir Leben und Frieden bringen. »Ich werde einen neuen Geist in ihr Inneres legen«, schreibt der Prophet Ezechiel (11,19). Diese Sätze kann man als die biblische Formulierung dessen verstehen, was der Philosoph »Seinscode« nennt.

Impulse und Botschaften von innen

Es gibt verschiedene Weisen, wie sich der »Seinscode« ins Bewusstsein bringt. Zum Beispiel kann er sich bemerkbar machen durch Träume, auch durch immer wiederkehrende Impulse. Für Letzteres haben wir in unserer Alltagssprache uns bekannte Sätze. Wir sagen etwa: Das kommt immer wieder in mir hoch. Oder: Das springt mich immer wieder an. Oder: Ich wollte, sollte schon immer. Oder: Dies lässt mir einfach keine Ruhe.

Diese Impulse dürfen nicht verwechselt werden mit verinnerlichten Elternstimmen oder unbewusst gebliebenen Über-Ich-Forderungen aus der Kindheit. Auch nicht mit Triebimpulsen, die zu einer Art Auflösung der bisher gewonnenen Persönlichkeitsstruktur verführen könnten. Es geht vielmehr um wesentliche Teile unserer Person, die uns durch innere Anrufe bewusst werden sollen.

Sie kommen immer wieder. Das bedeutet, dass wir einem bestimmten Teil unserer Person bislang keine oder zu wenig Beachtung geschenkt haben, so dass er sich immer wieder in unser Bewusstsein drängen muss. Es kann sich um etwas handeln, dem wir vielleicht keine besondere Bedeutung zumessen. Für unser weiteres Leben kann es dennoch wichtig sein; vielleicht steht eine Korrektur an in irgendeinem Lebenszusammenhang; vielleicht sollen bestimmte Potentiale unserer Persönlichkeit erweitert werden.

Da gibt es zum Beispiel den Impuls und die Mahnung von innen, uns mehr zu bewegen, täglich eine bescheidene Gymnastik zu machen. Tun oder taten wir es über längere Zeit nicht, merken wir das an unserer geringer werdenden Beweglichkeit. Essen wir zuviel und beachten die Impulse nicht in dieser Hinsicht, wachsen wir über unsere Kleidergröße hinaus. Das ist nicht nur ärgerlich. Es ist auch eine sprechende Realität, die uns zeigt, was geschieht, wenn wir die Anstöße von innen nicht prüfen und nicht genügend beachten. So werden wir auch in unseren seelischen und geistigen Möglichkeiten unbeweglich, wenn wir uns geistig und geistlich vernachlässigen.

Insofern wollen uns diese Impulse zu einer freundschaftlichen Beziehung zu uns selbst führen, indem sie unser Bewusstsein über uns selbst erweitern.

Eine schon sechsundsiebzigjährige Frau erzählte, es komme immer wieder in ihr hoch, ja es beunruhige sie geradezu, dass sie sich mit ihrer Mutter noch nicht versöhnt habe. Sie habe deshalb gerade eine schwere Zeit.

Als diese meine Bekannte jung war, bekam sie, in ländlicher Gegend wohnend, ein uneheliches Kind. Über Jahre hinweg beschimpfte ihre Mutter sie, demütigte sie auf schlimme Weise. In der Ruhe des Altenheims kam dies nun alles samt den aufgestauten Aggressionen und den Hassgefühlen gegen die Mutter wieder hoch. Die Frau hatte erkannt, dass es jetzt kein Weg- oder Aufschieben dieser Versöhnungsarbeit mehr gab. Jetzt wollte alles noch einmal angeschaut, beweint und durchlitten werden, um es dann endlich mit einem anderen Herzen, das nicht mehr leidet in der Erinnerung, annehmen zu können. Das dauerte eine ganze Zeit. Wiederholte Gespräche mit einem vertrauten Menschen halfen ihr zu der Erkenntnis, dass die Mutter selbst unter einer engen, harten selbstgerechten Moral zu leiden hatte. So wandelten sich allmählich ihre Gefühle. Die Aggressionen wurden zum Mit-Gefühl für die Mutter. Sie konnte sich mit ihrer Mutter versöhnen und lebte ihre letzten Jahre im Frieden mit sich.

Der »Seinscode« mahnt uns, unsere Identität auch im Alter ernst zu nehmen.
Eine alleinstehende, über sechzigjährige Frau litt jahrelang unter einer sie erniedrigenden Behandlung in ihrer Großfamilie. Dem Impuls, ihre unwürdige Stellung zu verändern, traute sie sich nicht zu folgen. Da brachte sich ihr »Seinscode« in einem Traum zur Sprache, der ihr ihre Situation überdeutlich spiegelte. Sie verstand! Und machte sich in ihrem Alter noch auf, therapeutische Hilfe anzunehmen.
Im Traum verarbeiten wir viele Erlebnisse. Während der Krankheit ihrer Schwiegermutter hatte eine Frau häufig missmutige Gefühle, auch Ekel gegen diese. Längst war sie tot. Aber immer noch quälte sich die Frau wegen ihrer unfreundlichen Einstellung zu ihrer Schwiegermutter. Eines Nachts hatte sie einen Traum. In diesem lächelte die Schwiegermutter ihr zu. Die Träumerin war glücklich über diese Freundlichkeit. Sie wachte mit diesem Glücksgefühl und großer Erleichterung auf. Sie nahm den Traum als Botschaft und verlor ihr schlechtes Gewissen gegenüber der Toten.
Die Bibel hat die Träume der Menschen sehr ernst genommen. Manche Träume verstand sie als Führung durch Gottes Geist. Erinnern wir uns an die Geschichte von Joseph in Ägypten, der die Träume des Pharaos deutete (Gen 41,1 ff.). Auch Josef, der Pflegevater Jesu, hatte einen Traum, von dem er sein Tun bestimmen ließ: Er nahm die schwangere Maria zu sich (Mt 1,18 ff.). Und Petrus wurde durch einen Traum belehrt, dass die Getauften sich nicht an die Speisevorschriften der Juden halten müssten (Apg 10,9 ff.).
»Eure Alten werden Träume haben«, sagt der Prophet Joel (3,1). Auch Träume sind also Botschaften von innen. Nicht

jeder Traum ist eine solche. Bleibt ein Traum und die damit uns vielleicht beunruhigenden Gefühle längere Zeit in uns oder wiederholt er sich gar, wäre ein Gespräch darüber mit einem psychologisch erfahrenen Menschen hilfreich, vielleicht sogar notwendig, wie wir bei der über siebzigjährigen Frau gesehen haben.

Erfahrung von Nichtidentität

Mit sich nicht übereinstimmen

Werden: immer schon und immer noch. Das geht nicht ohne Brüche, ohne Verletzung, ohne Verfehlungen gegen unser Selbstsein. Wir wissen, wie schwer es ist, im Geflecht komplexer Situationen und Beziehungen wir selbst zu sein, uns selbst treu zu bleiben. Und: Wissen wir denn jederzeit klar und deutlich, wer wir selbst sind? Oder was wir wollen, sollten, müssten? Wer wüsste nicht um die Neigung, gegen bessere Einsicht nachzugeben, Kompromisse zu schließen, in denen wir zu viel von uns selbst aufgeben. Auch kennen wir die Angst vor Sanktionen, die wir uns bei Nichtfügen, Nichtanpassen schon eingehandelt haben oder einhandeln könnten. Schließlich wollte und will man seine Karriere nicht beschädigen, seinen Ruf nicht ankratzen, seinen Einfluss nicht einschränken lassen. Wenn wir dann mit Rücksicht darauf gegen unsere Überzeugung gehandelt haben und uns danach eingestehen müssten: »Ich habe mein Gesicht verloren«, sprechen wir von einem Verlust *in* uns, von einer Verlusterfahrung unserer Identität. Wir fühlen, dass wir an einem wichtigen Punkt mit uns nicht übereinstimmen, dass wir mit uns nicht identisch sind, dass wir »verloren« haben: etwas von uns selbst. Auf diese und andere Weise erleiden wir auf dem Weg zu unserem Selbstsein Niederlagen, Rückschläge. Wir verwunden uns, fügen uns leichte, auch tiefe und nachhaltige Beschädigungen zu.

Denn im »Austausch mit der ganzen Umwelt«, durch den sich unsere Identität aufbaut, in der Auseinandersetzung mit den äußeren Gegebenheiten, Anforderungen, Mitmenschen und Autoritäten und dem eigenen inneren Anspruch, kommen auch Verhaltensweisen zustande, in denen wir nicht ganz oder ganz und gar nicht »im Reinen« mit uns sind, das heißt: Wir sind in diesem Augenblick nicht integer. In unserem Erleben löst das ein unterschiedliches Echo aus. Es geht vom Ärger über uns selbst, über andere, bis hin zum Zorn über Institutionen oder auch über uns übergeordnete Persönlichkeiten. Wir kennen leichtere oder schwerere Schuldgefühle bis hin zu existenzieller Unzufriedenheit, je nachdem, ob es sich um vorübergehende, alltägliche, kurzfristige oder langandauernde Entfremdungen von uns selbst handelt. Wir erfahren unsere Nichtidentität. Und in der Regel verlagern wir in solchen Situationen unser eigenes Versagen auf andere. Wir beschuldigen oder beschimpfen sie (siehe »Der Gott der Vergebung«, Seite 235).

Auch in der Erfahrung der Nichtidentität bringt sich unser »Seinscode« zur Sprache. Wir erleben ihn als innere Unruhe, Getriebensein, als Rechtfertigungszwang, als Traurigkeit, als Schuldgefühl.

»Der biblische Glaube drückt die Nichtidentität des Menschen mit sich selbst – seine Heillosigkeit – in mythischer Sprache aus. Er spricht vom Verlust des Paradieses, der nicht nur im Verlust paradiesischer Zustände (intakte Beziehungen zu einer heilen Mit- und Umwelt des Menschen) besteht, sondern Verlust im Menschen selber ist. Das verlorene Paradies ist der verlorene Friede – › Schalom‹ ... ein Urwunsch im Alten Testament ... › Schalom ist Ganzheit‹ ... › Die Bibel spricht von der *ganzen* Person, von einem *ganzen* Volk, von einer *heilen* Welt, von einer heilen Erde‹ . Wo aber die Heilige Schrift vom Heil spricht, vollzieht sie einen qualitativen Sprung. Sie operiert mit der Annahme, der Mensch sei seiner Ganzheitlichkeit nicht mächtig, er sei kein Selbstvollender, er sei nicht das Subjekt seines Heiles; der Mensch sei vielmehr ein Wesen, das Gott bedürfe um seines Heiles willen.« (Bernhard Meuser, in: »Anstöße – Gottestherapie – Warum der christliche Glaube gesund macht«, Schwabenverlag, Stuttgart 1993)

Zu einem reifen Verständnis von Schuld kommen

Manche alten Menschen kommen nicht »darüber hinweg«, dass sie früher so und nicht anders gehandelt haben. Heute würden sie es richtiger machen. Sie können es sich selbst nicht vergeben, nicht »besser« gewesen zu sein, nicht vernünftiger gehandelt zu haben. Damit wir zu einem gelasseneren Verhältnis gegenüber unserem Schuldiggewordensein kommen können, werden wir uns der Einsicht öffnen, dass wir geschichtliche Wesen sind.
Wir konnten mit zwanzig oder mit vierzig Jahren die Einsichten und Erkenntnisse nicht haben, die wir heute haben. Die innere Freiheit war mit dreißig eine andere als die mit fünfzig Jahren. Eine noch andere ist jene Freiheit,

die wir uns im Alter von sechzig, siebzig oder achtzig Jahren erarbeitet haben. Auch bleibt die Frage, ob wir jederzeit die Konsequenzen unserer Entscheidungen genügend einschätzen konnten (siehe »Verjährte Konflikte anschauen«, Seite 104 und »Der Gott der Vergebung«, Seite 235).
Das Anschauen eines Konflikts mit den Augen eines andern ist immer hilfreich. Gespräche darüber haben oft eine befreiende Wirkung. Wenn unser eigenes Urteil über uns getrübt ist, kann uns ein anderer an der fraglichen Stelle meist deutlicher sehen. Ein Gespräch kann uns die damalige Situation und unser Handeln anders bewerten lassen. Nicht unerwähnt soll in diesem Zusammenhang das für Christen zugängliche Beichtgespräch bleiben. Im Sakrament der Buße begegnet der Christ dem Sünden vergebenden Gott. Er stellt uns vor einen neuen Anfang mit uns selbst. Gott heilt. Das heißt auch, dass wir unsere Gewissensruhe durch Umkehr und im Vertrauen auf seine vergebende Liebe wieder zurückerhalten dürfen.
Trotz Heillosigkeit in dieser unheilvollen Welt erfahren wir so im Glauben an Gott Angenommensein. Und durch unsere Umkehr auch immer wieder erneuerte, wieder hergestellte Identität.
Da manches Schuldverständnis und viele Schuldgefühle mit früheren Gottesbildern zusammenhängen, will die Erinnerungsarbeit, die im Kapitel »Veränderung des Gottesbildes ...«, Seite 173, angeboten ist, helfen, unsere Ängste vor Gott und unsere Schuldgefühle ihm gegenüber umzuwandeln in die im Alter einzig wichtige Haltung: sich ins Vertrauen auf Gott fallen zu lassen.

Unversöhntsein beschädigt unser Selbstsein

Die letzte Stufe menschlicher Reife nennt Erich Erikson »Integrität«. Sie sei die Frucht aller durchlebten Lebensphasen mit dem, was sie uns gebracht und abverlangt haben. Sie verlange aber die »Hinnahme dieses unseres einmaligen und einzigartigen Lebensweges als etwas Notwendigem und Unersetzlichem« (Kindheit und Gesellschaft, Klett, Stuttgart 1965). Mangel oder Verlust der Integrität entstehe, wenn der eigene Lebensweg als nicht unersetzlich und notwendig angenommen wird. Diese Verweigerung bringe Verzweiflung, ein »Gefühl, dass die Zeit zu kurz ist, zu kurz für den Versuch, ein anderes Leben zu beginnen und andere Wege der Integrität zu suchen. Der Lebensüberdruss verbirgt Verzweiflung, wenn auch oft nur in der Form der › tausend kleinen Verdrüsse‹ , die sich nicht zu einer großen Reue vereinen«. Deshalb bewirken sie kaum eine Wandlung des inneren Menschen.

So wie sich Identität und Integrität im Laufe unseres Lebens durch das immer wieder zustimmende Annehmen des Lebensweges aufbaut, so baut sich auch der Lebensüberdruss nicht von heute auf morgen auf. Er bildet sich durch das Hängenbleiben an Enttäuschungen und durch die »Pflege« derselben im Gefühl der Verbitterung, des Zu-kurz-gekommen-Seins, der Vorwurfshaltung gegen sich selbst oder andere, die an diesem und jenem vermeintlich »schuld« sind. Dieser Wurm der Verbitterung und das Erstarren im Groll zerfrisst die Lebensbejahung der späten Jahre, raubt den inneren Frieden, beschädigt aufs Ärgste unser Selbstsein im Alter. Es fehlt die Bereitschaft, sich zu versöhnen mit den krummen Linien des Lebens, auf denen Gott dennoch gerade schreibt und schrieb (nach Paul

Claudel). Die krummen Linien, unsere sogenannten Fehlentscheidungen, die vielleicht harten Konsequenzen, die wir daraus auf uns nehmen mussten. Das Fragmentarische im Leben, unser Bruchstückhaftes, unser Erst-Angefangenes und Nicht-Vollständiges, das Verkehrt-Gelaufene und selbst das offensichtlich Gescheiterte gehören zur Einzigartigkeit unseres Lebensweges. Statt sich in Enttäuschungen hinein zu verbeißen, sollten wir uns mit dem Leben versöhnen.

In diese Versöhnung ist einzubeziehen (nach E. Erikson), dass wir diese unsere Eltern hatten und keine anderen, diese Geschwister, diese unsere soziale Herkunft und Umwelt mit all ihren Vor- und Nachteilen, diese unsere Begabungen, Stärken und Mängel, also unser ganzes Leben, wie es ist. Das Hängenbleiben in Unversöhnlichkeit bindet unsere Lebensenergie an Vergangenes und verhindert so das Offensein für die Gegenwart, die uns ja immer noch Leben entgegenbringt, Menschen, Beziehungen, Freunde.

Versöhnen ist schwierig. Man muss verzichten auf seine Vorstellungen, wie es hätte sein sollen. Versöhnen heißt verstehen. Verstehen statt verurteilen. Verstehen führt zum Annehmen, zum »Mich-selbst-Annehmen als der entscheidenden Tat«, wie Romano Guardini sagt. Und das wird im Alter dann noch einmal doppelt schwer, sollte man sich mit dem Leben, das gelebt ist, nicht versöhnt haben oder versöhnen können.

Im Annehmen unseres Lebens, im Bejahen dessen, was es war und was es ist, geben wir unserem Leben Würde. Wir stehen zu uns selbst, anerkennen, dass wir für uns selbst verantwortlich waren und sind. Damit bezeugen und verteidigen wir unsere Menschenwürde.

Identität als Offenheit

Als die, die wir geworden sind, bringen wir uns in die jeweilige Gegenwart ein. Wenn wir unsere Vergangenheit angenommen haben und mit ihr versöhnt sind, wenn wir gleichzeitig offen sind für das Zukünftige, das sich in der Gegenwart anzeigt, kann man Identität auch beschreiben als Offensein. Denn Identität kann niemals gelingen in Selbstverschlossenheit. Wir gewinnen sie im Aus-uns-heraus, im Auf-den-anderen-Zugehen, indem wir in eine Situation hineingehen, für sie offen sind. Und das im Vertrauen auf uns selbst, im Vertrauen auf den anderen Menschen, im Vertrauen auf Gott.

Das bleibt ein Wagnis, auch in den späteren Jahren. Aber, uns zu wagen, uns aufs Spiel zu setzen, ist unsere einzige Möglichkeit. So war es in der Vergangenheit, so ist es heute, so wird es bleiben, wenn auch in veränderter, vielleicht weniger risikoreichen Weise.

»Diese so als dynamischer Vorgang verstandene Identität ist tief mit dem Verlauf der persönlichen Geschichte des Menschen verbunden, einer vielfältigen Wandlungen ausgesetzten Geschichte ... Identität ... kommt als nie abgeschlossene Identitätsfindung konkret im Geflecht der Abenteuer und Umschwünge der personalen Geschichte zum Austrag und zum Licht ... Das Streben nach Identität wird in einem so weiten und dichten Milieu zu einer Aufgabe, die das ganze Dasein des Menschen belebt. Ja, man kann sogar behaupten, dass dieses Streben als solches aus dem Menschenleben ein wahrhaft geistliches macht, denn es wird dynamisch und offen« (Pierre Bühler, a.a.O.).

Der Anwalt unserer Identität

Vielleicht haben wir uns auf dem schwierigen Weg zur Selbstwerdung, auf dem wir uns, wie wir sahen, verletzen, verwunden, auf dem wir fallen und wieder aufstehen, an ein Wort erinnert, das uns das Johannesevangelium berichtet. Danach sagt Jesus: »Ich werde euch einen Beistand senden, den Heiligen Geist« (Joh 14,16). Er, als unser Begleiter, soll uns alles lehren und zeigen, was wir im Ringen um unsere Lebenswahrhaftigkeit suchen, finden, verstehen und verwirklichen sollen. »Allerdings ist der Geist nicht eine einfache Orientierungskraft, kein simpler Wegweiser ... Der Heilige Geist gibt nämlich viele Gaben ...« (Michael Welker). Er wirkt in uns die Kraft der Unterscheidung. Er macht uns frei zu jener inneren Unabhängigkeit, die sich allein ihm verpflichtet weiß. Er macht uns die Augen dafür auf, dass auch in den schwierigsten Bedingungen des persönlichen und gemeinschaftlichen Lebens Hoffnung ist. Er treibt uns zum Handeln, stärkt unser Vertrauen und Selbstvertrauen. Auch macht er uns aufmerksam auf unsere verfehlte Identität, macht uns bewusst, wo wir mit uns selbst stehen. Er bewegt uns zur Umkehr. Er hält und begleitet uns auf dem nie abgeschlossenen Weg der Bekehrung zum Evangelium, zur Gesinnung Jesu.

Eine tiefe, ja existenzielle Identifikation mit der Gesinnung Jesu kann in uns einen Umwandlungsprozess in Gang setzen, der zu einer wahren Identität als Christ führt. In ihr ist der Heilige Geist der uns zuinnerst Bewegende. Betrachten wir unsere Lebensgeschichte, können wir den »roten Faden« seiner Führung entdecken. Wenn wir ihn im Glauben in uns wahrnehmen, wird unsere Beziehung zu ihm inniger werden. Wir werden glauben können, dass er immer in uns da war und auch jetzt bei uns ist.

Denn: Der Heilige Geist ist der leidenschaftliche Anwalt unserer Identität. Ohne unsere eigenen Anstrengungen verkleinern oder gar leugnen zu wollen, ist und bleibt er unser geistlicher Führer. Dabei beschädigt der Heilige Geist unsere Freiheit nicht. Er ist vielmehr deren Garant: »Wo der Geist des Herrn ist, da ist Freiheit« (2 Kor 3,17). Er nimmt unsere Freiheit in Anspruch. Das aber schließt die Möglichkeit unserer Verweigerung nicht aus.

In der Glaubenstradition der Kirche hat es immer schon ein tiefes Wissen um das Wirken des Heiligen Geistes in uns gegeben. In einer mittelalterlichen Pfingstsequenz beten wir: »Wasche, was befleckt ist; heile, was verwundet ist; tränke, was dürre steht; beuge, was verhärtet ist; wärme, was erkaltet ist; lenke, was sich hat verirrt«. Und wenn wir gar nicht wissen, wie oder worum wir beten sollen, selbst dann »tritt der Geist für uns ein mit unaussprechlichem Seufzen« (Röm 8,26).

Da uns solcher Glaube vielleicht schwer fällt, den unsichtbaren Geist Gottes mit unserem Leben so verwoben zu sehen, mahnt uns der Apostel: »Wisst ihr nicht, dass der Geist Gottes in euch wohnt« (1 Kor 3,16)? Und weil wir sein Uns-nahe-Sein so leicht vergessen, sagt er: »Betrübt nicht den Heiligen Geist in euch« (Eph 4,30). Wer an ihn glaubt, lernt ihn kennen. Wer ihn »kennt«, verdankt sich ihm gern.

Das Streben nach Identität ist eine geistliche Aufgabe. Insofern ist der Gehorsam gegenüber dem »Seinscode« letztendlich Gehorsam gegenüber dem »Heiligen Geist, der in uns wohnt.«

Miteinander älter werden

Heute älter werden

Noch nie wurden in einer Gesellschaft so viele Menschen gleichzeitig miteinander älter. Man liest es in den Zeitungen, hört es in den Diskussionen um die Renten. Im Jahr 2030 ist jeder dritte Mensch in Deutschland über sechzig Jahre alt. So die Voraussagen. Die Älteren, die Alten scheinen zu einem gesellschaftspolitischen »Problem« ersten Ranges geworden zu sein oder es zu werden.
Das wirft Fragen auf:

Welche Ängste und Sorgen lösen manche Verlautbarungen über die Alten in unserer Gesellschaft in uns aus?
Welche Sorgen um unser materielles Auskommen bringen uns die Rentendiskussionen?
Was tut es mir als älterem Menschen, wenn man von uns als von den »Gruftis« redet, die schon viel zu lange leben, die endlich abtreten und den Jungen Platz machen sollen?
Welches persönliche Altersbild setze ich einem verbreiteten negativen Altersbild entgegen?
Welches Bewusstsein habe ich von mir selbst als einem älteren Menschen?

Obwohl man viel für die Alten tut, scheint das Altersbild der Gesellschaft dennoch nicht altenfreundlich zu sein. Manche weisen den Älteren nur mehr wenige und sehr einschränkende Verhaltensweisen zu. Man spricht von den drei »S«: Schweigen, Schlucken, Spenden. Wehrt sich da nicht spontan unser Selbstwertgefühl? Eine solche Reduzierung unserer Persönlichkeit empört viele. Wir sehen, dass wir es nicht einfach der öffentlichen Meinung überlassen können, wie Ältere und Alte eingeschätzt werden. Wir selbst als Gruppe von 17 Millionen über Sechzigjährige (SZ, 10.2.96) sind angesprochen, das Altersbild unserer Gesellschaft zu verändern. Wer könnte es sonst tun als wir, die Betroffenen, die wir in dieser Zeit miteinander älter werden? Wir selbst müssen darum bemüht sein, dass die Gesellschaft die heutigen, die »neuen Alten« (Jürgen Schulz) zur Kenntnis nimmt.

Ältere Menschen als selbstbewusste Persönlichkeiten

Wenn man altershalber seinen Arbeitsplatz aufgibt, gibt man damit nicht automatisch seine Autonomie auf. Es ist eine Täuschung zu meinen, wer »in Rente geht«, sich pensionieren lässt oder als Selbstständige(r) seine berufliche Aktivität aufgibt, würde sich von jetzt auf nachher als »Betreuungsobjekt« für Pastorales oder Soziales eignen. Mag sein, dass die körperlichen Kräfte bereits reduziert sind. Das Identitätsgefühl aber kann gerade zum Zeitpunkt der Arbeitsbeendigung ein Gipfelerlebnis haben. Wurde doch beim Abschied vom Arbeitsplatz in den Dankreden – vielleicht zum erstenmal im Leben – sowohl das berufliche wie das dort eingebrachte persönliche Profil des Einzelnen gewürdigt. In allen zuverlässig und verantwortlich ausgeführten Arbeitsvorgängen und beruflichen Aufgaben reifte die Persönlichkeit. Dabei wurde sie sich ihres Selbstwertes und auch ihrer Wichtigkeit für das Gemeinwohl bewusst. Man kann sich nicht vorstellen, dass eine Rentnerin oder ein Ruheständler bereits am anderen Tag sich lediglich im bequemen Sessel niederlässt. Das Wort vom »verdienten Ruhestand« wirkt, so gesehen, häufig unangebracht, wenn nicht peinlich. Genauso falsch ist der Spruch, mit sechzig fange das Leben erst richtig an. Als hätte man bisher nicht gelebt. Als wäre »Arbeiten« lebensfeindlich. Die Arbeitslosigkeit lässt uns bereits anders darüber denken.

Ältere Menschen sind gewissermaßen die geistig Anspruchsvollsten. Haben sie doch eine Fülle von Lebenserfahrung, von Lebenswissen, von Erkenntnissen in beruflichen und gesellschaftlichen Prozessen, in der Erziehungsarbeit als Mütter, Väter, Großeltern und Erzieher erworben. Sie haben Lebenskrisen bestanden, ihr Schicksal getragen und gestaltet. Sie haben ein Leben lang gelernt. In den vergangenen Jahrzehnten hat sich außerdem das Wissen in einem noch nie gekannten Ausmaß vermehrt und zugleich demokratisiert. Alle können durch die modernen Kommunikationsmittel und -wege an allem teilnehmen. Diese haben auch die Informationsneugier herausgefordert, das Interesse an naturwissenschaftlichen Forschungen über »unsere Welt« geweckt, die Teilnahme an weltweit übermittelten politischen, kulturellen, sportlichen und religiösen Ereignissen ermöglicht.

Dies alles mag dazu beigetragen haben, dass sich der Anspruch älterer Menschen an heutige Bildungsangebote

erhöht hat. Man ist wählerisch geworden. Gerade die jüngeren Seniorinnen und Senioren bringen einen geistigen Hunger mit, der nicht nur intellektuell zufriedenzustellen ist. Durch vielerlei Grenzerfahrungen hindurchgegangen, suchen ältere Menschen auch Antworten auf existenzielle Fragen, die jetzt für sie wichtiger geworden sind.
Trotz des erwähnten Hochgefühls angesichts vollbrachter Lebensleistungen werden sich viele eines Mangels bewusst. Sie suchen eine Spiritualität, die ihrem jetzigen Leben Sinn und Halt gibt. Dieses Bewusstwerden und die erneute Bereitschaft zu lernen, zeigt sich an der großen Zahl derer, die Bildungsangebote von Universitäten, Volkshochschulen und Erwachsenenbildungseinrichtungen annehmen. Sie machen Weltreisen, sie betrachten Bilder in Museen, sie besuchen Schauspiel, Oper, Ballett. Auch dies bezeugt die Autonomie des älteren Menschen, der sich mit der Pensionierung nicht nur nicht aufgibt, sondern weiterhin am Leben teilnimmt in seinen vielfältigen Aspekten. Der ältere Mensch bleibt sich seiner selbst bewusst und ist mehr denn je fähig zum Urteilen, zum Auswählen, zur Selbsteinschätzung; fähig, inmitten eines da und dort alten-unfreundlichen Lebensklimas seine Würde aufrechtzuhalten. Dadurch prägen viele alte Menschen heute das Altersbild der Gesellschaft positiv mit. Wir können annehmen, dass sich dies im Miteinander der Generationen auswirken wird.

Unterschiedliche Lebensprägungen

Man kann nicht sagen, dass dieses Persönlichkeitsprofil auf alle älteren Menschen zutrifft. Wie in allen gesellschaftlichen Gruppen gibt es auch unter den Älteren unterschiedlich ausgeprägte Lebenshaltungen und Lebensinteressen.

So kann man zum Beispiel beobachten, dass ältere Menschen auf fast peinliche Weise »auf jung machen«. Sie können ihre Falten nicht akzeptieren, nicht das Nachlassen der Potenz und ihrer sportlichen Leistungen. Man kompensiert diese Verluste mit lautem Angeben ehemaliger Leistungen und Verdienste, auch des Ansehens, das man einmal gehabt hat. Nicht unbedingt erreicht man so die erwünschte Bewunderung, vor allem nicht der jüngeren Menschen. Andererseits: Ein berechtigtes Bedürfnis sollte gerade auch dem älteren Menschen bleiben, nämlich sich gut anzuziehen, sich schön zu machen und sich zu pflegen. Vor allem aber sollten ältere Menschen sich ihrer Lebensleistungen bewusst bleiben und sie auf angemessene Weise auch ins Gespräch bringen.

Manche Ältere leben von dem Missverständnis, das Leben würde nach Beendigung der beruflichen Arbeit seine Erfüllung im reinen »Nichts-Tun« oder allein im Genießen von Unterhaltungsangeboten und Ferienreisen finden können. Wenn als Folge davon das Leben seine Kontur verliert, wenn es statt sich weiter zu entfalten seicht wird, wirkt sich dies in zweifacher Hinsicht negativ aus. Die Jungen und Jüngeren können an solchen, aus ihrer altersgemäßen Lebensform gekippten Menschen nicht ablesen, dass auch das Alter seinen Wert und seine Erfüllung in sich hat. Diese unentbehrliche Lebensweisung für die Nachkommenden entfällt. Wenn die Älteren ihr Alter nicht akzeptieren können, ihre Ängste vor Sterben und Tod lediglich kompensieren, statt sie zu bearbeiten, kann Altern in Jüngeren auch wieder nur Ablehnung und Ängste auslösen.

Noch wichtiger aber ist: Für die Älteren selbst wird ein seichter und nur vergnüglicher Lebensstil mit der Zeit Resignation und Unzufriedenheit, innere Leere und Hypochondrie hervorbringen. Menschen, die in früheren Jahren versäumt haben, den inneren Menschen aufzubauen (siehe »Nach Identität streben im Alter«, Seite 63), werden sich nur schwerlich aufmachen, im Alter damit zu beginnen. Da es aber nie zu spät ist anzufangen, sollten sich Ältere gegenseitig anregen und ermutigen, unter anderem auch Angebote der Altenbildung und Pastoral wahrzunehmen. Nicht nur, dass man andere Menschen trifft, sich über seine Fragen und Probleme auszutauschen lernt, man gewinnt auch neue Sinnperspektiven und vielleicht einen neuen Zugang zum Gott des Lebens (siehe »Gottesbilder der Erfahrung«, Seite 229).

Es scheint mir wichtig zu sein, dass ältere Menschen in ihrem sozialen und kirchlichen Umfeld eine Tätigkeit finden, die sie immer schon gerne getan hätten, die sie erfahren lässt, dass dieses Tun für andere wichtig ist. Die soziale Einbindung durch eine Mit-Arbeit in irgendeiner Weise stärkt das Identitätsgefühl und lässt nicht so leicht einen Einbruch in das Selbstwerterleben zu. Solange es geht, sollte der Mensch in das soziale Netz gemeindlicher, kirchlicher, kultureller, gesellschaftlicher Kontakte eingebunden bleiben. Desintegration, Isolierung fördern die Ängste, die Altersdepression und die Krankheiten.

Die weisen Alten

Auch in unserer Zeit und unserer Gesellschaft gibt es »weise Alte«. Es sind bei weitem nicht nur jene, die wir in verschiedenen Bereichen des öffentlichen Lebens wahrnehmen können: Politiker, Künstler, Komponisten, Dirigenten, Schriftsteller, Lyriker, Forscher u.a. Es gibt in allen sozialen Schichten weise Frauen, weise Männer, auf deren Rat man gerne hört, in deren Gegenwart das Leben tröstlich und sogar glücklich erscheinen kann (Isabell Hauser-Schöner, »Kinder brauchen ihre Großeltern«, Kösel, München 1994). Haben diese an Erfahrung reichen Menschen doch in schweren Zeiten und unter vielerlei Schwierigkeiten ihre Lebenszuversicht nicht eingebüßt. Sie haben sie bis ins hohe Alter hinübergerettet. Gerade diese Lebenszuversicht trägt sie im Alter und überträgt sich auf Kinder und junge Menschen, die diese Zuversicht heute besonders brauchen. Sehen sich Letztere doch vor große Fragen hinsichtlich ihrer beruflichen Zukunft und auch vor riesige Probleme im Gesamten der Welt gestellt.

Lebenszuversicht und eine Spiritualität der Hoffnung trotz enger werdender Lebensmöglichkeiten, Wissen und Erfahrung – das sind Kräfte, die weise Menschen an die Gesellschaft, in der sie leben, weitergeben. Nicht ungestraft würden kommende Generationen darauf verzichten. Gäbe es doch einen Bruch in der Erfahrungskette der Generationen, einen Geschichtsverlust, der sich in Familie, Sippe, Gemeinwesen, in einem Volk und in den Kirchen verarmend auswirken würde.

Jedoch darf der Erfahrungsreichtum der Älteren nicht als Besserwisserei daherkommen, gegen die die junge Generation sich wehren müsste. Vielmehr gehört zum weisen älteren Menschen ein waches Interesse dafür, welche Probleme die Jüngeren heute haben, wie sie diese angehen, welche möglichen Lösungen sie sehen, wie sie daran lernen und wachsen. Es wird die Generationen zusammenführen, wenn Ältere auf einfühlende Weise die Jüngeren zu verstehen suchen, statt verurteilend zu reagieren, nur weil sie manches anders machen, als man es selbst einmal tat oder es heute tun würde. Verständnis für die Jüngeren schließt diese dafür auf, auch den Älteren zuzuhören, ihre Sorgen kennenzulernen, wie auch von ihren Erfahrungen zu hören und zu profitieren.

Im Austausch zwischen Alt und Jung sei am Rande erwähnt, dass die Jungen heute nicht viel Zeit für ausholende und weitschweifende Geschichten haben. Dagegen haben die Älteren viel Zeit und auch das Bedürfnis, ihr Leben im Erzählen zu reflektieren, es den Jüngeren darzustellen, manches vielleicht auch unbewusst zu »rechtfertigen«, sich selbst in den Geschichten so zu zeigen, wie man möchte, dass die Jüngeren die Älteren sehen sollen. Für Letztere ist es manchmal besser, sich mit Altersgleichen zum Erzählen zusammenzufinden. Sie haben alle mehr Zeit und auch die gleichen Zeitereignisse erlebt; jeder, jede kann die eigene Version einbringen (siehe »Sich erinnern ...«, Seite 147).

Der weise alte Mensch wird der Versuchung entkommen, sich am Vergangenen festzuklammern. Er wird aus dem Bewusstsein leben, dass alles, was wir gelebt und gearbeitet haben, nicht einfach vorbei und weg ist, sondern unsere Persönlichkeit heute ausmacht. Sollten wir daran festhalten wollen über Gewesenes zu jammern, könnten wir versäumen, Gegenwärtiges wahrzunehmen, zu genießen, zu gestalten. Immer wäre ein Wermutstropfen im Gemüt,

der den Wein der Freude am jeweils heutigen Tag bitter macht.
Um Altersweisheit zu finden, sollte zwar der Kontakt mit Menschen aller Lebensphasen zum Austausch über alle interessierenden Themen gepflegt werden. Aber das Gespräch mit Menschen der gleichen Generation über die jetzigen Befindlichkeiten, Fragen und Interessen sollte nicht unterbleiben. Denn im Feld des sozialen Lebens können gerade Menschen gleichen Alters die möglichen Identifikationen für die jetzt zu findende und zu verwirklichende Lebensgestalt bieten.
Da Gespräche Klärung bringen, Lebensperspektiven aufzeigen, Sinn und Hoffnung für das Weiterleben schenken können, werden weise Menschen darauf nicht verzichten wollen. Verstehende Gespräche können ich-stabilisierend wirken. Sie können ermutigen, sich von altersbedingten Einschränkungen nicht unterkriegen zu lassen. Sie können dunkle Stimmungen auflösen, die dann und wann auch über den »Weisen« kommen werden. Sie können Ängste mildern, mitmenschliche Nähe und Wärme vermitteln.
Sollten die Gesprächsmöglichkeiten im unmittelbaren Lebenskreis nicht zu finden sein, sollte man die Angebote von Pfarreien, Gemeinden und Verbänden in Anspruch nehmen. Generationen, die so viel für die Allgemeinheit geleistet und aufgebaut haben, haben ein Recht auf vielfältige Begegnungs- und Gesprächsangebote. Auch kann man sie sich selbst suchen und schaffen und sie mitgestalten.

Zu einer Kultur des Zusammenlebens im Alter

Miteinander auszukommen, ist eine der wichtigsten Grundlagen eines befriedeten und befriedigenden Lebens. Miteinander gut auszukommen, ist bereits eine Zugabe. Miteinander so auszukommen, dass das Zusammenleben glücklich macht, ist schon ein wenig »Himmel auf Erden«. Dass keiner dieser wünschenswerten Zustände sich von selbst einstellt oder eingestellt hat, ist unsere lebenslange Erfahrung.

Die »dünnere Haut« verlangt, Verluste auszugleichen

Immer schon war der Kern aller Kultur zunächst und zuerst davon bestimmt, wie wir miteinander umgehen, miteinander reden. Es sind die Worte, die wir sprechen, wenn wir unsere Konflikte austragen; es ist der Ton, in dem wir unsere Interessen schützen und vertreten; es ist die Art, wie wir Gefühle des Ärgers, der Enttäuschung oder des Verdrusses äußern; es ist die Offenheit und Wahrhaftigkeit im Zueinander. Das alles bleibt auch in den späteren Lebensjahren wichtig. Aber im Alter bekommt das Zusammenleben nochmals neue Akzente, gleich ob man als Ehe- oder Geschwisterpaar, oder mit Freundinnen oder Freunden in einer Wohngemeinschaft lebt. Im Alter wird das Zusammenleben von der erworbenen Erfahrung und Einsicht geleitet, dass ein gutes Miteinander *die* Qualität des Lebens ist, auf die es jetzt fast ausschließlich ankommt.

Denn bei all dem, was wir zurücklassen werden, loslassen müssen, was weg-geht, nicht mehr geht, bleibt uns immer mehr und zuletzt die Beziehung mit der, dem, den anderen im alltäglichen Leben. Wir werden deshalb noch sensibler als bisher die Veränderung der eigenen Bedürfnisse wie auch die der anderen wahrnehmen und berücksichtigen. Wir werden mehr auf uns selbst und auf den anderen achten. Denn mit zunehmendem Alter bekommen wir nicht nur eine trockene, wir bekommen vor allem eine »dünnere Haut«: Wir werden empfindsamer, empfindlicher, wir werden verletzlicher. Das gilt nicht nur für unsere körperliche Befindlichkeit. Es gilt auch für unsere Psyche.

Früher hatten wir unsere gesellschaftliche und familiäre Rolle. Sind diese Rollen abgegeben, fällt auch das mit ihnen verbundene Ansehen und der Einfluss auf andere weg. Viele erlebten die Zugehörigkeit zu einer Arbeitsgruppe als anregend, auch als tragend für ihr Selbstbewusstsein. Dazugehören, »jemand sein«, war so etwas wie eine »Schutzhaut«, in der man sich eingerichtet hatte. Je länger diese Zeit hinter uns liegt, desto »entkleideter« kommen sich manche vor. Zumal mit zunehmendem Alter auch Ehrenämter und anderes außerhäusliche Engagement möglicherweise wegfallen. Dann sind wir »nur noch« wir selbst, unmittelbar als Person betroffen und gemeint. Bis sich unser »Rollenbewusstsein«, in das sich unser Ich ganz oder auch nur teilweise eingehaust hatte, zum »Nur-Ich-Selbst« umgewandelt hat, brauchen wir geraume Zeit.
Stand im Arbeitsleben die sachliche Leistung im Mittelpunkt der Anerkennung, sollte jetzt noch mehr als bisher die Wertschätzung der Persönlichkeit im Miteinander in

den Vordergrund rücken. Wenn wir einander sagen, was wir aneinander schätzen, uns bedanken für die kleinste freundliche Zuvorkommenheit, für jede kleine Hilfe, schaffen wir eine Atmosphäre, in der jede, jeder sich als Person gemeint erlebt. Mag solche Bemühung vielleicht anfangs nur einseitig sein, irgendwann wird ein Echo zurückkommen. Irgendwann entsteht Gegenseitigkeit.
Es gibt Menschen, die stumm und dumpf nebeneinander her leben. Das ist traurig, ist doch jeder, jede für den anderen da, ihn, sie aus der inneren Isolation herauszuholen, ihn in seinen, ihren Gefühlen und Gestimmtheiten anzusprechen und für Gemeinsames aufzuwecken.
Alles Leben ist innerlich. Und »alles Leben ist Begegnung« (Martin Buber). Das Leben würde seine Spannung verlieren, nicht mehr knistern, nicht mehr reizen, wenn unsere Seelen sich nicht mehr berühren würden. Und diese Berührung erleben wir im Gespräch, im Zuhören, im Hören aufeinander, im spürbaren Ernstnehmen der kleinen und größeren Freuden, Kümmernisse, Niedergeschlagenheiten und Leiden. Mehr und mehr sollte unser inneres Ohr sich öffnen für die Zwischentöne, den leisen Anschlag an die Saiten unserer Empfindsamkeit füreinander. Wahrnehmen, was in der Luft liegt, was zu uns herschwingt, zwischen uns liegt, versuchen, es in das jetzt angemessene Wort zu bringen und Verstehen signalisieren, ließe Gemeinsamkeit erfahren, Isolation überwinden, lockte aus dem Schweigen und lockerte die mögliche Schwere des Gemütszustandes.
Diese Klein»arbeit« des Zusammenlebens im Alltag ist eine hohe Anforderung und nicht leicht zu erbringen. Aber in ihr liegt der Kern für gemeinsam erlebtes Glück im Alter.

Miteinander feiern und füreinander danken

Ein Sprichwort sagt: Feste muss man feiern, wie sie fallen. Sie können uns überraschen und mitten in unseren gewöhnlichen Tag hereinfallen. Denn es gibt Augenblicke, in denen das Leben den Schleier wegzieht und uns das Festliche, das es in sich hat, sehen lässt. So zum Beispiel, wenn wir plötzlich zwischen uns und dem anderen ein tiefes Einverständnis erleben; Momente, in denen wir uns vorbehaltlos gut sind, in denen wir gegenseitig etwas vom Geheimnis unseres Personseins empfangen und geben können.

Wir fühlen uns festlich, wenn wir einen guten Einfall haben der uns weiterhilft; wenn wir Erfolg haben oder eine Arbeit zu unserer und anderer Zufriedenheit abschließen können. Wir können uns festlich fühlen, wenn wir einen guten Brief erhalten oder selbst einen solchen geschrieben haben. Wir fühlen uns festlich in und nach einem guten Gespräch, bei einem Spaziergang, nach einem gelungenen Abend mit Freunden, nach einem schönen Essen oder einem Konzert. Das Festliche in uns tritt immer wieder hervor, kommt ins Licht unseres Bewusstseins, stimmt uns glücklich.

In Augenblicken der Seinsfühlung, in denen wir offen werden für die Schönheit der Schöpfung, erleben wir die ihr innewohnende Festlichkeit: Wenn wir von einem Sonnenuntergang, von der Schönheit einer Landschaft, vom Gesang der Vögel an einem Frühlingsmorgen, von der sprühenden Lebendigkeit unaufhörlich fallender Wasser, vom Anblick des Meeres, seiner kraftvollen Bewegtheit und vom Geheimnis des Sternenhimmels verzaubert werden, dann sind wir angerührt vom verborgenen Sein, das in allem da ist, wahrnehmbar für die, die sich dafür auftun.

Dem Festlichen des Lebens geben wir eine besondere Gestalt an bestimmten Gedenktagen, die wir mehr oder weniger aufwendig oder still miteinander feiern. Wir feiern unsere Hochzeitstage, die sich mit den Jahren runden und zur silbernen, goldenen und sogar zur diamantenen Hochzeit werden. Wir feiern unsere Geburtstage. »Ich glaube«, schrieb mir ein Freund, »dass runde Geburtstage für uns, die wir älter werden, heute wichtiger sind als früher. Sie laden ein, sich zu erinnern, aber auch, sich für die kommenden Jahre neu und bewusster zu entscheiden, aus ihnen Wesentliches zu machen, die vielfältigen Begegnungen und die täglichen Ereignisse dankbar anzunehmen«.

Solche Tage sollten wir mit besonderem Glanz versehen; ich meine, alle Festlichkeit, die in dem zu feiernden Ereignis steckt, sollten wir zur Erscheinung kommen lassen. Diese Feste geben uns Gelegenheit, einander ausdrücklich zu danken für die gegenseitige Begleitung im Leben, für das Einanderbeistehen in allen Lebenslagen, für die empfangene Güte, für die »siebenmal siebzigmalige« Vergebung, für alle Neuanfänge, die man miteinander riskiert hat. Danken für die Kinder, für Kindeskinder, für Schwiegertöchter und -söhne, für die Freunde, für alles, was wir einander zu leben ermöglicht haben. Dadurch wird das Festliche im Einzelnen ins Licht gehoben, und so wird es das Fest nicht nur für die, die gefeiert werden, sondern ein Fest für alle. So wie wir das Leben miteinander teilen, teilen wir auch das Fest.
Feste müssen sein. Sie tauchen das Leben – selbst in seinen schmerzlichsten Aspekten – in ein versöhnliches Licht. Feste haben es an sich, dass sie uns helfen, unser Leben so anzunehmen, wie es geworden ist, wie es jetzt gerade

ist. Denn wir sehen uns eingelassen in viele mitmenschliche Beziehungen, wir erleben uns verbunden mit Menschen, die uns schätzen, die uns mögen, die Gesinnung und Lebenseinstellung mit uns teilen. Wir erfahren: Wir sind nicht allein. An Festtagen finden wir Worte und Gefühle füreinander, die nicht alltäglich sind. Worte, die sich noch nicht verbraucht haben, Worte die zu einer Sinnfülle finden, die sie sonst nicht haben. Dass sie gesagt werden können, auch dafür brauchen wir das Fest. Wir sehen einander in einem guten und schönen Licht. Auch wenn wir schon älter sind, können wir aneinander Neues entdecken. Für unsere gegenseitige Wertschätzung ist das ein Hinzugewinn.

Es gibt Tage, die ihre Festlichkeit noch auf ganz andere Weise aufscheinen lassen. Es kann uns zum Beispiel zu einem festlichen Erlebnis werden, wenn und weil wir einander sagen, was wir füreinander sind, immer schon füreinander waren. Tage, die vergoldet werden durch Stunden, in denen wir unser Herz öffnen, Schwellen überschreiten und anfangen, in einer anderen Weise zu danken. Nicht für eine geschenkte Sache. Nein, wir danken dem anderen als dem Menschen, der er ist und der er für uns ist. Wir sagen einander: Wie gut ist es, dass du bist. Ich danke dir dafür, was du für mich gewesen und was du jetzt für mich bist. In diesem Dank wird das Miteinanderleben durchsichtig auf das hin, was uns füreinander kostbar macht. Gerade im Alter brauchen wir solch gegenseitige Bestätigung. Wir erfahren dadurch ein reifes Glück, nicht vergleichbar mit dem der jungen Jahre. Enthält dieses Glück doch die ganze Bewährung eines gemeinsamen Lebens mit allem, was darin krumm und gerade war. Da bekommt nicht nur die gegenwärtige Stunde ihren festli-

chen Glanz. Auch die Vergangenheit gerät hinein. Und für die Zukunft gewinnen wir Zuversicht in unsere gegenseitige Verlässlichkeit und Hilfe.
Aus welcher Tiefe bricht die Festlichkeit unseres Lebens auf? Sie wurzelt in unserer menschlichen Würde, unverlierbar ist sie uns eigen. Sie wiederum ist ein Abglanz des Abbildes, das jeder Mensch ist: Abbild Gottes. Kind Gottes. Gewollt und geliebt. Dies zu feiern, drängt es uns.

»Verjährte« Konflikte anschauen

Über manche Konflikte, die wir erlebt haben, mag viel Zeit vergangen sein. Vielleicht haken wir sie ab als »verjährt«. Schauen wir jedoch genauer hin, sind es möglicherweise nur die Jahre, die darüber hingegangen sind. Doch die damaligen Kränkungen wirken immer noch nach. Auf irgendeine Weise haben unsere verletzten Gefühle anderen die »Sünden behalten«, das Unrecht, das andere uns angetan haben, im Gedächtnis bewahrt. Wir sagen, vergeben habe ich zwar, aber vergessen kann ich es nicht.
Wie alles im Leben, bleiben auch schwere und kränkende Konflikte eingewoben in unsere Lebensgeschichte. Und da sie mit intensiven Gefühlen verbunden waren, vergessen wir sie auch nicht. Zwar haben wir vergeben. Trotz seiner »Verjährung« aber haben wir den Konflikt dennoch nicht ganz verarbeitet. Wie können wir zum Frieden mit uns und anderen kommen?
Nicht immer ist es gut, »Altes« erneut ins Gespräch zu bringen. Vor allem dann nicht, wenn wir merken, wie stark unsere Gefühle sind, wenn wir uns wieder in die »alte« Sache hineinlassen. So könnte es auch den anderen Kon-

fliktbeteiligten gehen. Wollen wir nicht heraufbeschwören, dass Streitigkeiten, feindselige Gefühle und Verhaltensweisen sich erneut zwischen uns stellen, werden wir eine andere Weise der Verarbeitung finden müssen. Zumal wir selbst nicht sicher sein können, ob wir unseren Zorn und die Wut schon überwunden haben. Sie könnten wieder aufbrechen in der Begegnung mit dem andern, falls wir wieder daran rühren. Für uns und für das Zusammenleben miteinander ist die Einsicht in die Qualität unserer Gefühle wichtig. Wir fragen uns daher:

Wie stark ist mein Zorn, meine Wut, wie tief meine Unversöhnlichkeit? Was wurde verletzt: mein Stolz, mein guter Ruf?
Könnte ich ruhig bleiben, wenn das alte Thema wieder auf den Tisch des Hauses käme?
Warum hat mich die Auseinandersetzung, das Verhalten der anderen damals so getroffen?
Was kann mir das Wort eines Weisen heute dazu sagen: »Mein Widersacher ist mein bester Freund«?
Was habe ich damals über mich selbst gelernt? Bin ich dadurch weitergekommen? Oder eher stehengeblieben?

Keinesfalls werden wir unsere Gefühlsreste wieder anheizen oder dauernd darin rühren wollen. So werden wir nicht frei davon. Mit einem nüchternen Blick auf uns selbst haben wir aber doch auch zu fragen:

Weiß ich um die Gefühle, die ich im anderen ausgelöst habe?
Welche Verletzungen habe ich in ihm, in ihr, verursacht und hinterlassen?

Wenn ich mich vom anderen aus anschaue, also versuche, seine Position einzunehmen und meine Wirkungen auf ihn (sie) überprüfe, kann ich vielleicht die Reaktionen des (der) anderen besser verstehen. So komme ich womöglich dazu, die Hürden wegzuräumen, die (s)ich in meinem Herzen aufgerichtet habe(n).

Bei allen Bemühungen um Vergebenkönnen, kann trotzdem noch einiges in uns wurmen und hängengeblieben sein. Dann werden wir zuerst damit anfangen, »Feindesliebe« uns selbst gegenüber zu üben (H. Stenger). Das ist: Mir selbst vergeben, dass ich noch nicht (ganz) vergeben kann. Das ist: Versuchen, das Unverzeihliche vergeben zu wollen. Das ist: Den ganzen Zorn, das ganze Knäuel unserer aufgebrachten Gefühle Gott hinzuhalten und ihn zu bitten, dass er entwirren helfe, was wir nicht allein entwirren können. Und bitten, dass er das Dunkel in uns lichte und uns helfe, unseren Anteil am Konflikt zu sehen, zu übernehmen und zu verantworten. Das tun wir so oft und so lange, bis wir die Reste aufgearbeitet haben. Dafür brauchen wir Zeit.

Sollten wir uns aber zutrauen, mit dem anderen den Konflikt zu besprechen, sich Aug' in Aug' zu begegnen, dann werden wir uns vor allem vor Schuldzuweisungen hüten; stattdessen sagen wir, wie wir uns fühlen, was uns bedrückt, was wir gerne überwinden möchten. Wir entschuldigen uns für unsere »Missetaten«, unsere »Ausrutscher«.

Eine andere Art ist, den »verjährten« Konflikt stehen zu lassen, auf Distanz zu gehen und diese so weit es geht, beizubehalten. Dabei kann es sich auch um Beziehungen handeln, die einmal lebenswichtig für uns waren, es aber jetzt nicht mehr sind. Auch das Lösen, selbst das Scheitern von Beziehungen haben wir zu lernen und zu akzeptieren.

Entfremdungen auflösen – einander neu entdecken

»Die alltäglichen Menschenerlebnisse sind die tiefsten – wenn man sie von der Gewohnheit befreit« (Robert Musil). Nicht in Gewohnheiten stecken zu bleiben, das kann durchaus eine Aufgabe im Alter sein, der man sich mit besonderer Aufmerksamkeit zuwenden sollte. Denn die Gewohnheit – zum Beispiel in einer Beziehung – verleitet zur Trägheit, sie macht unsensibel, sie kann bis zur Gleichgültigkeit unsere Gefühle füreinander erkalten lassen; sie macht interesselos; sie lässt uns einschlafen. So beklagt sich eine Frau darüber, dass sie sich in der Beziehung zu ihrem Mann wie ein zum Inventar des Hauses gehörendes Stück Möbel vorkomme. Es ist zwar vorhanden, aber weil es immer schon da ist, nimmt man es nicht mehr wahr. Und viele Paare beklagen, man hätte sich nichts mehr zu sagen. Da helfe auch das Ausgehen und das teuerste Essen nichts. Man sitze davor und schweige. Am Abend fülle das Fernsehen die Lücke. Auf die Dauer sei das zu wenig.

Über die vielen Jahre hin hat man sich aneinander so gewöhnt, dass man zu wissen glaubt, man kenne sich gegenseitig. Es gäbe nichts Neues, nichts Überraschendes mehr. Man leidet unter der Eintönigkeit der Worte, Gesten, Reaktionen. Es ist immer alles wie immer. Die innere Distanz wächst, obwohl man mehr als früher beisammen ist. Aber das Zusammenleben bleibt auf das Räumliche beschränkt. Die Antennen der Herzen werden nicht mehr ausgefahren. Die inneren Schwingungen von einem zum anderen werden nicht mehr aufgefangen. Sie fallen ins Leere.

Gewohnheiten hinterfragen, offen miteinander reden

Wenn wir es nicht dabei belassen wollen, müssen wir die begonnene oder zeitweilige Entfremdung aufarbeiten durch eine Art Ver-fremdung. Durch das Reflektieren unserer alltäglich gewohnten Verhaltensweisen gewinnen wir einen neuen Blick auf unser eigenes Verhalten und das der, des anderen. Dieses neue Sehen, diese andere Perspektive kann uns aus der Gewöhnung aufwecken, uns bewusst werden lassen, woran wir arbeiten, was wir verändern können. Vielleicht werden wir zunächst allein, das heißt bei uns selbst, anfangen und sehen, welche Wirkung diese Reflexion in uns selbst auslöst. Dann können wir dem anderen vielleicht unsere Entdeckungen mitteilen. Dabei gilt es zu beachten, dass wir zuerst nur über uns selbst sprechen, nicht über den anderen. Danach fragen wir, wie unsere Entdeckungen vom anderen her aussehen, ob er sie korrigieren oder ergänzen will. Dabei werden wir die Bereitschaft in uns haben müssen, auch Kritisches hören zu wollen, ohne gleich in Verteidigung oder Anschuldigung überzugehen. Wenn wir über die Entdeckungen bei uns selbst sprechen, kann der, kann die andere sich motiviert fühlen, sich in ein Gespräch einzulassen. Dadurch könnte das Miteinander von der einen oder anderen Gewohnheit befreit werden, weil sie uns bewusst geworden ist.

Ich stelle mir meine(n) Partner(in) als Kind vor.

Was weiß ich von ihrem, seinem Werdegang?
Mit welchen Lebenshoffnungen ging sie, er, in ihr, sein junges Leben?

Welche davon sind gescheitert? Welche erfüllt?
Was ist mein Anteil an dem einen, an dem anderen?
Wie erlebe ich ihn, sie, wenn wir bei Bekannten und Freunden sind?
Welche Seiten der Persönlichkeit leben dort auf?
Welche davon vernachlässige ich anzusprechen, lebendig zu halten?

Ich setze mich an dem Tisch, an dem wir täglich essen, auf den Platz, auf dem sonst mein Gegenüber sitzt. Ich versuche mir vorzustellen, wie er, sie mich sieht. Wie wirke ich auf sie, ihn, wenn ich esse, schweige, rede, gut oder schlecht gelaunt bin, mich beklage oder jammere?

Ich überlege, wie ich mich ihm, ihr gegenüber vermittle in meinen Wünschen, meinen Interessen.
Ich frage mich, welche Anregungen ich ins Gespräch einbringe. Wie gehe ich mit den Anregungen des anderen um? Reagiere ich darauf, überhöre ich sie?
Was lese ich, worüber informiere ich mich, was tue ich dafür, meinen Geist lebendig zu halten, ein(e) anregende(r) Gesprächspartner(in) zu sein?
Ich frage mich, ob ich den anderen, die andere langweile, ihn, sie in seinen, ihren Interessen fördere oder eher lähme?

An welchem Punkt meiner Verhaltensweisen will ich mich zuerst verändern? Ich nehme mir nur einen Punkt vor. Das ist genug. Denn mehrere Punkte auf einmal anzugehen, führt meist zu nichts.
Ich versuche, meine Gefühle, die ich am Anfang der Beziehung hatte, in mir wieder zu erwecken. Ich denke an

die schönen Stunden, die erfüllten Augenblicke. Was kann ich von dem, was sich davon in der Erinnerung einstellt, zurückholen, wieder einmal ins Gespräch bringen. Ich überlege, wie ich diese Gefühle in meine Stimme bringe, in meine Worte, in eine Geste.

Ich überlege Worte, die ich dem, der anderen gerne wieder einmal sagen möchte.
Ich formuliere Sätze, die beginnen mit den echoweckenden Worten: »Weißt du noch ...«?

Dann können wir Wegstrecken ins Gespräch hereinholen, die wir miteinander gegangen sind. Wir können einander danken für »damals, als du für mich ..., als du mit mir ...« Das rührt nicht nur an schöne und gute Zeiten, es kann auch an vergessene Gefühle rühren, an die weichen Seiten unseres Gemütes. Wir können dabei eine Nähe erleben, die wir uns längst gewünscht haben; wir können frei werden für eine lang entbehrte zärtliche Berührung.
Es ist nicht leicht, alte Gewohnheiten aufzubrechen. Ein japanisches Sprichwort empfiehlt uns dafür eine sanfte, kluge und vertrauende Vorgangsweise. Es heißt: »Das Allerzarteste überwindet das Allerhärteste«. Was ich mir vom anderen wünsche, bringe ich am besten selbst ein in die Beziehung. Schon, dass ich mich an einem einzigen Punkt verändere, und wäre es »nur«, dass ich den Druck aus meiner Stimme nehme, gibt Hoffnung, dass meine Veränderung sich auch auf den anderen auswirken wird.
Manchmal aber verändert sich der andere, und ich merke es gar nicht. Ich bin nicht aufmerksam auf die leisen Wandlungen. Sie, er kann vielleicht nicht mit Worten um Verzeihung bitten. Aber eine Geste, der veränderte Ton in

der Stimme sagt mir, dass im anderen etwas vor sich gegangen ist. Darauf sollten wir uns einlassen und nicht auf unserer Vorstellung beharren, wie der, die andere in bestimmten Situationen sich zu äußern hätte oder sich zu verhalten hat. Wenn wir flexibel sind und außerdem ein wenig Humor zulassen, sind wir entspannt, können vieles leichter akzeptieren, statt Kleinigkeiten tragisch zu nehmen.

Eine große Hilfe ist es, die Erwartungen, die wir aneinander haben, zu überprüfen. Sie sind dann unrealistisch, wenn wir etwas erwarten, was ein anderer gar nicht geben kann – oder auch so, wie ich es wünsche, nicht geben will. Nachdem wir das Verhaltensmuster des anderen bisher vielleicht als konfliktreich erlebt haben, ist es nun an der Zeit, unrealistische, überhöhte Erwartungen fallen zu lassen. Sonst programmieren wir uns selbst immer wieder die gleichen Enttäuschungen in den Alltag.

Das kann sich zwischen Ehepaaren genauso abspielen wie zwischen Eltern und erwachsenen Kindern. Eine Frau erzählte in einem Arbeitskreis, ihre Schwiegereltern würden Sonntag für Sonntag den Besuch ihrer Familie erwarten. Auch die Kinder würden sich zu sträuben anfangen, weil sie sich mit ihren Klassenkameraden nicht verabreden könnten. Sie müsse diese Erwartungen der Eltern jetzt zur Sprache bringen, erwarte aber einen großen Konflikt. Es stellte sich heraus, dass auch die Schwiegereltern ihre Sonntage einmal anders verbringen wollten.

Diese kleine Geschichte erinnert uns an eine andere, die bekannt sein dürfte. Beim Frühstück, am Tag der Goldenen Hochzeit, sagte der Mann zu seiner Frau beim Brötchenteilen: »Heute würde ich gerne mal den oberen Teil behalten wollen.« Darauf sagte die Frau: »O, das

ist mir recht. Hätte ich doch immer schon viel lieber die untere Brötchenhälfte gegessen, statt fünfzig Jahre lang die obere«.
So können wir aneinander vorbeileben, wenn wir nicht offen unsere Wünsche und gegenseitigen Erwartungen aussprechen. Aus Angst voreinander? Oder in der Meinung, wir würden die Wünsche des anderen bereits kennen? Oder weil wir nicht widersprechen wollen? Oder um des lieben Friedens willen? Wünsche, Gefühle, auch gerade die ärgerlichen, die wir uns nicht bewusst machen, wirken mit der Zeit zwangsläufig trennend. Sie hindern unbeschwerte spontane Nähe. Sie machen die Atmosphäre zwischen uns trübe, machen sie undurchschaubar. Das macht unsicher, mit der Zeit wird man misstrauisch, wenn man sich gegenseitig die alltäglichen Wünsche und Erwartungen vorenthält. So verliert man einander innerlich aus dem Blick, aus dem Gefühl. Eines Tages auch aus dem Herzen. Die Entfremdung wächst von innen.

Wünsche nach Zärtlichkeit und sexueller Begegnung äußern

Wünsche äußern, offen miteinander sprechen. Das gilt auch für das Bedürfnis nach Zärtlichkeit und sexueller Begegnung. Alles bisher Gesagte gilt im Besonderen für diesen intimen Austausch zweier Menschen. Wie könnte man annehmen, man kenne die Wünsche der Partnerin, des Partners, wenn man sie einander nicht sagt? Nur wenn im Gespräch und durch zärtliche Berührung die Herzen zueinander gefunden haben, kann Sexualität glücklich erlebt werden.

Das Gespräch und die Zärtlichkeit werden gerade im Alter die Wege innerer Annäherung und des Erlebens von Einssein eröffnen. Die Zärtlichkeit liebender und reifer Menschen kann – wenn auch auf andere Weise – vermitteln, was in jungen und jüngeren Jahren an Leidenschaft miteinander erfahren wurde. Der Vergleich mit dem reifen, milden und abgerundeten Wein, in dem die ganze Sonne des Sommers und die Reife des Herbstes ist, ist hier sicher nicht falsch.
Zärtlichkeit und Gespräch erhalten die Liebe, lassen sie reifen und durchsichtig werden auf ihre innerste und letzte Absicht hin: den anderen zu lieben, zu achten, ihm gut- und wohlzutun. Allein die Liebe ist die Zauberin, die auch den älteren und alten Leib füreinander anziehend machen kann. Bis ins hohe Alter hinein können sich Mann und Frau gegenseitig auch im sexuellen Zusammensein beglücken. Das setzt voraus, dass sie immer schon um die Kultur ihres Miteinanders besorgt waren und es bleiben, wenn sie sich nicht erlauben, stumpf oder rücksichtslos fordernd zu sein. »Körperliche Liebe ist ein wichtiger Weg zur Güte«, sagt der Altersforscher Leopold Rosenmayr.
Das Alter macht die Sexualität nicht zunichte. Aber es verändert sie. Mit dieser Veränderung bekommen auch die Wünsche der Partner aneinander eine andere Färbung. Ohne sie einander mitzuteilen, bleiben die Partner darüber im Ungewissen. Die Veränderungen bedürfen des Gesprächs, damit sie nicht trennend wirken, sondern zusammen mit wohltuenden Verhaltensweisen auf eine neue Art verbinden: Das ist eine liebende Aufmerksamkeit füreinander, eine selbstlose Güte, das Einander-Raumgeben für weitere persönliche Entwicklung, ein Verzicht auf unnötige Einschränkungen des anderen, ein Von-sich-Zu-

rücktreten, ein Geben ohne die angestrengte Erwartung zu bekommen. Diese Haltungen und das Gespräch führen zu einer neuen Qualität der Liebeserfahrung.
Diese wird gestützt durch das Sprechen über das Erlebte. Wo wir uns mitteilen, verbinden wir uns einander. Das kann zu einem ebenso tiefen Glückserleben werden wie die früher anders gelebte Sexualität. In einer reifen Sexualität können auch frühere Verwundungen und Enttäuschungen, die man sich zugezogen, die man einander angetan hat, ausgeheilt und versöhnt werden.

Das Alter braucht Zärtlichkeit und Barmherzigkeit

Aus der Altersforschung und dem Umgang mit alten Menschen wissen wir, dass das Bedürfnis nach Zärtlichkeit mit dem Alter keineswegs abnimmt. Mit der Hilflosigkeit des alten Menschen erwachen Bedürfnisse nach Zuwendung und Aufmerksamkeit, wie wir sie schon als Kinder hatten. Auch lebten wir diese Gefühle in all den Augenblicken, in denen wir bei einem geliebten Menschen wie ein Kind sein, auch Schwäche und Bedürftigkeit zeigen durften. In manchen Menschen, die lange Zeit hindurch unter Einsamkeit gelitten haben, die zum Beispiel über Jahre der Witwenschaft hinweg keinen Hautkontakt, keine Zärtlichkeit, keine Umarmung mehr erlebt haben, weckt eine zärtliche Berührung Freude und Glück. »Sie sind seit Jahren der erste Mensch, der mich wieder einmal in den Arm genommen hat«, sagte neulich eine alte Frau zu einer ihrer Pflegerinnen und strahlte sie dankbar an.

Die zärtliche Berührung

Die Zärtlichkeit hat viele Ausdrucksmöglichkeiten. Alle unsere Sinne werden durch sie in Anspruch genommen. Eines der wichtigsten Instrumente der Zärtlichkeit, die unser Gemüt unmittelbar erreichen, ist die Stimme. Es ist der Ton, in dem wir einander anreden, rufen, uns etwas sagen. Mit der Stimme können wir andere anherrschen, anderen befehlen, sie unter Druck setzen; oder wir können freundlich, wohlwollend, einladend, vertrauenerweckend sprechen. Achten wir einmal auf das Echo unserer Stimme, hören wir uns selbst einmal nach, wenn der Ton unserer Stimme gerade noch im Raum schwebt. Dann kann uns bewusst werden, was wir durch sie übermitteln. Und vielleicht kommen wir auf den Gedanken, dass wir die Art unseres Redens von der Stimme her verändern wollen.

Wie mit der Stimme, so teilen wir uns auch durch die Augen jene Gefühle mit, die im Moment in uns da sind. Einmal blicken wir streng, finster, unfreundlich, hochmütig, böse; oder wir vermitteln Zärtlichkeit, wenn wir milde blicken, freundlich, mitfühlend, dankbar, froh, glücklich. Man kann es uns an den Augen ablesen, was wir gerade jetzt füreinander empfinden, bevor ein Wort gesagt ist.

Wie Stimme und Augen uns im Innersten berühren, so weckt die Berührung der Haut die unterschiedlichsten Gefühle. Sie kann erschrecken, verstören, erschüttern, Ekel hervorrufen; auch Abneigung. Sie kann die innigste und höchste Glückseligkeit wecken. Zwischen diesen beiden Polen liegt eine Welt unterschiedlichster Erfahrungen. Was die Berührung zum Glück oder zum Unglück werden lässt, wird im Herzen entschieden, weil wir mit der Berührung vermitteln, was in unserem Herzen ist, was das Herz gerade sinnt: Liebe, Zuneigung, Zärtlichkeit oder Hass, Abneigung, Haben-, Überherrschenwollen. Wir sind in der Berührung, die wir senden oder empfangen, unser Innen und Außen zugleich.

Alltäglich erfahren wir die Berührung durch das Wort. Worte können trösten, aufbauen, heilen; sie können nieder-schlagen, kränken, zerstören. Bedenken wir einmal die zärtlichen Worte, die wir für unsere Kinder einst erfunden haben; wie viele zärtliche Worte haben wir im Zusammenleben in einer langen Ehe oder Freundschaft füreinander eingeübt, wie viele immer wieder neu erdacht. Niemand würde ihre Botschaft so verstehen wie allein der Mensch, dem sie gelten oder gegolten haben.

An diese Worte können wir uns gegenseitig erinnern, sie wiederholen, sie erneuern. »Das hast du schon lange nicht mehr zu mir gesagt. So hast du mich schon lange nicht mehr genannt«, sagen wir dann zueinander. Die früher einmal erlebte Faszination kann dabei in uns wieder wach werden. Zärtlichkeit ist schöpferisch. In jedem Lebensalter schaffen wir durch sie für uns und andere ein »Milieu der Zuneigung«, bauen durch sie ein menschliches und freundliches Zuhause.

Im Alter bleibt die Herzensgüte, die sich in der Zärtlichkeit ausdrückt, oft die einzige Sonne, die uns wärmen wird. Denn viele andere Sonnen sind bis zum höheren und hohen Alter am Himmel des Lebens erloschen. Rechtzeitig sollten wir dieser einzigen Sonne unsere Energie zuführen, damit wir nicht frösteln, wenn wir im warmen Zimmer zwar räumlich beieinander, innerlich aber fern und ohne zärtliche Gefühle sind.

Barmherzigkeit

In der Bibel wird die Barmherzigkeit Gottes unter anderem daran deutlich, dass er die Schwachen aus dem Staub aufhebt, die Gebeugten aufrichtet, die Betrübten tröstet, die Verlorenen sucht, die Kranken heilt (Ps 145,14; 147,6; Ps 86,17; Jes 66,13; Mt 6,9 u.a.). Das Alter schwächt den Menschen, beugt ihn, demütigt ihn durch seine körperlichen und geistigen Minderungen, macht ihn krank. Unter jungen, vitalen und tüchtigen Menschen kommt ein alter Mensch sich oft verloren vor. Erst recht in unserem hektischen Verkehr. Er braucht deshalb Mitmenschen, die sich barmherzig zeigen, sich ihm liebevoll zuwenden. Kommt man gemeinsam in diesen Lebensabschnitt, gilt es, diesen barmherzigen Umgang miteinander zu leben. Da man aber selbst schon entkräftet ist, fällt es vielen Menschen gerade im Alter schwer, die Schwächen des anderen in Geduld und Freundlichkeit zu ertragen. Auch können gerade jetzt die unangenehmen Charaktereigenschaften besonders scharf hervortreten, sind wir doch nicht deshalb schon »vollkommener«, weil wir älter geworden sind.

Keinesfalls werden wir einander die Schwächen vorhalten, sie dauernd bereden oder sie gar zur verletzenden Waffe gegeneinander machen. Wissen wir doch selbst und vom anderen, dass wir nicht mehr so »toll«, nicht mehr so gut »beieinander« sind, dass wir nicht mehr »der« oder »die« sind, die wir einmal waren. Vielleicht leiden wir darunter. Dieses Leiden sollte nicht durch Kränkungen verstärkt werden. Schmerzt uns doch ohnedies unser nachlassendes Hör- und Sehvermögen, unser Langsamerwerden, die sich andrängenden Ängste vor noch mehr körperlichen und geistigen Verlusten. Umso mehr brauchen ältere Menschen jetzt die Wohltat gegenseitigen Respekts, nachsichtiger Hilfe, Unterstützung in den alltäglichen Verrichtungen; vor allem brauchen sie Geduld. Die Last des Alters in den späten Jahren ruft nach Barmherzigkeit sich selbst gegenüber und füreinander.

Barmherzig sein mit sich selbst, mit den eigenen Schwächen. Von sich selbst und anderen nicht mehr erwarten, als die Kräfte zulassen. Nicht an einem Leistungsdenken festhalten, dem gegenüber wir täglich zwangsläufig versagen müssen. Zu lernen, mit unseren reduzierten Möglichkeiten klug umzugehen, erfordert jetzt Aufmerksamkeit, und die Energie, die uns geblieben ist.

Im hohen Alter, in dem die Grenzen des Daseins sich in unsere Existenz hinein verleiblichen, schmerzlich und unausweichlich, in diesem Zustand ist der barmherzige Umgang, die liebende Schonung, die Verschonung mit Kritik, harten Worten, Unfreundlichkeiten und missbilligenden Äußerungen unverzichtbar.

Die Barmherzigkeit öffnet den Raum, in dem die sehr Altgewordenen in der äußersten Zone menschlichen Daseins ihre letzte Identität finden können. Wenn sie bejaht und angenommen sind in ihrer Hilfsbedürftigkeit und Gebrechlichkeit, können sie ihre Situation selbst besser annehmen. Auch schenkt eine aufmerksame und behutsame Zuwendung die Gewissheit, dass unser Leben lebenswert bleibt, bis zu seinem Ende. Im Ja sagen zum Unausweichlichen, im Aushalten der sich dehnenden Zeit findet der Mensch, vielleicht in einem harten Kampf, Einverständnis mit seinem menschlichen Geschick. Er lernt – wie auch immer – auf seine Weise sagen: »Dein Wille geschehe«. Dieses Einverständnis wird ihm dann leichter fallen,

wenn ein Schimmer der göttlichen Barmherzigkeit durch die Menschen, die ihn begleiten, seine späten Jahre und Tage erhellen.
Es wird eine Zeit kommen, in der man sich gegenseitig nicht mehr in allem beistehen und helfen kann. Rechtzeitig sollte man sich umsehen, um, wenn die Zeit gekommen ist, fremde Hilfe in Anspruch nehmen zu können.
Vorsichtshalber kann man sich auch in einem Altenheim anmelden.
Die Diskussion um die »aktive Sterbehilfe« fordert eine entsprechende Einstellung. Niemand weiß, welche Läuterungsprozesse ein Mensch noch im Zustand leiblichen Zerfalls durchmacht, um ganz bei sich selbst anzukommen.
Jedes Sterben, jeder Tod ist und bleibt das persönlichste Geheimnis des Menschen. Man sollte es ihm lassen. Niemand hat das Recht, in ein Geschehen einzugreifen, um dessen letzten Sinn kein Mensch wissen kann.

Miteinander beten

Der Blick über die Grenze

Je näher wir der Grenze eines uns fremden Landes kommen, desto neugieriger werden wir darauf, was uns hinter der Grenze erwartet. Es wäre eigenartig, wenn es nicht ebenso wäre vor der Grenzüberschreitung in das andere Leben, das wir erwarten, erhoffen, an das wir glauben. Es würde uns gut tun, wenn wir unsere Gedanken darüber einander mitteilen, miteinander darüber sprechen wür-

den. Auch wenn wir nicht »wissen«, was kommt, haben wir doch aus dem Evangelium Botschaften vernommen oder können sie vernehmen, die unserer Hoffnung »Bilder« geben, wie es sein könnte. Jesus spricht unter anderem vom »ewigen Hochzeitsmahl«, und dass er umhergehen werde, um uns zu bedienen (Lk 12,37). Er sagt: »Ich bin die Auferstehung und das Leben. Wer an mich glaubt, wird leben, auch wenn er stirbt« (Joh 11,25). Wir haben also Worte, Bilder, die uns einen Blick über die Grenze hinaus tun lassen. Allerdings im Glauben, wie Jesus sagt.
Gespräche über Sterben und Tod und was danach kommt, üben uns nicht nur ein in das sicher auf uns zukommende Ereignis. Gespräche können auch Ängste mildern. Sie können den »Blick nach drüben« heben über das enge Jetzt hinaus. In den Gesprächen können wir Gott in unser »abschiedliches Leben« hereinlassen. Allein durch ihn hat es eine Zukunft, wie es auch allein durch ihn seinen Anfang hatte.

Gott hereinlassen

Wir können miteinander beten. Können wir miteinander beten? Wer es immer schon getan hat, wird es im Alter intensivieren. Man kann sich eine Zeit während des Tages nehmen, die ruhig und ohne Störung ist. Wir können Texte lesen aus dem »Katholischen Gotteslob« oder aus dem »Evangelischen Gesangbuch«. Dort finden wir auch Liedtexte, die wir kennen und die wir gerne gesungen haben. Jetzt können wir uns diesen Texten meditativ zuwenden. Sie geben Trost und Kraft.

Manche Menschen haben die Übung, mit persönlichen Worten Gott ihre Anliegen auszusprechen, Gott zu loben, ihm für empfangene Aufmerksamkeiten zu danken, ihn zu preisen, aber auch vor ihm zu klagen, ihn anzuklagen ob eines schweren Geschicks. Andere scheuen sich, ihr Herz selbst vor dem nächsten Menschen auf diese Weise zu öffnen. Sie gewähren anderen keinen Zutritt zu ihrer letzten Kammer, in der sie vor Gott entblößt sind, in der sie auf ihre ganz persönliche und intime Weise mit Gott sprechen. Darum können für gemeinsames Beten vorformulierte Texte eine große Hilfe sein.
Wenn wir Psalmen beten, Worte der Schrift einander vorlesen, können wir im aufmerksamen Hören, in dem jeder sich auf Gott ausrichtet, eine andere, dichtere Atmosphäre unter uns spüren. Es kann unter uns eine andere Gegenwart wahrgenommen werden, die uns anrührt, uns tröstet, uns auf neue Weise miteinander verbindet. Wir spüren in ihr etwas von dem Geheimnis des eigenen Lebens und vom Leben des anderen. Gemeinsames Gebet stärkt, es gibt uns eine innere Gewissheit von der Existenz Gottes, von seinem Dasein bei uns und für uns. Es öffnet uns einen Raum über den Rand dieses Lebens hinaus (siehe »Wieder anfangen mit Beten«, Seite 255).
Wenn man aber nicht eingeübt ist in gemeinsames Beten? Wie kann dann die Scheu überwunden werden, jetzt damit anzufangen? Vielleicht hilft die Frage von einem zum anderen, ob uns Gebete von früher einfallen, Gebete, die wir mit unserer Mutter oder dem Vater als Kinder gebetet haben, wenn sie vor dem Schlafengehen an unser Bett gekommen sind.
Indem wir uns diese Gebete ins Gedächtnis rufen, sie einander sagen, wäre schon ein Anfang gemacht. Vielleicht

ist es das »Vater unser«, das man betend miteinander spricht. Oder ein Liedvers, der uns einfällt aus dem Gottesdienst. Oder ein Psalm. Dafür können wir die Bibel vom Regal nehmen und einzelne Sätze aus dem Psalm 103 oder 23 lesen, die vielleicht ausdrücken, was wir in uns fühlen, aber keine eigenen Worte dafür finden. Durch Wiederholung der Sätze können wir sie in uns einsinken lassen und den Sinn der Worte verkosten und Kraft daraus holen (siehe »Worte der Sammlung«, Seite 269).

Abschied und Trauer

»Abschiedlich leben«

Das Miteinanderleben, Miteinandersein bringt das Abschiednehmen voneinander mit sich. Die Wehmut über die Vergänglichkeit, die Traurigkeit über Verlassenwerden und Loslassenmüssen, zeigen uns, wie sehr wir unser Leben lieben, wie eingewurzelt wir in allem sind.

Nicht erst das Alter belehrt uns über unser »abschiedliches Leben«. Immer schon mussten wir uns trennen, etwas aufgeben, verlassen, verabschieden. Von Kindheit an kennen wir die damit einhergehende Trauer. Wir trauerten, wenn der Urlaub vorbei war, wenn wir uns von einem schönen Land verabschieden mussten, von den Eltern, den Geschwistern, den eigenen Kindern. Auch wenn wir früher den Arbeitsplatz wechselten, trauerten wir. Heute trauern wir, wenn wir für längere Zeit verreisen, den uns vertrauten Ort aufgeben, wissen wir doch nicht, ob und wie wir wieder zurückkommen werden.

Je stärker wir uns eingelassen hatten in eine Beziehung, in eine Aufgabe, in eine Gemeinschaft, in eine schöpferische Tätigkeit, je mehr wir verwachsen waren mit einem Ort, desto mehr waren unsere Gefühle jeweils darin verwurzelt, umso schwerer wurde uns dann der Abschied. Wir betrauerten jeweils, was wir aufgeben, verlassen und loslassen mussten.
Trauergefühle sind die Folge der erlittenen Verluste. Verluste schmerzen. »Jeder Abschied«, sagt ein französisches Sprichwort, »ist ein bisschen Sterben«. Jeder Abschied hat etwas in sich vom Letzten. »Vielleicht erfassen wir in der Trauer unwillkürlich unsere Endlichkeit, die uns durch tiefgreifende Erlebnisse bewusst wird. Endlichkeit, Begrenztheit erinnern an den Tod. Sie *sind* todhaft (Gertrud Stetter).«

Abschiede im Alter

Im Alter holt uns das Abschiedliche des Lebens endgültig ein. So bedrückt es manche, dass mit dem Arbeitsende auch das Einkommen, der gesellschaftliche Einfluss schwinden. Vielleicht mindern sich damit auch die bisherige Unabhängigkeit und materielle Selbständigkeit beträchtlich. Die Einschränkungen: Ein bestimmtes Maß an Ausgaben, an Reisen, an Bewegungsfreiheit, das alles bedeutet schmerzlicher Abschied, der Verzicht ansagt und verlangt. Später wird uns vielleicht der Gedanke bedrücken, was aus unserem Besitz werden wird, aus dem, was wir mit Mühe und Anstrengung aufgebaut, angeschafft, erreicht haben, wofür wir unsere Kraft, unsere Zeit, unser Geld, unsere Person eingesetzt haben. Was werden die

Nachkommenden damit machen? Es kann uns wehmütig stimmen, wenn wir denken, wer einmal in unserem Haus leben, sich in unserem geliebten Garten sonnen, sich dort erholen wird. Vieles, was wir heute noch selbst tun und besorgen können, werden wir eines Tages lassen müssen, weil wir keine Kraft mehr dafür haben werden. Andere werden es – hoffentlich – für uns tun.

Solche abschiedlichen Gedanken, solche Prozesse des Scheidens bereiten in uns die innere Loslösung von dieser Welt vor. Dabei erfahren wir gleichzeitig eine Befreiung, werden wir doch von vielen Tätigkeiten und alltäglichen Verantwortlichkeiten entpflichtet, die unsere Kraft und Energie gebunden haben. Jetzt werden viele Belastungen von unseren Schultern genommen. Das hilft uns aus vielen Zerstreuungen heraus und ermöglicht uns die Konzentration nach innen. Ohne unser Offensein für das Geschehen in der Welt, ohne die Freude und die Dankbarkeit für unsere mitmenschlichen Beziehungen abzuschwächen, ermöglicht uns diese Entlastung, gerade für die Aufmerksamkeit nach innen mehr Zeit und Kraft zu haben. Wenn eine Türe zugeht, sagt ein Sprichwort, öffnet sich ein Fenster.

Abschiede von Menschen, die wir kannten und liebten, berühren uns besonders tief. Sie bringen uns das Bewusstsein von der Endgültigkeit sehr nahe. Es berührt uns, wenn wir feststellen, wie viele aus unserem Jahrgang schon gestorben sind; wie viele aus unserer Schulklasse oder Studienzeit oder aus der Nachbarschaft in den letzten Jahren »gegangen« sind; wer aus unserer Verwandtschaft, aus unserem Freundeskreis nicht mehr unter den Lebenden ist. In der Erfahrung dieser Abschiede kommt uns der eigene letzte Abschied schon entgegen. Und wenn wir in unsere nächste Umgebung, auf unseren nächsten Menschen schauen, mit dem wir alt werden, dessen Älterwerden wir täglich vor Augen haben, schleichen sich Abschiedsgefühle und Trauer, ja auch Erschrecken vor dem Unerbittlichen ein. Die körperlichen Veränderungen, vielleicht auch das Abnehmen geistiger Fähigkeiten, belehren uns über den Stand unserer Lebensuhr. Der Abschied »unter der Haut« tritt an manchen Tagen unmissverständlich auf die Bühne des Lebens. Er mahnt uns, »unser Haus zu bestellen«.

Verlust nächster Menschen

Nach der Art, wie Menschen ihre Beziehungen gelebt und gestaltet haben, werden sie auch den Tod des anderen Menschen erfahren. War der oder die andere zwar der nächste, aber nicht der geliebte Mensch, wird man den Tod womöglich eher als Befreiung, statt als Verlust empfinden. Eine Frau, die keine besonders gute Ehe mit ihrem Mann führen konnte, erlebte die Zeit nach dem Tod des Mannes als eine Zeit, in der sie endlich zu sich selbst finden konnte. Eine Witwe, die eine gute Ehe hinter sich hatte, erlebte den Tod ihres Mannes zwar als herben Verlust und dennoch auch als Befreiung. Denn der Hirntumor lähmte nicht nur das Sprachzentrum des Mannes, sondern den ganzen Menschen. »Es war gut«, sagte sie, »dass er sterben konnte und so nicht weiterleben musste. Es war auch gut für mich, nicht für lange Zeit an sein Krankenlager gefesselt zu sein. Jetzt kann ich aus meinem Leben noch etwas machen«. Einer Witwe gegenüber, deren Mann ein Leben lang krank war, so dass sie trotz der Kinder berufstätig sein musste, während er, so gut es ging, die Hausarbeit besorgte, äußerte ich den Wunsch, dass jetzt für sie eine Zeit anbrechen möge, in der sie nun etwas für sich selbst tun könne. Sie schrieb zurück, wenn sie sich dabei ertappe, dass sie für sich Pläne mache, befalle sie alsbald »das schlechte Gewissen«. Sie kam in ihrem Leben nicht dazu, auch »an sich zu denken«. Dazu gab es für sie nur wenig Möglichkeiten. Die Sehnsucht danach war allerdings groß. Und dennoch hat sie jetzt Schuldgefühle, die sie in den sich für sie öffnenden Freiraum mit hineinnimmt.

Abschied und Schuldgefühle

Schon bei früheren Abschieden mögen wir so etwas wie Schuldgefühle erlebt haben. Denn der Abschied macht uns meist plötzlich bewusst, was wir versäumt haben: Wir hätten aufmerksamer sein sollen, uns mehr Zeit nehmen müssen, mit mehr Verständnis und Geduld reagieren sollen. Wir hätten nicht so sparsam mit unseren Worten, mit Zärtlichkeit, mit Anerkennung und Lob sein sollen. Wir hätten ... wir hätten. Im Abschied sahen wir schon immer, wer wir gewesen sind, wer wir hätten sein können und wollen. Abschied macht sehend.

Gerade ein endgültiger Abschied kann solche Gedanken und Gefühle über Versäumtes in uns wecken. Wir denken an unseren ungeduldigen Ton bei der Pflege, an unsere Aggression, wenn wir selbst müde waren und an unsere Grenzen kamen. Das alles ist verständlich. Älter geworden, haben wir selbst nicht mehr so viel Kraft und Ausdauer, wie es mancher Kranke wünscht und braucht. Trotz dieser Zugeständnisse an uns ist es nicht leicht, mit »Schuldgefühlen« umzugehen, sie können uns lange Zeit plagen und in uns Unruhe verbreiten, bis wir endlich unsere Grenzen annehmen und ja sagen können.

Vielleicht hilft uns der Gedanke an das neue Leben des Verstorbenen, der jetzt unsere Schwächen anders sehen kann als wir selbst dies tun. Wir können mit dem Verstorbenen reden, ihm unsere Reue klagen. Wir können einen Brief schreiben, in dem wir uns durch das Formulieren unseres Schuldgefühls von diesem distanzieren und schließlich befreien können. Wir können Gott bitten, dass er uns befreie. Auch wird uns der Gedanke helfen, dass diejenigen, die bei Gott sind, ein unvergängliches Leben bei ihm haben, dass sie uns unser Leben auf dieser Erde gönnen. Und wir können den Verstorbenen das Leben gönnen, das sie jetzt bei Gott haben. »Wir sollen nicht trauern wie die Heiden«, mahnt uns Paulus (1 Thess 4,13). Im Vertrauen auf den Heiligen Geist, der heilt, was verwundet ist, werden wir auch unsere Schuldgefühle überwinden können.

Wie wir endgültige Abschiede erleben

Manche Menschen erleben den Tod nächster Menschen als Schock, vor allem wenn er überraschend kommt. Aber auch dann, wenn man nach längerer Krankheit sich auf den Tod einstellen kann, ist der Tod für die Hinterbliebenen eine Erschütterung. Manche haben das Gefühl, als würde der Blitz in sie fahren und sie entzweispalten. So sprechen Eheleute vom Tod ihrer Partner. So erlebte ich den Aufschrei meines Vaters, einen Urschrei, der mir durch Mark und Bein ging, als ich ihm mitteilen musste, dass meine Mutter, seine Frau, mit der er einunddreißig Jahre verheiratet war, gestorben war. Danach stürzte er aus dem Haus, lief durch den Garten, bis er sich einigermaßen gefangen hatte.

Wenn ein naher Mensch stirbt, berührt der Tod uns unmittelbar. Wir fühlen Schauer über der Haut, empfinden Todesgeschmack auf der Zunge, der sich über alles legt, was zu uns gehört. Manche sagen, es wäre, als würde der Boden unter ihnen brechen, als bliebe die Zeit stehen, als wanke die Erde. Eine Erstarrung aller Gefühle, die keine Träne zulässt, die sich lange nicht auflöst, kommt über manche. Andere werden hilflos, nicht nur sich selbst und ihrem Schmerz, sondern auch dem praktischen Leben gegenüber.

Trauer ist eine Wunde, eine Verletzung, ein Leiden. Sie braucht Zeit zum Heilwerden. Sie hinterläßt Narben, die immer wieder schmerzen.

Hilfen in der Trauer

Ein Todesfall bringt eine Menge Behördengänge und Besorgungen mit sich. Das kann für Angehörige eines Verstorbenen zunächst eine Hilfe in der Trauer sein. Diese mit dem Todesfall verbundenen Aufgaben lenken nicht nur ab, sie bringen die Trauernden auch unter die Mitmenschen. Nicht alle erfahren es zwar als hilfreich, wenn andere auf sie zukommen und ihnen ihre Teilnahme aussprechen. Wobei es ja auch für diese nicht leicht ist, da fremder Schmerz und fremde Schicksale oft sprachlos und hilflos machen. Jeder Mensch wird über die üblichen

Rituale hinaus seine persönliche Weise finden müssen, mit seiner Trauer umzugehen. Manchen hilft eine intensive Beschäftigung. So ein Witwer, der froh war über die Anforderungen der Gartenarbeit, die er im Sommer und Herbst zu machen hatte. Abends sank er bleimüde ins Bett. So vergingen für ihn die ersten Monate. Er fand darin Zeit, den ersten Schmerz zu verarbeiten. Manch andere halten viel auf »Beschäftigung« in der Trauerzeit; wieder anderen hilft das »Aus-dem-Haus-Gehen«. Viele telefonieren, suchen Freunde auf zu Gesprächen. Man sollte nicht allein bleiben, sagen Erfahrene, sondern Kontakte suchen und pflegen, Kranke und andere alte Menschen besuchen, das helfe das eigene Leid besser ertragen. Andere schreiben Briefe, in denen sie das Geschehene aufarbeiten. Sie erzählen von den letzten Ereignissen in der Krankheit und der Sterbezeit. Musik, die man früher gerne gemeinsam hörte, kann die Erinnerungen versöhnlich stimmen. Musik kann trösten. Bilder, die man gemeinsam liebte, können angeschaut werden, auch Fotos aus vergangenen Zeiten. Wer Tagebuch geschrieben hat, kann auf diese Weise gemeinsamen Spuren nachgehen.

So wird jeder Mensch Trauerrituale finden, die ihm gut tun. Auch Orte der Trauer, die man aufsucht, gehören dazu. Da ist in der ersten Zeit vor allem das Grab als Erinnerungsstätte wichtig. Aber auch Orte des Lebens, an denen man gute Stunden zusammen verbracht hat, können aufgesucht werden. Eine Aussicht auf eine beruhigende Landschaft, ein Gasthaus, ein Café, in dem man gemeinsam einkehrte, oder ein Ferienort, der oft Freude zu schenken vermochte. Diese früher gemeinsam besuchten Orte rufen glückliche Stunden und Tage wieder ins Gedächtnis. Langsam genesen wir so von dem Schmerz über den Verlust. Das gemeinsame Leben kehrt anders wieder. Und wir finden zur Dankbarkeit: Wir danken für den Menschen, der zu uns gehört hat.

Das Alleinsein, das Alleinbleiben verkraften

Der Tod reißt eine Lücke. Er schafft Leere, Alleinsein, Verlassenheitsgefühle. Übereinstimmend sagen Witwen und Witwer: »Die Sonn- und Feiertage sind die schlimmsten Tage«. Wer plötzlich aus einer lebenslangen Gemeinsamkeit heraus allein ist, hat es schwer, das Alleinsein zu lernen. Gilt es doch, eine Lebensweise für jeden Tag zu finden, die nicht nur über die Trauer hinweghilft, sondern wieder hineinführt in die Kommunikation mit anderen Menschen.

Die Leere, die der Tod uns zumutet, ist anfangs schwer zu ertragen. Sich sagen zu müssen, er, sie kommt nie wieder zur Türe herein. Ich höre sie, ihn nie mehr die Haustüre aufschließen und sagen: »Ich bin wieder da«. Die Erwartungsstruktur, die solche Gewohnheiten in uns gebildet hat, ist schwer abzubauen. Manche leiden viele Jahre, bis sich wieder ein Gefühl des Ganz-bei-sich-Zuhause-Seins eingestellt hat.

Wenn der Tod uns den Menschen nimmt, für den wir ein Leben lang gesorgt haben, haben wir niemand mehr, den wir umsorgen können. Unsere Energie und Kraft waren womöglich ganz auf diesen Menschen konzentriert. Im Trauerprozess sollen diese nun wieder zurückgewonnen werden, damit diese Lebenskräfte auf andere Menschen und Aufgaben übertragen werden können.

Dieser Anspruch lag bereits in jedem Abschied, den wir erlebt haben. Mussten wir uns doch immer wieder auf Neues einlassen und unsere ganze Kraft dort investieren, wo das Leben uns jeweils hingestellt hat. Robert Peck spricht von der »emotionellen Flexibilität als der Fähigkeit, emotionelle Bindungen von einer Person auf die andere und von einer Tätigkeit auf die andere zu übertragen«. Diese »emotionelle Flexibilität« ist die Fähigkeit, die uns am ehesten aus der Trauer herausführt in ein neues Leben mit neuen Aufgaben und mit anderen Menschen. Das gilt vor allem für jene Menschen, die den Tod des nächsten Menschen nicht erst im hohen Lebensalter erfahren. Wenn der Tod im Alter einbricht, ist das Hinüberdenken zum Vorausgegangenen ein großer Trost. Aber die liebende Hinwendung zu den Menschen in der nahen und weiteren Umgebung sollte, solange man noch dazu fähig ist, auch dann nicht unterbleiben.

Wer alt ist, lebt in Todesnähe

Die Leistung der späten Jahre

»Eine der neuen und entscheidenden Tatsachen des höheren Lebensalters ist die sichere Aussicht auf den Tod. In früheren Lebensabschnitten tritt der Tod unerwartet ein; ältere Menschen aber wissen, dass er eintreten muss«. So sagt Robert Peck. Außerdem weist er darauf hin, dass chinesische und hinduistische Philosophen, aber auch westliche Denker, angenommen haben, dass eine positive Anpassung selbst an die unwillkommenste aller Aussichten möglich sei. Er meint: »Die konstruktive Lebensweise der späten Lebensjahre könnte in dieser Weise definiert werden: Sein Leben in solch großmütiger und selbstloser Weise zu leben, dass die Aussicht auf den persönlichen Tod ... weniger bedeutend empfunden wird als das sichere Wissen, für eine größere, weitere Zukunft gebaut zu haben ... Kinder, Leistungen für das kulturelle Leben, Freundschaften, – das sind Wege, auf welchen der Mensch zu einem dauerhaften Sinn beitragen könnte, welcher die Grenze seines eigenen überschreitet ... Eine solche Anpassung wäre keineswegs passive Resignation oder Selbstverleugnung. Im Gegenteil – verlangt ist eine aktive Bemühung, das Leben für die Menschen, die nach dem eigenen Tod weiterleben, sinnvoller oder glücklicher zu gestalten. Da der Tod die einzige absolute Sicherheit für alle Menschen ist, kann diese Art von Anpassung die entscheidendste Leistung der späten Jahre sein ... Es gibt objektive Beweise für die Behauptung, dass von einem stark egozentrischen Menschen destruktive Wirkungen ausgehen, welche Befindlichkeit und Glück der anderen beeinträchtigen« (Robert Peck, in: »Altern, Probleme und Tatsachen«, Hans Thomae und Ursula Lehr, Frankfurt 1968).

»Die Leistung der späten Jahre« sieht im Alltag ganz bescheiden aus. Sie besteht schon in dem dankbaren Bewusstsein am Morgen, dass wir wieder aufgewacht sind, einen neuen Tag vor uns haben. An diesem Tag können wir uns freuen, dass wir am Leben sind, alles wahrnehmen, was wir sehen, hören. Vom Gesang der Vögel angefangen bis zu dem Spiel von Schatten und Licht in unserem Zimmer oder vor unserem Fenster. Ganz besonders aber können wir uns, was die obigen Zeilen eindeutig empfehlen, um Liebe bemühen. Von jeder auch noch so kleinen

Tat der Liebe, schon von einem Wort, einer Geste, geht etwas Leben-Erweckendes aus, etwas Schöpferisches. Etwas, das uns und den anderen bleibt, was fortdauert, wenn wir selber schon nicht mehr sind. Denn die Liebe ist das einzig Über-Lebende in dieser Welt. Sie trägt uns über die Grenze, die der Tod uns setzt. Hinter der Grenze werden uns die Augen dafür aufgehen, dass kein Geschehen, kein Leid, kein für uns heute »Sinnloses« bei Gott verloren ist. Wir werden im Licht einer neuen Gotteserkenntnis mit neuen Augen uneingeschränkt sehen, dass Gott uns liebt, dass von all dem, was wir erlebt und gelebt haben, »bei Gott nichts verloren gegangen ist ... Alle Träume hat er gesammelt und kein Lächeln ist ihm weggehuscht« (Wilhelm Breuning, Zitat bei: Hans Küng, »Ewiges Leben«, R. Piper und Co., Zürich 1969). Bei Gott finden wir unsere ganze Geschichte wieder.

Wieviel Zeit wir bis dahin noch haben werden, steht bei Gott. »Meine Zeit steht in Deinen Händen«, sagt Psalm 31,16. Mit diesem Trost können wir auch in Todesnähe gelassen, ja, heiter leben. Denn der uns liebende Gott, der in allen Augenblicken unseres Lebens bei uns war, wird auch im Augenblick unseres Todes bei uns sein und unser Leben neu machen für ein Leben bei ihm. Sich in diesem Vertrauen zu üben, in diesem Vertrauen zu leben, ist die eigentlich uns gemäße Anpassung an die Situation, in Todesnähe zu leben.

»Sich über die Grenze hinaus orientieren« – Den Neubeginn des Lebens vorbereiten

Der Altersforscher Leopold Rosenmayr rät den älteren Menschen, »sich über die Grenze hinaus zu orientieren«, sich auf den Neubeginn ihres Lebens jenseits des Todes vorzubereiten. Das tun wir auch, wenn wir hier auf Erden »unsere Dinge« ordnen. Mit diesem bewussten Ordnen ordnen wir uns selbst auf diese Grenze hin. Deshalb werden wir rechtzeitig ein Testament machen und uns so von der Sorge um die irdischen Dinge befreien. In einem Patiententestament können wir einen Schritt tun in unsere letzte Lebenszeit. Solange wir noch denken und uns selbst bestimmen können, legen wir zum Beispiel fest, ob wir, wenn keine Besserung unseres Zustandes mehr in Aussicht ist, lebensverlängernden medizinischen Maßnahmen zustimmen wollen oder ob wir es vorziehen, dem Gesetz des Lebens in uns seinen eigenen Verlauf zu lassen.

Außer dem wachen Bewusstsein vom Neubeginn unseres Lebens hinter der Todesschranke, außer der bewussten täglichen Übung liebender Gedanken und liebenden Tuns, können wir unsere Bereitschaft, uns darauf vorzubereiten, in ein Zeichen setzen. Sogar in ein sakramentales Zeichen.

Katholische Christen kennen das Sakrament der Krankensalbung. Früher hieß es »Letzte Ölung« und man schreckte davor zurück, weil man darin eben das Allerletzte vor dem endgültigen Ende ahnte. Heute, das sagt schon die Bezeichnung, ist es zum Zeichen der Begleitung, der Zusage der Nähe Gottes für einen schwierigen Lebensabschnitt geworden. Es ist ein Sakrament des Trostes, der Zärtlichkeit und der Barmherzigkeit, ausgedrückt in der Salbung mit Chrisam, das die Kirche uns anbietet. In den katholischen Gemeinden gibt es regelmäßig Krankengottesdienste, in denen die Krankensalbung für Kranke und für ältere Menschen gespendet wird. Man muss nicht erst todkrank sein, um sich dieses Zeichen der Versöhnung mit Gott, das Zeichen der Hoffnung, durch ihn und bei ihm Leben zu finden, geben zu lassen. Wer es schon empfangen hat, hat erfahren, dass diese heilende Berührung im Sakrament wirklich tröstet und den Weg hell macht, den wir zu gehen haben.

In der Todesanzeige der oberschwäbischen Lyrikerin *Maria Menz* stand ein von ihr verfasster Text, den ich hier zitieren möchte:

Erwartung
Dunkler Bote, mehr als einmal da,
lange Furcht vor seinem Schweif der Peinen,
sich verflechtend mit dem überfeinen,
stillen, müden Leben.
Was geschah?
Unhörbar kam er zur Schlummerzeit
und vollzog in sanftester Berührung
in drei Atemzügen die Entführung
in die Ewigkeit

Die Zeit bedenken

Veränderte Zeiterfahrung

Die Uhren stehen lassen

In der Oper »Der Rosenkavalier« von Richard Strauss singt die Marschallin ein Lied über ihre Zeiterfahrung in ihren späteren Jahren:

»... Die Zeit ist ein sonderbar Ding.
Wenn man so hinlebt, ist sie rein gar Nichts.
Aber dann auf einmal, da spürt man nichts als sie.
Sie ist um uns herum, sie ist auch in uns drinnen.
In den Gesichtern rieselt sie
im Spiegel da rieselt sie
in meinen Schläfen fließt sie.
Und zwischen mir und dir –
da fließt sie wieder, lautlos, wie eine Sanduhr.
Oh, Quinquin! Manchmal hör ich sie fließen – unaufhaltsam.
Manchmal steh ich auf mitten in der Nacht
und lass die Uhren alle, alle stehn.
Allein man muss sich auch vor ihr nicht fürchten.
Auch sie ist ein Geschöpf des Vaters, der uns
alle erschaffen hat.«

Hugo von Hofmannsthal

Die Marschallin spricht mit diesen Worten unsere Erfahrung mit der schnell dahinschwindenden Zeit aus. Je älter wir werden, desto mehr wird die Zeit für uns zum Lebensthema. Immer häufiger hören wir uns und andere sagen: Die Zeit gibt nichts mehr her; die Tage sind zu kurz; die Jahre gehen wie im Flug. »Sie fliegen dahin«, klagt der Psalmist (90,10). Oder: »Meine Tage schwinden dahin wie Schatten; ... sie sind wie Rauch geschwunden« (Ps 102, 4, 12). Wehmut über die Vergänglichkeit unseres Lebens spricht aus diesen Sätzen.
Als mein 87jähriger Großonkel im Sterben lag, sagte er zu meinem Vater: »Jetzt, da es zu Ende geht, kommt mir mein langes Leben kurz vor. Es ist, als wäre ich einmal die Stadtstraße hinauf- und einmal wieder heruntergegangen«. Mich haben diese Worte, die mein Vater oft erwähnt hat, sehr beeindruckt. Mit den Jahren bekam ich aus eigener Erfahrung immer mehr Verständnis für die schnell dahinschwindende Zeit:
Denk ich zurück / an die vielen Jahre / schrumpft mir die Zeit.
Es ist wie ein Augenblick / im Vorbei.

Die Zeit fließt »lautlos wie eine Sanduhr«. Mit ihr fließt unser Leben. Wie die Zeit, so werden wir mit ihr Vergangenheit. Unsere persönliche Zukunft wird von Tag zu Tag kürzer. Deshalb wollen wir bedenken, wie wir mit unserer Lebenszeit umgehen in den späteren Jahren. Spüren wir doch täglich, wie kostbar die Zeit ist; wie einmalig sie ist.

Die Zeit gestalten

Kreativ umgehen mit der Zeit

Die Zeit ist nicht nur eine äußere Gegebenheit, mit der wir rechnen, die wir berechnen, die wir nützen und ausnützen, die wir bezahlen und bezahlt bekommen, die wir beschleunigen oder verlangsamen. Wir selbst sind zeitlich. Die Zeit ist auch in uns. Wir sind aus Zeit gewoben.
Um Zeit sinnvoll zu erleben genügt es daher nicht, sie nur mit äußerer Geschäftigkeit zu füllen, Stunden und Tage mit bloßer Aktivität vollzustopfen, den Terminkalender zu strapazieren. Gerade in der Zeit des Älterwerdens wäre es an der Zeit, ein inneres Verhältnis zur Zeit zu bekommen. Dabei könnte das Bedenken folgender Sätze helfen:

»Meine Zeit in Deinen Händen« Ps 31,16
»Meine Tage zu zählen lehre mich« Ps 90,12
»Du hast meinen Tagen ein Maß gesetzt« Ps 38,6
»Des Menschen Tage sind wie das Gras, es blüht wie die Blume des Feldes. Fährt der Wind darüber, ist sie dahin.« Ps 105,106

Soll unsere persönliche Zeit eine erfüllte Zeit sein, bedarf es eines kreativen Umgangs mit uns selbst. Wir selbst sind es, die der Zeit Inhalt und Sinn geben. Die jetzt vermehrte freie Zeit sinnvoll zu gestalten, verlangt die Fähigkeit, das Leben als solches er-leben und fühlen zu können. Es geht darum, in uns selbst das Echo, das die Wirklichkeit der Dinge, Begegnungen mit Menschen, die die gewöhnlichen

Erlebnisse Tag für Tag in uns erwecken und hervorbringen können, zu vernehmen. Durch das »Fühlen, was Leben ist«, sind wir mit der Wirklichkeit der Dinge, den Menschen nicht nur äußerlich, sondern auch innerlich verbunden. Diese Fähigkeit, uns als verbunden zu erleben, haben wir womöglich durch Hetze und Betriebsamkeit unseres Berufsalltags mehr oder weniger eingebüßt. Wenn jetzt Zeit »übrig« bleibt, fühlen wir vielleicht Langeweile. »Jeder kennt das: Da überfällt uns das Gefühl, als ob alles stehen bliebe. Das Gewicht der Dinge, ihre Greifbarkeit und ihre Bedeutung schwinden. Das, was um uns herum ist, lässt uns plötzlich mit uns allein, es sagt uns nichts mehr, reizt uns nicht. Nichts zählt da wirklich, alles ist gleichgültig geworden. Und ich selbst, der ich da alleingelassen bin, ich weiß in solcher Situation am allerwenigsten mit mir etwas anzufangen: › Das Leerwerden der Welt kommt zugleich aus uns selbst‹ « (Ulrich Hommes).

So erleben wir uns, wenn wir verlernt haben, Muße zu haben, sie uns bewusst und besten Gewissens zu gönnen. Muße ermöglicht uns, das Gefühl zu genießen, in einen offenen, unverstellten Zeitraum hineinzuleben, einfach dazusein. Dabei mache ich mir bewusst: Heute habe ich »nichts« vor. Daher kann ich tun, was ich will.

Wir können die innere Erlebnisfähigkeit wieder gewinnen. Etwas Geduld mit uns selbst ist nötig und ein aufmerksames, liebendes Sich-mir-selbst-Zuwenden. Ich kann mit den einfachsten »Übungen« anfangen, bis sie in mir irgendwann ein Echo wecken. Vielleicht betrachten wir eine Blume, die am Fenster, im Garten oder in einer Vase blüht. Wir können uns über die Sorgsamkeit der Schöpfung wundern, die sie für eine einzige Blüte aufbringt. Wir berühren sanft ein Blatt, die Blüte selbst, spüren das

Lebendigsein der Pflanze. Wir können ein Gespräch mit ihr führen, fangen an aufzuschreiben, was uns einfällt. Mit dem Stift in der Hand kommt unser Unbewusstes eher in Bewegung. Auch können wir versuchen, unsere momentane Stimmung auszudrücken, in Worten, die wir aufschreiben, in einem Symbol, das wir zeichnen oder malen oder mit Farbe auf eine große Fläche Papier malen, so wie es uns gerade drängt. Auf diese Weise werden wir uns unter dem Aspekt »meine momentane Stimmung« selbst zum Gegenüber. Dabei nehmen wir uns deutlicher wahr. Wir schauen uns an, fragen uns:

Ist diese Stimmung typisch für mich? Wie gehe ich für gewöhnlich damit um?
Wie will ich mit mir in dieser Stimmung jetzt umgehen, und was sagt sie mir über mich?

Oder: Wir sitzen abends still auf dem Balkon oder im Garten. Schauen zum Sternenhimmel, denken an die unendlichen Räume im All, an Galaxien, an Schwarze Löcher, an Stern- und Sonnenexplosionen, an Lichtjahre, an den Urknall ... Wir lassen uns treffen vom Geheimnis der Schöpfung, das sie behält trotz wissenschaftlicher Forschung. Wir denken an den Schöpfer all dieser Wunder. Wir lassen die Fragen zu, die sich uns dabei stellen. Fragen können uns weiterbringen, gleich, ob wir darauf eine Antwort haben oder nicht. Wir lassen Staunen über unser eigenes Dasein in uns aufkommen und Dankbarkeit für das geschenkte Leben, für den vergangenen Tag, für die jetzige Stunde, für die kommende Nacht.

So mit uns selbst im Gespräch, können wir nachdenken:

Was habe ich aus meinem Leben mit »nach Hause« gebracht, was alles ist mir zugewachsen an Leben, Einsicht, Freundschaft?
Wonach sehne ich mich (noch immer)?
Wie kann ich diese ungelebten Lebenswünsche verwirklichen?
Warum halte ich sie für wichtig?

Solange wir leben, kann und will uns das Leben Neues schenken. Immer noch und immer wieder kann es uns auch mit uns selbst überraschen, wenn wir fähig bleiben, uns zu verändern. Dazu brauchen wir ein wenig Mut und innere Beweglichkeit, die uns hilft, uns da und dort umzustellen, umzulernen, dazuzulernen. Selbst bisher noch Unbekanntes kann uns in den späteren Jahren vertraut werden.

Gemeinsame Zeit und Zeit haben für sich

Paare, Geschwister, Menschen in kleinen oder großen Wohngemeinschaften sehen sich nach Beendigung der Berufsarbeit vor die Aufgabe gestellt, ihre veränderten Bedürfnisse in einem nun veränderten Zeitrahmen neu zu klären. Frauen, die nach dem Auszug ihrer Kinder aus der Familie endlich frei über ihre Zeit verfügen können, da der Haushalt weniger Aufmerksamkeit und Arbeit fordert, sehen zum Teil mit Besorgnis jenem Tag entgegen, an dem der Mann für immer zu Hause bleiben wird. Sie fürchten, in den Strudel seiner Unternehmungen mehr als ihnen lieb ist, hineingezogen zu werden. Sie möchten ihren persönlichen Zeitplan und die ihnen wichtig gewordenen Tätigkeiten nicht mehr aufgeben. Männer fürchten, Frauen werden sie mit ihren Erwartungen »Würdest Du mir nicht ...« für alltägliche Dauerbeteiligung an Haushaltspflichten in Anspruch nehmen. Wer das Bewusstsein vom »Herr im Haus« zugunsten eines partnerschaftlichen Lebensstils noch nicht aufgegeben hat, empfindet diese Inanspruchnahme außerdem als Abstieg. Dann werden lange vor sich her geschobene Beziehungsprobleme diskutiert, dann müssen manche Konflikte durchgestanden werden, was einem gemeinsamen Leben aber nur gut tun kann. Konflikte können am besten in Gesprächen gelöst werden. Ziel dieser Gespräche ist, dass die Partner gegenseitig ihre jetzigen Bedürfnisse erst einmal kennenlernen und sie gegenseitig respektieren. Nur so können sie dann zu Kompromissen kommen, die beiden gerecht werden. Schließlich muss jeder, jede etwas vom Eigenen aufgeben, wenn man Gemeinsames erreichen und zu einem Einvernehmen kommen will. Möglicherweise muss man täglich neu aushandeln, welche Zeit gemeinsam verbracht wird und welche den Plänen und Aktivitäten des Einzelnen zugedacht bleibt. Schließlich kann man sich eingestehen und zugestehen, dass jeder das Bedürfnis nach Zusammensein und Alleinsein hat. Darüber muss dann allerdings gesprochen werden, damit keine Missverständnisse entstehen. Es könnte sonst in dem einen oder der anderen das Gefühl aufkommen, man wäre dem anderen lästig, gehe ihm, ihr auf die Nerven. Durch solche und andere ungeklärten Gefühle sollte man sich den Genuss der schönen Zeit des Lebensabends nicht beeinträchtigen lassen.

Immer dann, wenn wir über unsere Wünsche, Gefühle, Erwartungen miteinander sprechen, teilen wir einander etwas von uns selbst mit. Dieser Austausch klärt nicht nur die Beziehung, er macht sie auch reicher, vertieft sie. Er macht es möglich, dass wir bewusster auf uns selbst und aufeinander achten. So werden wir uns gegenseitig gewiss. Einverständnis, Ruhe, Gelassenheit und Vertrauen füllen dann die Zeit. In ihrem Dahinschwinden sind sie die wichtigsten Konstanten, die dem Vergehen des Lebens zwar den Schmerz nicht nehmen, ihn aber lindern können. Erfahrene Gemeinsamkeit ist der Trost des Alters. Gegenseitige Liebe baut eine bleibende Wohnung mitten in den Strom der Vergänglichkeit.

Zeitüberlegenheit gewinnen

Aus dem Lebensrhythmus von verplanter Zeit und Hektik in einen ruhigeren Zeitverlauf zu kommen, gelingt nicht auf einmal. Da die bisherige Zeitstruktur wegfällt, die viele freie Zeit ängstigen kann, verplanen viele Menschen ihre Zeit genauso, wie sie es immer schon getan haben. Sie kompensieren ihre Angst vor der »leeren Zeit« mit neuer Betriebsamkeit. Der wieder volle Terminkalender lässt den Prestigeverlust, der, wie viele meinen, mit »Zeit-Haben« angezeigt ist, einigermaßen verschmerzen. Nicht umsonst gibt es das Wort vom »Rentnerstress«.
Der Terminkalender kann im Ruhestand eine neue Bedeutung gewinnen. Er wird uns jetzt jene Ereignisse spiegeln, auf die wir uns freuen, ob es Besuche, kleine oder größere Reisen sind oder anderes. Arzttermine werden sich vermehren, solche, die unserer Gesundheit und unserem

Wohlbefinden dienen wie Gymnastik oder Massagen oder Schwimmen. Neue, andere Inhalte strukturieren jetzt unsere Zeit.

Eine Zeitstruktur brauchen wir, auch einen Terminkalender, der unsere Vor-Haben registriert, auf die wir zuleben. Was immer auch die Motive sein werden, die manche dazu verleiten, ihre Zeit wieder »total« zu verplanen, wir sollten uns nicht darüber täuschen, dass die Fähigkeit, in sich selbst Ruhe einkehren zu lassen, sich nicht von selbst einstellt. Es bedarf der bewussten, täglichen Übung, um die Lebensqualität dieser jetzt geschenkten Zeit wahrnehmen zu können. Dafür werden wir uns der Ruhe »stellen«, sie bei uns einlassen; uns von der Ruhe die inneren Beschädigungen, die uns die Hektik des Lebens angetan hat, heilen lassen. Wir werden uns für das Geschenk einer qualitativ anderen Erfüllung bereitmachen. Sie wächst uns zu aus der Begegnung mit unserem inneren Selbst, unserer Tiefe, aus der Begegnung mit Gott, der darin wohnt (siehe »Wieder anfangen mit Beten«, Seite 255).

Mit der Zeit werden wir die Balance finden zwischen Tätigkeit und Ruhe. Wenn wir beiden Polen die Bedeutung geben, die sie für uns haben, kommen wir zu einer unserem Alter gemäßen Zeitüberlegenheit. Sie ist ein wichtiger Aspekt der Altersweisheit, der Altersidentität. Zeigt sie doch an, dass wir nicht mehr nur äußeren Beschäftigungen und Werten verhaftet sind, sondern unsere Ziele über sie hinaus gefunden haben. Zwar bleiben wir mit dem Leben, mit der Welt weiterhin intensiv befasst, dennoch mit innerer Distanz, die uns erlaubt, mehr als bisher uns selbst anzugehören.

In dieser inneren Distanz und Gelassenheit wird es uns auch möglich, unserer noch ungelebten Lebenswünsche gewahr zu werden. Eine Bekannte entdeckte ihre Liebe zur Kunst und machte daraus einen Lebensinhalt für die späteren Jahre. Museumsbesuche und Ausstellungsreisen in europäische Städte standen auf dem Programm. Begegnungen mit anderen Kunstliebhaberinnen und -liebhabern fanden statt, begleitet durch entsprechende Vorlesungen bei einem Professor für Kunstgeschichte. Dabei blieb noch viel Zeit für eigene und stille Verarbeitung und Vertiefung des Gehörten, des Gesehenen. Viel Zeit für Freunde und für Gastfreundschaft. Viel Zeit, viele Tage, ganz allein eine erfüllte Zeit zu erleben. Viel Zeit, mit und bei sich selbst zu Hause zu sein.

Eine frühere Mitarbeiterin fand mit 65 Jahren heraus, dass sie malen möchte und malen kann. In Volkshochschulkursen lernte sie diese Kunst. Sie veranstaltete Ausstellungen, verkauft ihre Bilder auch. So hat sie nicht nur Freude und Bestätigung gefunden, sondern verdient noch etwas zu ihrer Rente hinzu. Langeweile kennt sie nicht. Wenn sie traurig ist, nimmt sie ihren Pinsel zur Hand und malt sich die Traurigkeit von der Seele.

Das Recht auf die eigene Zeit in den späteren Lebensjahren sollten sich auch Großeltern gönnen. Die Freude an den Enkelkindern soll man genießen, soweit die Kraft reicht. Aber diese Kraft, so wissen es Erfahrene, ist nicht mehr so robust wie zu der Zeit, als die eigenen Kinder auf die Welt kamen. So hat jede Lebensphase ihre je eigene Chance und Aufgabe. Das gilt sowohl für die heute jungen Eltern wie auch für Großeltern. Die Lebenslasten sollten den Lebensjahren angepasst sein.

Wenn wir in der Zeit des Alterns Zeitüberlegenheit gewinnen, haben wir durch sie die Chance, uns auf der letzten wichtigen Wegstrecke des Lebens nicht selbst zu verpassen. Jetzt ist die Zeit für die Selbst-Begegnung (August Vetter) endgültig gekommen. Allerdings treibt die Angst vor der Selbstbegegnung, wenn diese nicht eingeübt ist, viele ältere Menschen aufs Neue unter das Diktat von »Zeitunfreiheit« (R. Jungk). Gekennzeichnet ist diese von der inneren Unruhe, man verpasse etwas. Man kann sich dem Gefühl, endlich ent-pflichtet zu sein, nicht hingeben, es nicht annehmen. Manche Menschen beziehen ihren Selbstwert immer noch zu ausschließlich von den Jobs, die sie haben, von Tätigkeiten und dem Verwickeltsein in »Geschäfte«. Es gehöre zur Würde des Menschen, schrieb der einstige Bundeskanzler Kurt Georg Kiesinger während seines Ruhestandes, noch einige Jahre zu erleben, in denen der Mensch frei sei von drückenden Verpflichtungen. Schließlich soll er zurückblicken, sein Leben anschauen, es bedenken, deuten und ordnen können. Wir brauchen Zeit für unsere Erinnerungen.

Sich erinnern – die Vergangenheit einholen

Wenn wir älter werden, bekommt die Erinnerung mehr Gewicht. Wir haben nicht nur mehr Zeit zum Nachdenken. Wir haben auch ein starkes Bedürfnis, unser Leben immer wieder anzuschauen. In der Erinnerung öffnet sich das Leben in die Vergangenheit hinein. Da die hinter uns liegende, schon gelebte Zeit sich mehr und mehr ausdehnt, die Zukunft vor uns immer kürzer wird, drängt sich das Gelebte ins Gedächtnis, in die Erinnerung.

»... und an einem bestimmten Punkt wird uns aufgehen, dass fast alles, was wir haben, Erinnerungen sind ... Unsere Freuden und Leiden, unsere Gefühle des Kummers oder der Zufriedenheit hängen nicht einfach ab von bestimmten Ereignissen in unserem Leben, sondern hauptsächlich von der Art und Weise, wie wir diese Ereignisse in unserem Gedächtnis behalten haben. Es ist deshalb nicht erstaunlich, dass die meisten unserer Emotionen stark auf unsere Erinnerungen bezogen sind. Reue ist eine beißende Erinnerung, Schuldgefühl eine anklagende, Dankbarkeit eine freudige« (Henry Nouwen). Die Gestimmtheit, die wir an einem bestimmten Tag, in einer bestimmten Stunde in uns wahrnehmen, kommt also nicht nur aus dem Erleben in der Gegenwart; sie kann auch von unseren Erinnerungen, von inneren Bildern herrühren, die mit dem eben Erlebten in uns aufsteigen.
An einer Erinnerung, die mich jedesmal in eine entspannte und frohe Stimmung bringt, will ich dies deutlich werden lassen.

»Wiedergefundene Zeit«

Am frühen Morgen eines Sommertages trete ich aus meiner Zimmertür auf den Balkon. Ich bekomme den ersten feuchtkühlen Geruch in die Nase, der in diesem Moment für mich etwas unglaublich Überraschendes hat. Etwas, das mich so stark eine Situation erinnern lässt, dass ich, zwar auf meinem Balkon weilend, dennoch augenblicklich ganz und gar woanders bin: auf dem Balkon eines Ferienhotels am Mittelmeer, wo ich einmal einige Tage gewohnt habe. Ich rieche den salzigen und herben Duft des Meeres, höre das Tack-tack und Tuck-tuck der heimkehrenden Fischerboote, fühle den Wind in Gesicht und Haar, sehe die Sonne bleich aus dem Dunst aufsteigen. Die Vergegenwärtigung jener Morgenstunde ist in diesem Augenblick in mir lebendig, mit allen Sinneseindrücken und den damit verbundenen Gefühlen von damals, während ich jetzt über München den Tag aufgehen sehe. Vergangenheit? Nein. Ganz und gar in der Gegenwart, nehme ich wachen Sinnes wahr, was um mich ist und erinnere gleichzeitig Erlebtes von damals so, als wäre es jetzt. Es ist alles da, alles nah, alles gegenwärtig! Wiedergefundene Zeit! – mit ihrem Geruch, ihrem Geräusch, mit der ganzen Fülle des damaligen Augenblicks. Damals und jetzt. Alles von einst und alles von jetzt im Hier dieses Morgens.

Erinnerung hat mit Erfahrung zu tun. Schon ein Geruch, ein Lied oder das Begehen eines Weges, den wir in der Kindheit gegangen sind, eine Musik, eine Melodie ... jedes noch so kleine frühere Vorkommnis kann in uns ganze Kaskaden von Erinnerungen lostreten und uns tief in die Vergangenheit führen. Wenn wir uns Erlebtes vergegenwärtigen, erleben wir den Sinn der Zeit. Das »ist das Geheimnis der Zeit, dass das Ewige in ihr Platz nehmen kann ... und es ist das Geheimnis des Menschen, dass er der Ort der Vergegenwärtigung ist« (Jürgen Rausch).

Es ist das Wesen der Erinnerung, verinnerlichte Zeit, verinnerlichtes Leben zu sein.

So können wir uns erklären, warum wir gerade als ältere Menschen ein starkes Bedürfnis haben, unsere Lebensereignisse zu erinnern, Situationen noch einmal zu durchleben mit allen damit verbundenen Gefühlen. Wobei zu vermerken ist, dass wir Erinnerungen auch (un)bewusst blockieren, weil wir uns der Beunruhigungen, den

Schmerzen, den Verletzungen, die sie für uns bedeuten, nicht mehr aussetzen wollen. Und das ist auch gut so, wenn wir vorher ohnedies schon viel Kraft und Energie in ihre Aufarbeitung investiert haben. Gerade weil wir uns in Ereignisse mental zurückversetzen können, überwinden wir manchmal den erlebten Schmerz nicht, sondern rühren ihn wieder und wieder auf. So werden wir nie frei davon. Wenn mehr Zeit darüber vergangen ist, haben wir vielleicht eine andere Einstellung dazu und vielleicht das Bedürfnis, uns den Erinnerungen erneut zu stellen.

Erinnerungen in einem anderen Licht besehen

Im Vorgang des Erinnerns machen unsere Erinnerungen meist einen Bedeutungswandel durch. Gewinnen wir doch immer wieder andere Perspektiven und neue Maßstäbe für die Beurteilung des eigenen Lebens. Da wir zum Gelebten immer mehr Distanz gewinnen, könnten wir die Überlegenheit erreichen, die uns fähig macht, »über uns selbst zu Gericht zu sitzen« (Robert Jungk). Dabei sehen wir unser Leben wie es war, gewinnen uneingeschränkt ein starkes Identitätsgefühl. Wir können einsehen und es ertragen, dass wir auch versagt haben. Wir waren nicht nur tüchtig, sondern auch schwach, nicht nur mutig, sondern auch feige. Jetzt können wir – was wir früher noch nicht konnten – dazu stehen, uns selbst ins Auge schauen. Wir haben längst erkannt, dass wir aus unseren Fehlern viel gelernt haben. Wir wissen, dass Umwege, ja, auch Irrwege, nötig waren, um heute der Mensch zu sein, der wir durch alles hindurch geworden sind.

Durch diese nachdenkliche und vertiefende Erinnerung arbeiten wir an unserer Lebensgestalt. Wir schreiben unsere Lebensgeschichte gewissermaßen immer wieder um, wenn wir die einzelnen Ereignisse in einen je anderen Bedeutungszusammenhang, in ein neues Licht stellen. Dabei kann dann auch Ungelebtes, Versäumtes, bisher Nicht-Beachtetes oder Missachtetes, hervorkommen. Unerledigtes, in den Schatten des Unbewussten Abgedrängtes kann heraufgeholt, angeschaut, bejaht und in unser Bewusstsein integriert werden. Dadurch erweitern wir unsere Selbsterfahrung erheblich. Unser Daseinsverständnis vertieft sich. Wir holen in der Erinnerung die Substanz unseres Lebens ein, ver-innern, verinnerlichen sie. Indem wir das Vergangene mit unserem jetzigen Leben bewusst verbinden, gewinnen wir an Identität (siehe »Ich selbst werden«, S. 63).
Mehr und mehr wächst im alten Menschen das Bewusstsein von sich selbst, vom bleibenden Inhalt seines Lebens. Die Zeit vergeht. Aber was wir gelebt haben, bleibt. Es ist nicht nur in uns da. Es ist eingeflossen und bleibt eingebunden in die Geschichte der Menschheit. Deshalb steht es alten Menschen zu, nicht nur ein entsprechendes Selbstbewusstsein zu haben, sondern die ihnen und ihren Lebensleistungen angemessene gesellschaftliche Achtung zu erwarten.

»Verwundete Erinnerungen«

Unsere Erinnerung umfasst nicht nur unser persönliches Leben. Wir nahmen auch teil an unserer Zeitgeschichte, wir sind ein Teil von ihr, und zwar in allen ihren Aspekten:

politisch, gesellschaftlich, kulturell, wirtschaftlich. Es ist hier nicht angebracht, alles aufzuzählen, was sich in diesen Bereichen in den vielen Jahrzehnten ereignet hat. Aber der alte Mensch hat die nur ihm zugewachsene Chance der Überschau über viele geschichtliche Vorgänge in einer langen Zeitspanne. Er kann Zusammenhänge sehen, begreifen, beurteilen. Der alte Mensch ist durch die Fähigkeit, sich zu erinnern, ein unentbehrlicher Zeitzeuge. Er weiß nicht nur um geschichtliche Ereignisse aus »objektiver« Sicht, wie der Historiker sie aufzuschreiben und zu beurteilen hat. Er stand selbst mittendrin. Alte Menschen haben eine mit Leib und Leben erfahrene und auch erlittene Geschichte. Die heute ältere Generation hat Krieg(e) erlebt, Bombennächte in den Kellern ihrer Häuser und in Luftschutzbunkern überlebt; diese Menschen haben Flucht, Evakuierung, Vertreibung, den Nationalsozialismus und seinen Zusammenbruch erlitten. Sie haben ihr Land in Trümmern gesehen, die Nachkriegszeit, den Wiederaufbau der Städte mitgemacht wie auch die wieder florierende Wirtschaft, den Wohlstand und die Wiedervereinigung Deutschlands begrüßt.
So lagern schöne und schreckliche Erlebnisse im »Schatz der Erinnerung«. Für manch einen Überlebenden kommen auch die entsetzlichen Bilder aus dem Schützengraben, das Erlöschen der Augen der Kameraden, viele Tote, brennende Dörfer und Städte, tote Kinder, vergewaltigte Frauen, Gefangenschaft, Entwürdigung und Leiden im Konzentrationslager wieder ins Gedächtnis. An diesem Generationenschicksal (L. Rosenmayr) hat jeder ältere Mensch auf irgendeine Weise seinen Anteil.
Auch wenn das Leben in seiner langen Dauer es möglich macht, schlimme Ereignisse aufzuarbeiten und zu verkraf-

ten, schmerzende Erinnerungen bleiben. Trauer wird das Erinnern an Vermisste, Gefallene, durch Folter oder Gas Ermordete begleiten. Die Erinnerung daran ruft in uns heute noch Empörung, Zorn und Scham hervor.

Bleiben werden uns – je nach unserem Geschick – die Fragen: Warum traf es mich und nicht andere? Warum bin gerade ich durchgekommen? Bleiben wird uns die Frage, woher das Böse kommt, warum es Gott »zuließ und zulässt«. Wir fragen stumm und entsetzt, wie es kommt, dass der Mensch zu solchem Frevel fähig ist. Und wir erhalten auf diese Fragen keine letzte Antwort. Außerdem stellt sich uns die Frage: Warum lernen wir nicht mehr aus der Geschichte? Um zu lernen, muss die Erinnerung nicht nur wachgehalten, sondern auch »verarbeitet« werden.
Wie alle »verwundeten Erinnerungen« (H. Nouwen) brauchen auch diese das Gespräch mit verstehenden Menschen. Es ist verständlich, dass jemand erst nach der langen Distanz von Jahrzehnten über schmerzliche Erlebnisse, auch über Irrungen und Verirrungen, sprechen kann. Es kann sehr viel helfen, inneren Druck abzubauen, wenn wir mit den Augen eines anderen gemeinsam Erlebtes noch einmal anschauen. Wir können es dann leichter als zu unserem Leben gehörend annehmen lernen. Für manche ältere Menschen kann es noch anstehen, eine letzte versöhnende Haltung zur schmerzlichsten Seite ihrer Lebensgeschichte zu finden.

Verwundete Erinnerungen haben wir nicht nur aus den zeitgeschichtlichen Ereignissen in unser Alter mitgenommen. Auch die berufliche, persönlich-private Geschichte ließ in uns solche zurück. Unter manchen von ihnen werden wir vielleicht heute noch ab und zu leiden. Es sind Erlebnisse, die uns verletzt und gedemütigt haben, in denen wir uns einsam und verlassen, nicht angenommen und nicht geliebt erfuhren. Dies sind unter anderen jene Erinnerungen, die wir am liebsten meiden. »Man soll nicht an alte Wunden rühren«, sagt der Volksmund. Gleichwohl wissen wir, dass Wunden nicht heilen, wenn man sich nicht um sie kümmert, sie nicht reinigt, nicht verbindet. Dieser Vorgang kann schmerzlich sein. Der Schmerz gehört zur Heilung. Soweit er unsere Erinnerungen betrifft, mag er uns bewusst machen, dass wir mit etwas noch »nicht fertig« sind, dass noch Unversöhntes in uns darauf wartet, mit uns, mit anderen Frieden zu machen. Erst dann können unsere Lebenswunden als geheilte Erinnerungen in uns vernarben und dennoch als Spuren unseres Lebens im Gedächtnis bleiben.

Die Art und Weise, wie wir Erinnerungen an Schmerzliches und Enttäuschendes in uns bewahren, zeigt an, welche Einstellung wir uns im Lauf des Lebens zu solchen Verwundungen erarbeitet haben. Diese Einstellung prägt nicht nur unser Lebensgefühl im Alter. Sie zeigt uns auch etwas von unserem Charakter.

Wie gehe ich mit meinen verwundeten Erinnerungen um?
Welchen Raum bekommen sie im Nachdenken über mein Leben?
Was fühle ich dabei?
Was half mir, was würde mir helfen, Bedrückendes aufzuarbeiten, davon frei zu werden?
Wie gehe ich mit den verwundeten Erinnerungen anderer um?
Bin ich eine einfühlsame Zuhörerin, ein solcher Zuhörer?

Lebensfreude aus Erinnerungen sammeln

Es gab nicht nur schwere Stunden, nicht nur dunkle Zeiten in unserem Leben, nicht nur Schweres und Schmerzliches. In unserer Erinnerung werden wir vor allem jene Seiten des Lebens in uns zulassen, die uns Freude brachten, uns Selbstvertrauen schenkten. Wir werden bei Erlebnissen verweilen, in denen wir glücklich waren, für die wir dankbar sind. Wir können selbst sehr viel dazu tun, unser Lebensgefühl bis ins hohe Alter hinein aus diesen Erinnerungen heraus positiv zu stimmen. Gerade dann, wenn uns körperliche Minderungen einschränken, werden wir unser Leben durch Erinnern einholen und daraus Zuversicht und Dankbarkeit gewinnen. Wenn uns bis ins hohe Alter die gelebte Fülle des Daseins bewusst bleiben kann, werden wir über unsere Lebensernte staunen. Zu ihr gehören helle und dunkle Farben, Herbes und Süßes, Freude und Leid, Schuldigwerden und unendlich viele neue Anfänge und immer neue Versuche, unserem Leben seine Kontur, sein ihm zukommendes Profil zu geben. Darin zeigt sich die ihm innewohnende Wachstumsdynamik, die es zu seiner Reife brachte, zu der uns bis heute möglichen Vollständigkeit und Ganzheit.

Schwere Stunden

Wenn wir ausdrücken wollen, wie wir schwere Stunden erleben, nehmen wir meist Farben und Bilder zu Hilfe. Wir sagen etwa: Alles ist grau in grau; oder: Ich stehe vor einer schwarzen Wand; die Decke fällt mir auf den Kopf.

In solchen Stunden, an solchen Tagen spüren wir keine innere Inspiration, keinerlei Antrieb für irgendetwas. Alles kommt uns öde vor. Wie Mehltau, der sich über Beeren und Blätter legt, so legt sich für uns Schwermut auf alles. Nichts hat mehr irgendwelchen Geschmack, nichts weckt uns auf, nichts berührt uns. In solcher Stimmung können wir dem Leben nichts abgewinnen. Wir fühlen uns wie ein Vogel, der abgestürzt am Boden liegt mit gebrochenen Flügeln.

Wenn wir morgens in solcher Gestimmtheit aufwachen, graut uns schon vor dem bevorstehenden Tag. Nicht etwa vor zu erwartenden Ereignissen graut uns, sondern vor einem Tag, an dem es solche gar nicht zu erwarten gibt. Man fühlt sich dem Tag, den vielen langen Stunden ausgeliefert.

Es kann Gründe dafür geben, wenn wir derart schwere Stunden durchleben. Wenn der Tag trübe vor unserem Fenster liegt, wenn die Sonne kein einziges Mal durch die Wolken kommt. Wenn das tagelang so bleibt, schlägt uns das Wetter aufs Gemüt. Nieder-geschlagen schleppen wir uns durch den Tag. In solche Stimmung schleicht sich manchesmal Heimweh ein: Heimweh nach der Kindheit, nach einmal erlebter Geborgenheit und Unbeschwertheit, nach dem Morgengefühl des Lebens, das wir kannten, als wir jung waren. Es kann Heimweh sein nach einer Landschaft, in der wir uns einmal glücklich fühlten. Es kann Vergänglichkeitswehmut sein beim Zurückblicken auf unser Leben.

Manchmal sind es konkrete Gründe, die uns melancholisch, schwermütig machen. Wir erschrecken zum Beispiel über die plötzliche Erkenntnis, wie wenig Zeit uns noch bleibt, wie kurz die Zukunft für uns wird. Oder es kommt die Angst über uns vor Krankheit und Hinfälligkeit; oder Todesnähe berührt uns. Manchmal fühlen wir uns nicht, wie wir in guten Stunden sagen, jünger als wir den Jahren nach sind. Nein, wir fühlen uns so alt, wie es unsere Jahre anzeigen oder gar älter. Diese Situation verändert unser Bewusstsein, unser Zeitgefühl. Es trifft uns. Wir erleben ein Tief.

Je älter wir werden, je weniger körperliche Kraft und psychische Widerstandskräfte wir haben, desto schneller beziehungsweise häufiger können bestimmte Vorkommnisse des Lebens uns schwer auf der Seele liegen: Wenn ein uns nahestehender Mensch, der Ehemann, die Ehefrau die Diagnose einer unheilbaren Krankheit erfährt; wenn ein uns lieber Mensch stirbt; wenn uns bewusst wird, wie viele schon gestorben sind und es um uns einsam wird; wenn wir ein Testament machen und das Gefühl haben, einzelnen nur schwer gerecht werden zu können; wenn Sorgen um Kinder und Kindeskinder uns drücken; wenn wir entscheiden sollten, ob wir uns in einem Altenheim anmelden oder lieber nicht; wenn wir hinfällig werden und es Tag für Tag mehr spüren.

Schwere Stunden haben wir schon in unseren früheren Lebensjahren kennen gelernt. Wir haben damit Erfahrungen gemacht und wissen, was uns geholfen hat. So sagte mir eine Nachbarin, dass ihr Gartenarbeit, »das wollüstige Wühlen in der Erde beim Setzen von Pflanzen« aus solcher Stimmung herausgeholfen habe. Einer anderen Frau half die konsequente Übung von Meditation (siehe »Wieder anfangen mit Beten, Seite 255). Thomas von Aquin empfiehlt gegen Traurigkeit ein warmes Bad. Auch Duschen, heiß und kalt, kann uns schon helfen. Manchen hilft Musik hören, Lesen oder Telefonieren. Von Frauen weiß ich, dass sie in solcher Stimmung einkaufen gehen, sich etwas Schönes gönnen, sich im Café mit einer Freundin treffen. Ein andermal klingeln sie bei der Nachbarin, rufen sie zu einer Tasse Kaffee oder einem Glas Tee und einem »Plausch« zu sich. Vielen Menschen hilft Spazierengehen, Sich-Auslaufen im Wald, in der freien Natur.

Wieder andere Menschen haben sich nach der »Pensionierung« Kontakte aufgebaut, indem sie sich zu einem regelmäßigen Besuchsdienst im Krankenhaus oder in einem Altenheim haben einteilen lassen. Kommen sie von dort wieder nach Hause, sind ihre eigenen dunklen Stunden überholt. Gemessen am Schicksal anderer, angesichts ihrer Leiden, ihrer Aussichtslosigkeit wird die dunkle Stimmung verändert. Die Dankbarkeit für die eigene Gesundheit, für das noch aktive Leben drängt sich in den Vordergrund.

Keinesfalls sollte man sich den dunklen Stimmungen einfach überlassen, keinesfalls sollte man nicht einfach »nichts« tun. Die Gefahr, in der Niedergeschlagenheit zu versacken, Energie einzubüßen und dadurch wichtige Fähigkeiten verkümmern zu lassen, ist groß. Schon die geringste, sich in dunklen Stunden abgerungene Aktivität wie Blumen gießen, zum Briefkasten gehen, den Schrank abstauben, den tropfenden Wasserhahn reparieren, kann uns aus Schwermut herausholen, uns innerlich ordnen, wieder fühlsam und lebendig machen.

Aber was machen wir, wenn wir bereits sehr alt geworden sind und solche Aktivitäten unsere Kräfte überfordern? Ich hörte Menschen sagen, die viel älter waren, als ich es heute bin: Wenn ich diesen Menschen nicht hätte, nicht diese geduldige Pflegerin, nicht diesen hilfsbereiten Zivi, nicht den freundlichen Arzt ... dann würde ich vollends verza-

gen. Was ein Mensch in solcher Situation von Hilflosigkeit noch in Beziehungen einbringen kann, das ist sein höfliches Entgegenkommen, seine Freundlichkeit, seine fühlbare Dankbarkeit. Auch als sehr alter Mensch kann man sich in die noch verbleibenden Beziehungen auf eine Weise investieren, dass uns in den Mitmenschen das Leben wohlwollend entgegenkommt. Denn bis zuletzt gestalten wir unsere Beziehungen mit.
Noch anderes hörte ich, vor allem von pflegebedürftigen Menschen: Wenn ich nicht glauben könnte ... wenn ich nicht beten könnte ... Wenn ich meinen Rosenkranz nicht hätte. Und wenn man auch dafür zu schwach und zu müde geworden ist, sollte man sich vertrauend in den Frieden Gottes betten. Beim täglichen Einschlafen können wir dieses Vertrauen heute schon üben und so vom wachen Zustand in den Schlaf hinübergehen. Der Schlaf ist der Bruder des Todes.

Das hohe Alter als Lebensadvent

Das Wort Advent heißt Ankunft. Es weckt Erwartung, sagt etwas an, was kommt. Im Kirchenjahr ist es das Weihnachtsfest. Wenn wir das hohe Alter als Lebensadvent verstehen, kann es anderes bedeuten. Vielleicht die Mahnung, bei uns selbst anzukommen, da eine andere Ankunft näher rückt. Gott kommt. Von Angesicht zu Angesicht werden wir ihn sehen. Wenn es so weit ist, sollten wir »da sein«. Denn er wird kommen!
In der Adventsliturgie der katholischen Kirche gibt es ein schönes Wort. Es heißt: »Auf, werde Licht, Jerusalem.

Siehe, dein Licht kommt« (Jes 60,1). Wir selbst sind dieses Jerusalem, das sich lichten, die Dunkelheiten aufhellen soll. Mehr und mehr werden wir dadurch den Blick dorthin wenden, von wo das Licht eines vielleicht nicht mehr fernen Tages endgültig in unser Leben einbrechen, uns wandeln und umfangen wird. Werde Licht. Denn das ewige Licht leuchtet schon herein in unsere Tage und Nächte.

Ein anderes Wort lesen wir in der Adventszeit im Jakobusbrief: »Macht euer Herz stark, denn die Ankunft des Herrn steht nahe bevor« (Jak 5,8). Dieses Wort kann uns auf die spirituelle Qualität unseres Lebensadvents aufmerksam machen. Das hohe Alter selbst übt uns ein in eine geduldige und gesammelte Erwartung; in eine Gelassenheit, die aus dem Loslassen wächst; in das Einverständnis mit der Vergänglichkeit des Lebens; in eine unerschütterliche Hoffnung auf das Bewahrtwerden unseres Lebens im Tod (siehe »Die Endphase des Lebens ...«, Seite 299).

»Das Herz stark machen«. Womit? Ich denke, es könnte die vielleicht oft verdrängte Gottessehnsucht sein. Lange in uns verborgen, uns vielleicht nicht sehr bewusst, will sie jetzt voll hervortreten und das Bestimmende in unserer persönlichen Adventszeit sein. Die Schriftstellerin Klara Nordström schreibt in ihrem Buch »Mein Leben«: »Das letzte, lange, wichtige Gespräch mit dem großen Unsichtbaren hat begonnen – das Leben ist ein Advent geworden, ein Warten auf die Ankunft des Herrn«. »Das Herz stark machen«. Es kann erstarken, wenn wir die Gottessehnsucht in uns stark werden lassen. Sie wird uns gerade in der Zeit der schwindenden Kräfte mit Gott verbinden, uns Trost und Geborgenheit schenken. Denn in dieser Sehnsucht war und ist er schon immer bei uns gegenwärtig. In diesem Glauben öffnet sich uns bereits die Tür zum ewigen Leben. Darin kann in uns eine Ahnung, ja eine Gewissheit aufkommen von unserer persönlichen Zukunft bei Gott. Wir können etwas verspüren von der Freude, die Gott denen bereitet hat, die ihn ersehnen, die ihn suchen, die auf ihn hoffen, ihn lieben (vgl. Jes 64,4).

Die Zeit meditieren

Sich Zeit nehmen für die Zeit

Mindestens zwei Gesichter hat die Zeit. Das eine ist uns immer zugewandt. Es ist die Zeit der Uhren, die gemessene und messbare Zeit. Darin verborgen ist das andere Gesicht. Gemeint ist, was sich in der Zeit ereignet, womit die Zeit sich füllt, anfüllt, sich erfüllt. Es ist die Qualität der Zeit, der Inhalt der Zeit, von dem uns Wörter erzählen, die wir in unserem Alltag gebrauchen. Wir sprechen von der Arbeitszeit, der Schulzeit, der Sprechzeit, der Schalterzeit ... Auf diese Weise bezeichnet unsere Sprache die verschiedenen Inhalte oder Geschehnisse in der Zeit. Wir kennen die Advents- und Weihnachtszeit, die Oster- und Pfingstzeit, die Hoch-Zeit und die Trauerzeit, die Faschings- und die Fastenzeit, die Morgen-, Mittags- und Abendzeit, die Jahreszeit.
Wenn wir etwas tief und engagiert erleben, vergessen wir die Zeit. Wir können daher sagen: »Die Augenblicke, in denen wir die Zeit vergaßen, vergessen wir nie« (Jürgen Rausch). In unserer jetzigen Lebenszeit können wir uns wenigstens ab und zu der Zeit in ihren natürlichen Rhyth-

men hingeben, sie bewusst wahrnehmen, dabei die Uhr-Zeit vergessen.
In den Gezeiten der Natur haben die Menschen immer schon ihr Zeitmaß gefunden. Die Rhythmen von Tag und Nacht, von aufgehender und untergehender Sonne, von Frühling, Sommer, Herbst und Winter liegen auch unserer Zeitmessung zugrunde. Ein langer, durch die Menschheitsgeschichte sich hinziehender Umgang mit der messbaren Zeit hat diesen Prozess zur Perfektion der elektronischen Zeitmessung gebracht. Nach dieser entscheidet heute sogar eine hundertstel Sekunde über Sieg oder Niederlage im sportlichen Wettkampf. Bei solch raffinierter Erfassung der messbaren Zeit sind wir in Gefahr, uns an diese zu verlieren!
Die natürlichen Rhythmen der Zeit, nach denen sich auch unsere eigenen Körperrhythmen ausrichten, missachten wir weithin. Damit geht uns die innere Beziehung zu den einmaligen Gestimmtheiten der Tag- und Nachtzeiten und der Jahreszeiten fast verloren. Eingespannt in den sekundengezählten Tag und ausgerichtet auf die tägliche Arbeitsleistung, hasten die Menschen durch die Zeiten, oft ohne einen Blick frei zu bekommen für das, was den Zeiten eigen ist. Die folgenden Betrachtungen wollen unsere Aufmerksamkeit darauf lenken und uns anregen, dann und wann die Tageszeiten bewusst und meditativ zu erleben.

Der Morgen

Dem klaren hellen Morgen geht das Morgengrauen voraus. Grau. Grauen. Darin liegt die ganze Zwiespältigkeit und Unsicherheit einem Tag gegenüber, der erst anfängt, der neu für uns ist, obwohl wir seinen äußeren Ablauf vielleicht genau voraussehen können. Was wird aus diesem Tag, der da aufgeht? Im Morgengrauen liegt die Angst verborgen vor der unbekannten Zukunft, vor der Einmaligkeit meines Lebens an diesem heutigen Tag; auch die unbewusste Angst vor meiner Freiheit, die mir die Last der Verantwortung unerbittlich aufbürdet und zumutet.

Der Morgen ist eine Zeit der Entscheidung. Wie ich in den Tag gehe, wie ich entscheide, wer ich in ihm sein will, das bestimmt weithin meinen Tag. Der Morgen ist eine anstrengende Zeit. Nicht nur, dass ich mich aus dem Traum, aus dem Schlaf, aus der wohligen Wärme meines Lagers lösen muss. Ich muss auch innerlich aufstehen, wach und aufgeräumt in den Tag gehen.

Der Morgen ist eine Zeit der Verheißung. Es gibt nicht nur das Morgengrauen. Wir kennen auch das Morgenrot. Zwar sagt der Volksmund, dass es Regen bringe. Jedoch bringt es auch Hoffnung. Ging unserem Morgen eine schlaflose Nacht voraus, weil wir krank waren oder uns die Sorgen nicht zur Ruhe kommen ließen, ist das aufbrechende Licht am Morgen eine Erlösung.

Der Morgen bringt uns Licht. Licht für den ganzen Tag. Licht für alle Schritte, die wir gehen werden. Licht, in dem sich uns die Welt entbirgt. Licht, in dem wir sehen und gesehen werden. Licht, das die Farben lockt und leuchtend macht. Licht, das allem Leben bringt. Licht, dem sich alles zuwendet, Pflanze, Mensch und Tier. Licht gegen die Finsternis. Auch gegen die Finsternis in uns? Der Tag bringt es ans Licht.

Der Morgen macht den neuen Anfang möglich. Was gestern nicht gut war, kann ich heute besser oder gut machen. Was mich gestern im Nachhinein gequält hat, jetzt, am

Morgen, kann ich es lassen: Was ich sein will, liegt vor mir. Es liegt in diesem neuen Tag die neue Möglichkeit für mich, gut zu sein zu meinem Nächsten; mitfühlend mit dem, der Kummer hat. Jeder Morgen bringt mir eine neue Chance, mehr Mensch zu sein. Er bringt mir eine neue Zeit für meine Menschwerdung.
Der Morgen ist die Zeit, aufzustehen. Zeit, aufzustehen aus der Müdigkeit; Zeit, aufzustehen aus der Blindheit gegen mich selbst und gegen den andern; Zeit, aufzustehen aus meiner Gleichgültigkeit; Zeit, aufzustehen aus Trägheit und Resignation. Jeden Morgen kann ich aufstehen zu einem Neubeginn, zu einem neuen und anderen Leben. Der Morgen ist ein Sinnbild der Auferstehung.

Der Mittag

Der Mittag ist die Zeit der Wende. Mittagswende. Tageswende. Die Zeit, in der die Sonne ihren Höhepunkt erreicht hat, von dem aus sie zurückkehrt in den Abend, in die Nacht. Am Mittag lastet die Sonne über dem Tag, wenn Sommer ist. Im Winter wird ihre Helligkeit vom Nebel, vom Dunst oder vom Schneetreiben oft verdunkelt.
Mittag. Jetzt ist die Zeit der Unterbrechung. Während unserer beruflichen Arbeitszeit hasteten wir zum Mittagstisch in die Kantine oder in ein Gasthaus. Manchesmal tranken wir aber auch nur eine Tasse Kaffee oder Tee und aßen unser mitgebrachtes Brot am Arbeitsplatz. Daran denken wir ab und zu, wenn wir jetzt Zeit haben, uns das Mittagessen selbst zuzubereiten. Jetzt können wir nach unserem Geschmack kochen oder kochen helfen, kreative Ideen investieren in eine der Gesundheit dienende Kost.

Ob wir allein essen oder mit anderen, wir legen Wert auf einen schön gedeckten Tisch. Sind wir nicht allein, können Gespräche das Essen würzen. Vielleicht berichten wir uns das Neueste aus der Zeitung oder Interessantes aus einem Buch, das wir vormittags gelesen haben. Vielleicht haben wir beim Einkauf Bekannte getroffen und ein paar Worte gewechselt, die wir erzählen können.
Tageswende. Mittagswende. Diese Zeit hat ihre tiefe Symbolik. Wir denken an die Lebenswenden, in denen wir das »Vorbei« der Zeit erkannten. War ein Lebensabschnitt zu Ende, stand ein anderer vor uns. Er forderte unsere Kraft heraus, unsere Entschlossenheit für einen neuen Beginn. Nicht nur Neugier und Freude, auch manche Ängste begleiteten unsere Lebenswenden.
Das gilt vor allem für die Mittagswende des Lebens. Lebensmitte, Lebenskrise sind die Stichworte. Schon sahen wir die erste Lebenshälfte hinter uns liegen. Wir hatten die Anforderungen des Lebens kennengelernt. Wir mussten uns einsetzen, alles drangeben, vorwärtskommen, durchhalten, tüchtig sein und beweisen, was wir können. Wir mussten zeigen, wer wir sind. So füllte sich die Zeit zur Mittagshöhe hinauf, wo wir uns rückschauend staunend fragten: War es das schon? Und jetzt? Was kommt noch? Die Grenzen der Zeit, die Grenzen des Lebens wurden uns schmerzlich bewusst.
Wie am Mittag des Tages, so konnten wir in der Mittagszeit des Lebens genießen, was wir bis dahin erarbeitet und erreicht hatten.
In der Mittagszeit des Lebens erfüllte uns so etwas wie Daseinsfülle, Daseinsfreude aus dem Bewusstsein kommend, viel geleistet, es zu etwas gebracht zu haben. Gleichzeitig erlebten wir, dass der Weg nach Noch-weiter-Oben-

Ankommen in ein Plateau des Immer-Gleichbleibenden mündete. Das bedeutete bereits Bescheidung, brachte Ermüdung. Und schon bekamen wir zu spüren, wie schnell die Nachkommen nachkommen, wie schnell unser erworbenes Wissen und Können »veraltet« in einer Welt, die sich des Fortschritts auf allen Gebieten rühmt.
Der langsam sich neigende Lebensbogen wendete unseren Blick. Es war schon Nachmittag geworden. Das ist bereits eine andere Zeit.

Der Nach-Mittag

Die Sonne rückt aus dem Zenit. Sie läuft dem Westen zu. Dort hat sie den für sie bestimmten Abschiedsort von jedem gewesenen Tag. Ihr Licht wird milder, im Winter fahler. Ihre Strahlen fallen schräg über die Erde, in die Fenster, in die Zimmer.
Wer noch im Arbeitsprozess steht, hat es zu dieser Tageszeit ziemlich schwer, bis zur gesetzten Stunde aus sich herauszuholen, was noch geht, um die Tagesarbeit zu beenden. Man ersehnt den Abend, das Heimfahren, das Heimkommen.
Älterwerdend spürt man am Nachmittag des Lebens das Nachlassen der Kraft. Deshalb schaut man nicht nur aus auf das Tagesende. Schon geht der Blick, das Denken darüber hinaus auf die Zeit, in der man die Berufsarbeit wird beenden können.
Wer dort schon angekommen ist, hat es am Nachmittag leichter. Wir können uns schon früher, nicht erst am Abend, entspannen. Der Nachmittag gibt uns Zeit für einen kurzen und erquicklichen Schlaf. Im Sommer auf der Liege im Garten, winters im Zimmer, im Haus. Genussvoll strecken

wir die Glieder, empfinden die Ruhe, dann wie der Schlaf uns überkommt und uns die Augen schließt.
Danach können wir den Nachmittag genießen. Wir gehen spazieren. Manche machen einen Gang zum Friedhof, gießen dort die Blumen, denken an jene, und reden mit denen, die sie geliebt haben, die vorausgegangen sind. Andere hören einen Vortrag oder treffen sich mit neuen und alten Freunden.
Der späte Nachmittag gewährt uns die gemütliche Tee- oder Kaffeestunde. Im Sommer sind wir draußen im Garten oder auf dem Balkon im Schatten. Im Frühjahr und im Herbst suchen wir die Sonnenplätze auf, wärmen die schmerzenden Knochen. Im Winter sitzen wir am Fenster, sehen die Dämmerung schon früh hereinbrechen, beobachten, wie sie alle Dinge einhüllt. Jetzt ist die Zeit, eine Kerze anzuzünden, Musik zu hören, zu lesen, Zeit für Gespräche, Zeit für die persönliche Besinnung, Zeit für Erinnerungen.
So erleben wir Zeit. Wir vergessen uns in sie hinein. Wir bewundern das »Kleid«, in das sie sich bei ihrem Ankommen jeweils einhüllt. Denn die Zeit ist eine Farbverwandlerin. Einmal kommt sie hell, das andere Mal dunkel, sie kommt in der Mischung von beidem, also zwischentönig, dann schleiergleich, dann wieder neblig, dunstig, dämmrig, milchig, grau. Auch kennen wir sie grell aufleuchtend. Die Zeit steht im Verbund mit der Sonne.
Maler haben die Lichtgewänder der Zeit in ihren Bildern verewigt. Sie waren fasziniert von der Vielfarbigkeit der Tagzeiten, die sich über die Landschaften ausbreitet. Auch für uns lohnt es sich, uns in das Erleben der Zeit einzulassen. Wir werden Teilnehmerinnen und Teilnehmer an den Lichtspiegeln und Farbspielen der sich stets verändernden Zeit.

Der Abend

Am Abend nimmt sich das Licht zurück. Die Sonne wird von der Unendlichkeit hinter dem Horizont verschluckt. Als roter Ball versinkend oder blass im Dunst der Wolken entzieht sie sich für eine lange oder kurze Nacht. Bevor die Dämmerung die Welt einhüllt, bringt das letzte Licht das Grün zum Leuchten, das Gelb scheint noch einmal auf, die braune Erde schimmert für Augenblicke golden. Berge erröten im Alpenglühen. Ein lichter Tag lebt sich aus in einem von Farben trunkenen Abend. Wer jetzt hinausgeht und dabeisein kann, wird zum verliebten Bewunderer der Welt.

Der Abend ist die Zeit des Heimkommens. Eine Zeit des Wiedersehens nach einem langen Tag der Arbeit und der Trennung. Die Kinder haben ihre Eltern wieder, die Eltern ihre Kinder; die Gatten, die Freunde kommen zusammen. Der Abend ist die Zeit des Beieinanderseins, die Zeit der Nähe. Es kann eine Zeit der Fülle sein im mitgeteilten Wort, dem geteilten Brot beim gemeinsamen Essen.

Für Menschen, die allein leben, kann der Abend eine Zeit sein, in der sie das Alleinsein besonders empfinden, sich einsam fühlen. Viele nützen diese Stunden zum Telefonieren mit Kindern, Verwandten und Freunden, sie nehmen wieder Kontakt auf mit früheren Kollegen und Kolleginnen. Andere schreiben Briefe und sind dabei tief verbunden mit den im Brief Angesprochenen. Es ist die Zeit für Nachrichten und politische Kommentare, für Kulturelles, für vielfältige, in den Medien dargebotene Unterhaltung.

Der Abend ist die Zeit der Beruhigung und Sammlung, die Zeit, in der wir aus der Hand geben dürfen, was diese den Tag über bewerkstelligen musste. Der Abend schenkt sich uns als eine Zeit der Besinnung und Be-sinnlichkeit, als Zeit des Einholens unserer Gedanken, unserer Energien, all unserer Verausgabungen. Als eine solche Zeit verlangt der Abend von uns eine besondere Bereitschaft für sein Angebot der Stille. Doch bleibt die Versuchung für weitere Zerstreuung am Abend uns so fern-seh-nah, dass wir die sanfte Herabkunft der Nacht nur selten voll erleben. Auch verstellen uns die grellen Neonlichter den Blick auf den nächtlichen Himmel, an dem oft genug die Wolken mit den Sternen und dem wechselhaften Mond ihr Spiel treiben. Der Abend ist die Zeit der Stille. Doch ist es meistens tiefe Nacht, bis der Lärm der Autos und der Lautsprecher sie uns gönnen.

Am Abend kommt der Tag zu seinem Ende. Er ist vergangen und doch noch nicht vorüber. Der Abend lässt noch Zeit, Versäumtes nachzuholen. Wir können noch anrufen und gratulieren oder uns entschuldigen. Wir können den kranken Nachbarn noch besuchen, noch etwas fertig machen, was von gestern her liegen blieb.

Der Abend ist ein Gleichnis für den Abschied. Er selbst ist Abschied vom gewesenen Tag, von vielen Stunden meiner Lebenszeit. Er ist Abschied von mir selbst: von meiner Aktivität, von meinem sicheren Gebaren, von meiner öffentlichen Geltung. Der Abend lädt mich ein zu meiner Wahrheit: Er mahnt mich an den letzten Abschied in meinem Tod.

Der Abend ist eine Einladung zum Vertrauen. Zum Vertrauen auf einen neuen Tag.

Die Nacht

Die Nacht ist die Zeit, in der wir uns loslassen in die Entspannung, in die Ruhe, in den Schlaf. Sie ist die Zeit, vor der wir in den Schutz des Hauses fliehen. Unbehaust sein in der Nacht, kein Dach zu finden, unter dem wir nächtigen können, erschreckt uns. Sich in den Schlaf fallen lassen, kann nur, wer sich geborgen fühlt, wer sicher ist vor den Gefahren, die in der Nacht lauern. Dunkelheit erschreckt uns. Keinen Überblick haben über unsere nächste Umgebung, ängstigt. Trotz der vielen Neonlampen ist es gut, das Unterwegssein in der Nacht mit dem Nachhausekommen zu beenden. Unsere Müdigkeit treibt uns, gerade wenn wir lange ausbleiben, endlich heim. Uns fallen die Augen zu. Wir müssen schlafen gehen.

Die Nacht ist aber auch eine Zeit besonderer Wachheit. Weil die Nacht uns den Blick verstellt auf unsere bekannte Welt, weil unser Blick ins Dunkel stößt, wird unser Herz-Auge sehend. In der Nacht zeigen uns die Ereignisse ihr Gesicht und ihr Gewicht anders, oft deutlicher als am Tag. In der Nacht bin ich allein mit meinem Tag und dem, was er mir gebracht hat. Ich bin mit mir und meinem Leben allein. In der Nacht sehe ich auch mich selber besser. In der Nacht werde ich nicht abgelenkt durch stets anderes, Neues wie am Tag. Mitten in der Nacht kann mir ein Licht aufgehen über mich, kann Licht hereinfallen in mein Denken und Wünschen, Hoffen und Sehnen.

Auch die Nacht hat ihre Helligkeit. Sie hat das ihr zukommende Licht. Die Nacht ist der Abglanz des Tages, wie der Mond der Abglanz der Sonne ist. Meine Nacht ist der Widerhall meines Tages. Sie ist die Zeit meiner Ruhe oder meiner Ruhelosigkeit, die Zeit meines Friedens oder meiner Gewissensnot.

Die Nacht ist eine schöpferische Zeit. Zwar nimmt sie mir meine Geschäfte und Geschäftigkeit ab, aber sie gibt mir die Zeit, mir selbst zu begegnen. Zeit, über mich nachzudenken, Zeit, meinen Gedanken nachzuhängen, Zeit, aufzuarbeiten, wozu der Tag keine Zeit lässt, Zeit zum Wachträumen, solange der Schlaf uns flieht, Zeit, die Phantasie spielen zu lassen, Zeit, wirklich zu träumen.

Unser Tagesbewusstsein nährt sich aus den Träumen der Nacht. Die Träume bringen ins Bild, was der Tag in uns verdrängt. Der Traum arbeitet aus, was unser Wachbewusstsein nicht zulässt. Der Traum der Nacht heilt unsere Einseitigkeiten ein wenig aus. Im Traum dürfen wir Kinder sein und Könige, dürfen klein sein und schwach, können regieren und uns tief beugen. Auch unsere Träume bringen uns mehr zu uns selbst. Im Traum spielt sich in uns frei, was sonst nicht herauf kann.

Die Nacht ist die Zeit liebender Intimität. Eine Zeit, in der die Liebe nicht gestört wird, wenn im Herzen keine Störung ist. Die Nacht ist die Zeit, in der die Zärtlichkeit aus ihrer Verhaltenheit heraus kann, in der sie sich voll entfalten darf. Die Nacht ist die Zeit tiefer Versöhnung.

Die Nacht hat aber auch das Grauen bei sich und die Verzweiflung. Sie ist ein Bild des Todes.

Die Nacht ist der Scheitelpunkt der Zeit. Mitten in der Nacht stirbt der Tag. Jede Mitternacht gebiert den neuen Tag.

Veränderung des Gottesbildes im Lauf unseres Lebens

Wie kam es zu den strengen Gottesbildern, die wir kennen gelernt haben?

Für das Suchen nach Identität im Prozess des Älterwerdens, von dem wir bereits gesprochen haben, ist es unerlässlich, sich der eigenen religiösen Entwicklungsgeschichte zu erinnern. Die mit den Gottesbildern verbundenen Gefühle von damals ankern tief in unserem Unbewussten. Sie gehören gewissermaßen zum Urmaterial der Biografie jedes Menschen. Sie prägten unser Leben entscheidend mit.
Aus meiner katholischen Herkunft erinnere ich mich mit vielen Menschen meiner Generation auch an Gottesbilder, die uns geängstigt haben. Vielleicht haben viele oder manche Menschen diese Gottesbilder längst vergessen oder sie bewusst verabschiedet. Dennoch sollen hier die Wirkungen, die sie ausgeübt haben, bedacht werden. Denn, wenn diese Gottesbilder nicht bewusst geworden sind, können sie immer noch unser Leben beeinflussen, immer wieder einmal alte Ängste heraufbeschwören und bewirken, dass wir noch heute in eine innere Distanz zu Gott geraten.

Schließlich haben wir Erfahrungen mit einem Gottesbild gemacht, das, je nachdem, unser Leben froh machte oder es einschränkte und belastete. Manche Menschen haben weder das eine noch das andere kennengelernt, da Religion in ihrem Elternhaus kein Thema war.
Wir wollen versuchen, einige Zusammenhänge zu überdenken, die ein strenges und strafendes Gottesbild mitverursacht haben. Über Generationen hinweg wurde es durch Eltern, Großfamilie, Schule, Religionsunterricht, Predigt und in der insgesamt christlich geprägten bürgerlichen Umwelt weitergegeben. Die heute älteren Generationen wurden davon noch erreicht: Für viele gehören diese strengen Gottesbilder zur persönlichen Lebens- und Glaubensgeschichte.
Ein erster, geschichtlicher Zusammenhang für das strenge Gottesbild liegt darin, dass Theologie und Kirche Angst machende und bedrohliche Aspekte des Gottesbildes betonten. Da und dort gibt es diese auch in der Bibel, vor allem im Alten Testament. Dieses Angst machende, strenge Gottesbild wurde gestützt durch das Autoritätsverständnis in der Gesellschaft, dem sich die Leitung der Kirche in ihren hierarchischen Abstufungen anpasste. Ebenso übernahm sie den autoritären Leitungsstil der staatlichen Obrigkeit. Wie die staatliche Gewalt haben auch Kirchenmänner in ihrer weltlichen und geistlichen Machtfülle, die sie in bestimmten Zeiten der Geschichte innehatten, nicht nur Ängste mit vertieft, sondern ebenso die »Untertanen« klein, unmündig und daher fügsam gehalten. Dadurch wurde das Gottesbild Jesu vom »bedingungslos liebenden Gott« vernachlässigt, ja, verdunkelt. Denn das Bild von Gott, das Jesus zeigte, widerspricht diesem kirchlichen Umgang mit den Menschen. Die Geste

der Fußwaschung, die Jesus als Modell für unseren Umgang miteinander den Jüngern hinterlassen hat, erstarrte zu einer liturgischen Handlung. Sein Unterwegssein mit ihnen, sein Unter-ihnen-Sein wurde von den Autoritäten der Kirche nicht mehr übersetzt in ein dialogisches, herrschaftsfreies, geschwisterliches Miteinander, wie Jesus es wollte.

Da sich unser Gottesbild nicht unabhängig von Menschen, in bestimmten Entwicklungsstadien vor allem nicht unabhängig von Autoritäten, bildet, übertrugen die Menschen ihre Erfahrungen, die sie mit der staatlichen und der damit häufig verbundenen kirchlichen Autorität gemacht haben, unbewusst auf Gott. Denn von Gott her begründeten diese ihre Macht und ihre Autorität. Unabhängig davon, ob sie diese zum Wohl oder Wehe der Menschen ausübten, waren sie die Stellvertreter Gottes auf Erden.

Heute noch belasten Ereignisse der Kirchengeschichte nicht nur das Reden von Gott, sondern auch den Glauben an Gott. Wobei erinnert sein soll, dass diese Menschen, auch die Autoritäten, jeweils Kinder ihrer Zeit waren und aus ihrem geschichtlichen Verständnis und ihrer möglichen Gotteserkenntnis sogar »guten Gewissens« gehandelt haben. Diese geschichtliche Bedingtheit unseres menschlichen Handelns wollen wir ja auch für uns heute in Anspruch nehmen dürfen.

Wenn Menschen von heute mit ihrem gewandelten Bewusstsein, das jeglichem Herrschaftsdenken und -Gebaren gegenüber empfindsam und misstrauisch geworden ist, auf ein Angst machendes Gottesbild stoßen, das in Resten da und dort immer noch wirksam ist, ist es da nicht verständlich, wenn manche von ihnen in der heute offen gewordenen Welt sich von östlichen Religionen mit

scheinbar sanfteren Gottesbildern ansprechen lassen, um ihre religiöse Sehnsucht leben zu können?
Eugen Biser, ein bekannter Theologe unserer Zeit, sagt zur Frage des christlichen Gottesbildes:
Vom »Bild eines strafenden Gottes müssen wir zum Gott Jesu Christi zurückkehren, der anders ist. Jesus lehrte › seine Gebetserfahrung, in Gott den ihm liebend zugewandten und sich als dessen auserwählten Sohn zu begreifen. Beides veranlasste ihn dazu, den Schatten des Angst- und Schreckenerregenden aus dem Gottesbild der Menschheit und seines eigenen Volkes zu tilgen, um darin das Antlitz des bedingungslos liebenden Vaters zum Vorschein zu bringen ...‹ Das wirkliche Christentum muss so entdeckt › und sein mit dem Gottesbild Jesu gegebenen Identitätsgrund‹ neu ans Licht gebracht werden. Das Leid und das Böse in der Welt sind nicht mit dem Zorn eines › strafenden Gottes‹ zu erklären. Jesus als die › Stimme des inwendigen Lehrers‹ ist › die leibhaftige Erinnerung an den von ihm entdeckten Gott der bedingungslosen Liebe‹ ...« (Eugen Biser, in: »Stimmen der Zeit«, so zitiert in: »Christ in der Gegenwart« 17/96).
Auf einen zweiten, religionsgeschichtlichen Zusammenhang, aus dem sich das »Angst- und Schreckenerregende im Gottesbild der Menschheit« erklären lässt, weist Helmut Jaschke in seinem Buch »Dunkle Gottesbilder« hin: »Die jahrhundertealte christliche Tradition führt ... nur eine viel ältere weiter, deren Anfänge im Dunkel der Ursprünge menschlicher Religiosität überhaupt liegen. Dass Gottes Zorn besänftigt werden müsse, dass er die Verletzung der von ihm verfügten Ordnung mit Strafen ahndet, dass durch Opfer und Leiden Sühne und Genugtuung geleistet werden kann, all dies ist so tief mit der

Menschheitsgeschichte verbunden, dass die individuelle Überzeugung vom Zusammenhang zwischen Schuld und Angst vor strafender Vergeltung nur der persönliche Ausdruck dieses Erbes ist«. (Herder, Freiburg 1992)

Auch heute noch werden strenge und Angst machende Gottesbilder weitergegeben. Eine siebzigjährige Frau sagte von ihrer fünfunddreißigjährigen Tochter, diese habe ein ebenso strenges Gottesbild wie sie, da sie es ihr weitervermittelt habe. Sie wolle aber jetzt alles tun, dass ihre Enkelkinder den Gott Jesu kennenlernen würden. Das sei ihr bei der Erziehung ihrer Tochter noch nicht möglich gewesen. Wobei zu beachten ist, dass Eltern und Gesellschaft heute insgesamt demokratischere Stile in der Erziehung praktizieren. Dennoch können durch die unreflektierten Gottesbilder der Eltern und Großeltern diese alten Denkweisen über Gott Kinder von heute immer noch beeinflussen.

Damit sind wir bereits auf einen dritten Zusammenhang für das Zustandekommen eines ängstigenden Gottesbildes gekommen. Es ist der Sozialisationsprozess in einer christlichen Familie. Entwicklungspsychologisch kann man sagen, dass Kinder ihre Eltern als »Götter« erleben. Sie waren auch für uns als kleine hilflose Kinder allmächtig, alles vermögend. Sie beschützten uns, gaben uns Nahrung, liebten uns und sorgten für uns. Wir erlebten sie aber auch zornig, drohend, uns verletzend, ängstigend und demütigend. Um die Liebe der Eltern nicht zu verlieren, ordnete sich das Kind den Wünschen der Eltern unter. Im einen Fall wurde es dabei zur Einsicht in elterliche Gebote und Verbote geführt. Andere Eltern beugten das Kind unter ihren Willen, machten es untertänig und »brav«. Diese früh erlernten und verinnerlichten Verhaltensweisen wurden gesteuert durch die Angst, im Falle des Nichtgehorchens bestraft zu werden. Wer erinnert sich nicht der Drohung: »Wenn du nicht ...« oder »Wenn du ... dann ...« Oder: »Wer nicht hören will, muss fühlen«.

Diese frühen Erfahrungen mit den Eltern übertrugen wir auf Gott, der noch viel mächtiger war als sie, dessen Willen sie oft verknüpften mit dem ihrigen. In diesem Vorgang verbanden sich in der Seele des Kindes Liebe zu Gott, aber auch die Angst vor Strafe. Damit ist die Ambivalenz der Gefühle Gott gegenüber in diesem frühen Muster grundgelegt.

Die Angst vor Gott mag dann in der Seele des Kindes, vielleicht noch im erwachsen gewordenen Menschen, vorherrschend geblieben sein, wenn ein Kind die elterliche Autorität vorwiegend als die zu fürchtende, strafende zu spüren bekam. Erlebt ein Kind Gefühlskälte, Missachtung seiner Würde, Gewalttätigkeit, Streit, gegenseitige Ablehnung und Gleichgültigkeit, wird es die Grunderfahrung, geliebt und in dieser Welt willkommen zu sein, kaum machen können. Die Botschaft von einem liebenden Gott wird in seinem Herzen kaum einen Resonanzboden finden können. Wenn das Reden von und über Gott nicht mit gleichzeitig erfahrener Liebe und Bejahung einhergegangen war, also keine innere Berührung wecken konnte, kann ein Mensch sein Leben später mit einem liebenden Gott nur schwer in Verbindung bringen. Religiöse Begriffe wie »Gnade«, »Reich Gottes« und andere blieben leere Worte, weil ohne erlebte Wirklichkeit.

Frühe Ahnung eines persönlichen Gottesbildes

Allerdings haben wir in unserer Kindheit nicht nur das uns vermittelte Gottesbild kennengelernt. Schon früh ahnten manche ein ganz persönliches Bild von Gott, an das wir später und auch heute anknüpfen konnten und können. Wir erinnern uns vielleicht an unsere kindlichen Gotteserfahrungen: Wenn wir innerlich berührt wurden durch Worte in Gebeten, Liedern; wenn unsere äußeren und inneren Sinne angesprochen wurden vom Duft des Weihrauchs und der Kerzen; wir atmeten die Atmosphäre des Heiligen, der Transzendenz. Wir schmeckten nicht nur die »Luft Gottes«, sondern auch das Brot Gottes. Wir wurden berührt mit Weihwasser, mit Chrisam gesalbt bei der Firmung. Wir unterhielten eine Beziehung mit dem Gott unseres Herzens, dem wir unsere großen Sorgen und unsere Wünsche anvertrauten. Wir hatten ein Geheimnis mit ihm. Wir ahnten, dass wir bei ihm jemand sind, einen Namen, Würde haben: Diese Erfahrungsqualitäten seiner Liebe zu uns öffneten uns für ihn.

In unserer christlichen Kindheit lernten wir Solidarität und Mitverantwortung. Unsere Selbstbezogenheit wurde aufgebrochen durch den Verzicht auf Süßigkeiten in der Advents- und in der Fastenzeit. Die ersparten Pfennige bekam eine Missionarin, ein Missionar. Wir übten uns durch die tägliche gute Tat, auf die zu schauen und jenen zu helfen, die in Not sind. Unverzichtbar scheint mir heute, dass uns die besondere Qualität der Sonn- und Feiertage aufgegangen ist. Beugten wir uns auch nicht immer gerne dem Gebot der Sonntagsmesse, hat es doch ein tiefes

Zugehörigkeitsgefühl in uns geweckt und stark werden lassen. Auch erlebten wir tiefen Trost, wenn sich die betende Gemeinde beim Sterben von Angehörigen um die Familie versammelte.
Trotz allem, was wir heute an der Kirche, ihren Strukturen oder ihrer Leitung kritisieren, möchte ich für mich sagen, dass die erlebte kirchliche Gemeinschaft mich in frühester Jugend in Beziehung gebracht hat zu mir selbst, mich in meinen tiefsten Fragen berührt hat. Vor allem hat sie mich neben meinem Elternhaus in Beziehung zu Jesus Christus gebracht, mir den Lebensboden bereitet und mir Lebenssinn vermittelt. Sie hat mir die Tür aufgemacht zum Selbst-Sein und zum Engagement für andere. Schließlich war sie mir der Hort der Freiheit in der dunklen Zeit unserer Geschichte.
Diese und andere positiven Erfahrungen lagern mit anderen in den Tiefenschichten unseres Bewusstseins. Wir können sie im Erinnern wieder lebendig werden lassen. Das kann uns versöhnlich stimmen, wenn wir jene angelernten Aspekte eines Gottesbildes anschauen, die uns einmal bedrückt haben. Heute wissen wir, dass sie dem Gottesbild Jesu nicht entsprechen.
Das Nachdenken über unser eigenes Gottesbild kann vielleicht durch folgende Fragen angeregt werden:

Welches waren Hauptakzente des Gottesbildes, das mir übermittelt wurde?
Welches Gottesbild hat mich am längsten begleitet?
Welches Lebensgefühl und Selbstverständnis war damit verbunden?
In welchen Situationen ist es heute noch wirksam?

Überholte Aspekte eines Angst machenden Gottesbildes

Durch das Erinnern unserer Gottesbilder, auch der »dunklen« und uns einst ängstigenden Bilder, haben wir die Möglichkeit, die mit ihnen verbundenen Belastungen noch einmal anzuschauen, sie durchzuarbeiten und uns davon zu befreien. Dass das für manche ältere Menschen immer noch ansteht, machte mir ein junger Rentner in einer Gesprächsrunde über Krankheit und Tod und was danach kommen werde, deutlich. Er sagte: »Für mich ist es höchste Zeit, über Gott nachzudenken und wieder zu beten. Sonst treffe ich diesen Gott noch in meiner Sterbestunde so an, wie er in meinen eingemauerten Vorstellungen heute noch ist.«
Wobei wir uns klarmachen wollen: Gleich, um welche Bilder es sich auch immer handelt, unsere Bilder sind nicht Gott, es sind unsere Bilder von ihm. Deshalb können wir die alten, aus einem autoritären Zeitalter stammenden, angelernten Gottesbilder getrost fallen lassen. Hier soll in Kürze auf einige uns bekannte Bilder hingewiesen werden.

Der Angst auslösende Richter

In unserer Erinnerung taucht vielleicht das Bild des alten strengen Mannes auf, der auf dem Thron sitzt, alles registriert, was vor sich geht, in das schwarze oder goldene Buch schreibt, was getan und unterlassen wurde, der belohnte und bestrafte. Es war das »Gesicht« eines Furcht auslösen-

den Richters, der selbst das noch sah, »was in dunkler Nacht geschah«. Seine Drohungen mit Fegefeuer und Hölle, ewiger Verdammnis ängstigten tief. Manche Menschen gerieten in Angstneurosen, die sie nur mit Hilfe einer Therapie im Erwachsenenalter überwinden konnten.
Die frühen Gefühle, die dieser Gott in der Kinderseele zurückließ, waren nicht nur Angst, sondern vor allem Schuldgefühle wegen kleiner oder größerer Verfehlungen, die uns als Kind passierten, oder die wir, um uns auszuleben, bewusst begingen. Gottes Strafen konnten ein Kind unmittelbar ereilen durch Eltern und Erzieher, die den alles sehenden Gott für uns vertreten haben.

Der kleinliche Gott

Ein Kind konnte Gott schwer beleidigen, schon dadurch, dass es nicht sofort kam oder ging oder die Suppe nicht aufaß. Da gab es Gefühle der Enttäuschung über einen so kleinlichen Gott, der Kleinigkeiten wegen beleidigt werden konnte. Unlust und Misstrauen schlichen sich ein, weil man ja nie wissen konnte, was außer dem Bekannten sonst noch alles verboten und eine Sünde war. Auch lernten Kinder schon moralische Versagensängste kennen, da man ihnen Gott vorstellte als einen, der Perfektion im Guten verlangte, die aber offensichtlich auch die Erwachsenen nicht schafften. Manche wurden unter solchem Anspruch »Musterkinder«, die nur einen Teil ihrer kindlichen Persönlichkeit lebten, und für Einzelne blieb das so ihr Leben lang.

Der kleinliche Gott und der Gott vieler Vorschriften, Gesetze und Gebote verhinderte in vielen Menschen das Bewusstsein, ein freier Mensch zu sein. Dieser Gott erwartete Leistung durch viele und vielerlei Frömmigkeitsübungen. Die Quantität, das Zählen von Ablässen, Rosenkränzen, Messebeiwohnen wurde zur Qualität im Religiösen. Dabei blieb die persönliche Bekehrung, die Radikalität des Evangeliums, der Anspruch Gottes auf unser Herz, verdeckt.

Der Gott einer individualistischen Frömmigkeit

Die individualistische Frömmigkeit lehrte den »Rette-deine-Seele-Gott« mit dem eigennützigen Motiv, sich seinen Himmel zu sichern. Das Modell von Bravheit und Bewahren gehörte dazu. Manche trauten sich nicht, daraus auszubrechen in gesellschaftliche und politische Aufgaben. Berührungsängste verhinderten einen offenen Kontakt mit Menschen anderen Glaubens, anderer Wertvorstellungen und Lebensformen. Stattdessen sammelte man »Verdienste« für sich persönlich durch bestimmte Ablassgebete, Frömmigkeitsübungen und selbst auferlegte Opfer. Man glaubte außerdem, Gott habe besonderen Gefallen an jenen Opfern, die von uns die meisten Leiden und die größte Überwindung forderten. Auch glaubte man, man könne sich durch sie das »ewige Leben« verdienen. Diese Art Frömmigkeit erzog zu frommer Selbstgerechtigkeit. Diesen Selbstgerechten stand es scheinbar zu, sich moralisch zu entrüsten, zu urteilen über die Lebensweise anderer.

Der leibfeindliche Gott

Viele Menschen erlebten Gott als kompromisslosen Wächter einer veräußerlichten Moral. Manche Missionsprediger und Beichtväter vertraten die Meinung, dass Gott schon jede »sündige« Regung des Leibes und jeden Gedanken an Sexualität bestrafe. Man hatte den Eindruck, so erinnern sich ältere Leute heute noch, als gäbe es nur ein Gebot, nämlich das sechste, das Verbot, »Unkeusches anzuschauen, zu denken und zu berühren«. Mag für manche die Strenge eine Hilfe gewesen sein, anderen hat sie die Jugend verdüstert. Zumal man nie genau wusste, was dem Sündenverdacht predigender Eiferer sonst noch anheimfiel. So konnte sich auch im späteren Leben der Eindruck verfestigen, Gott vergälle dem Menschen jede Lebensfreude. Ein Gott, der die Sexualität nur dazu bestimmt zu haben schien, Kinder zu zeugen, löste auch in Ehen Konflikte zwischen Eheleuten und Sündenängste aus. »Erst nach vielen Jahren und vielen traurigen Stunden, immerwährender Skrupel und Depressionen«, so eine heute Fünfundsechzigjährige, »konnte ich mit Hilfe meines Mannes und eines Seelsorgers diese Ängste überwinden«.
Das Bild eines leib- und sexualfeindlichen Gottes ist dafür verantwortlich zu machen, dass viele Männer und auch Frauen sich von Gott entfremdet haben, sich von Kirche und Glauben distanzierten. Sie fanden darin keinen sie befreienden, sie im Leben begleitenden Gott. Die Botschaft, dass eine personale Liebe eine verwandelnde, läuternde Kraft besitzt, vor allem, dass sie eine Stiftung Gottes zwischen den Menschen ist, dass die geschlechtliche Liebe ein Ort der Gottesbegegnung sein kann, wurde ihnen vorenthalten.

Nach dem Kirchenrecht aber war der Inhalt des Ehevertrages das gegenseitige Recht auf den Leib, auf die Sexualität des anderen. Diese »eheliche Pflicht« hatten meist die Frauen mit vielen Schwangerschaften und Geburten auszuhalten. Und manch tiefgreifende und entwürdigende sexuelle Verletzung in den Ehen wurde mit Hinweis auf diese »eheliche Pflicht« von Kirchenmännern gerechtfertigt.

Der männliche Gott

Die Abwertung der Frau hat eine lange Tradition und ist weder in der Gesellschaft, erst recht nicht in der Kirche, überwunden. Die Benachteiligung brachte ihre Ausgrenzung aus den Ämtern und den Entscheidungsstrukturen der Kirche mit sich. Dies war früheren Generationen nicht in dem Maße bewusst, wie den heutigen. Damals aber waren die Frauen in der Kirche auch dadurch diskriminiert, dass man sie »als die Verführerin« des Mannes ansah. Frauen waren nicht nur für alles moralisch verantwortlich, sie waren die Versagerinnen, wenn Ehen oder Familien zerbrachen. Noch andere Gründe verhinderten, dass Frauen ihre Identität als Frau in der Kirche finden konnten und können (siehe »Der Gott der Menschenwürde aller«, Seite 218ff.). Ein nur männliches Gottesbild verhinderte, das Weibliche in Gott aufscheinen zu lassen, ihn als Vater-Mutter-Gott zu sehen. In diese Lücke stellte man Maria, die Gottes-Mutter. In ihr sah man dann, was Gott zu fehlen schien. Mancher Marienkult fand darin seine Übertreibung. Und viele Frauen konnten durchaus kein Vorbild in einer überzeichneten überirdischen Gestalt sehen.

Der Gott der Konfessionen

Es gab Christen und Christinnen, die sich überheblich sonnten in dem Bewusstsein, als Katholik, als Katholikin sei man ein besserer Christ als die Protestanten. Diese Selbstüberhebung gab es aber in beiden Konfessionen. Katholiken lebten mit der Lehre von der »allein selig machenden Kirche«, Protestanten meinten unter anderem diesen vorauszuhaben, dass sie zum Beispiel die »Muttergottes nicht anbeten«. Auf dem Schulhof vermieden es die Kinder, mit Kindern der anderen Konfession zusammenzukommen, falls diese nicht ohnedies in gesonderten Schulen waren. Der Kinderglaube an den konfessionellen Gott konnte so weit gehen zu meinen, nur Katholiken könnten in den Himmel kommen. Andere hätten wegen ihres Irrglaubens diese Gnade nicht. Welche Gewissensbelastungen, wenn man sich »gemischt« verliebte oder gar verehelichte. Vor allem der katholische Teil wusste sich von seiner Kirche »verurteilt«. Ließ er sich in der evangelischen Kirche trauen, durfte er nicht mehr zu den Sakramenten seiner Kirche gehen. Die nichtchristlichen Religionen kamen erst gar nicht in den Blick. Ihnen verpasste man einfachheitshalber das Etikett »Heiden«. Das nickende Negerlein, das sich für die Groschen der Kinder bedankte, ist uns noch im Gedächtnis.

Keine befreienden Gottesbilder

In solchen Aspekten des Gottesbildes entdecken wir keinen uns befreienden Gott. Jene Menschen, für die diese Bilder immer noch Gültigkeit haben sollten, werden wohl auch mit jenen Sünden- und Strafängsten belastet sein, die mit ihnen verbunden sind. Wenn sie in diesem Gott hauptsächlich den strengen Vergelter und den unerbittlichen Richter sehen, wird im Alter auch die Gottesangst des Kindes wieder hochkommen. Sie verhindert, dass Menschen getrost alt werden, gelassen und vertrauend sterben können. Denn sie verdunkeln – um Eugen Biser nochmals zu zitieren – »das › Antlitz des Vaters der Erbarmungen‹ , den Jesus für die Menschheit entdeckt hatte, während das Furcht erregende Gottesbild der Vorzeit Macht über die Herzen gewann. So kam es, dass die freudige Erwartung, mit der die Urkirche der Wiederkunft ihres Herrn entgegensah, in den vom › Dies irae‹ wortgewaltig beschworenen Gottesschrecken umschlug. Während sich die Urgemeinde an das Herrenwort hielt: › Wenn all dies zu geschehen beginnt, so richtet euch auf und erhebt eure Häupter, denn eure Erlösung naht‹ (Lk 21,28), sah die Christenheit an der Wende vom Mittelalter zur Neuzeit einem › Tag der Rache und der Tränen‹ entgegen, der die Welt in Schutt und Asche sinken ließ. Künstlerischer Exponent dessen ist der späte Michelangelo, der in dem Gerichtsfresko der Sixtinischen Kapelle eine grandiose Karikatur des Weltenrichters schuf. Während selbst in der Apokalypse diejenigen nicht ohne einen Schimmer von Hoffnung zu dem aufblicken, › den sie durchbohrt haben‹ (vgl. Offb 1,7), lässt Michelangelo den Richter in der Pose des Verdammenden erstarren, der die Verworfenen mit solcher Wucht in den Abgrund schleudert, dass sich selbst Maria angstvoll von seinem Antlitz abwendet. Weiter als in dieser Schreckensfigur und ihrem Äquivalent in den Dies-irae-Vertonungen von Berlioz und Verdi hat sich die Kunst wohl nie vom Geist des Evangeliums entfernt« (Glaubens-

bekenntnis und Vaterunser – eine Neuauslegung, Patmos, Düsseldorf 1995).
Also auch die Kunst gab dunkle Gottesbilder weiter, die sich in unser Unbewusstes gruben.
Aber alle Bilder, die wir uns von Gott machen, sind nicht Gott. Sie sind unsere Bilder von ihm. Gekoppelt mit den Erfahrungen, die wir mit uns, mit den Menschen und mit der Welt machen, scheint jeweils ein anderer Aspekt des unsichtbaren Gottes in unseren Bildern auf (siehe Gottesbilder unserer Erfahrung, Seite 229).

Deren Glauben niemand kennt als Du

Mit einer Erinnerung an meine Mutter möchte ich das Nachdenken über die überholten Gottesbilder abschließen.
Meine Mutter hatte ein Gottesbild, das manche Züge aus den oben geschilderten angelernten Gottesbildern vereinte. Durch sie alle hindurch jedoch lebte sie eine persönlich-innige Beziehung zu ihrem Gott. Sie liebte ihn. Trotz ihrer Ängste, die er häufig in ihr zu wecken und zu erhalten vermochte. Mit den dunklen Gottesbildern, die auch uns Kinder ängstigten, vermittelte sie uns aber auch ihr persönliches Gottesbild aus ihrer Gebetserfahrung und ihrem unerschütterlichen Glauben, der sich gerade in Notzeiten bewährte. Ich nahm von ihr eine wichtige Erfahrung mit in mein Leben: Es gibt Augenblicke, in denen uns Gott in besonderer Weise nahe ist. In ihnen gehen unsere tiefen Ahnungen, die intuitiven Erkenntnisse des Herzens über

jegliche angelernten Gottesbilder hinaus oder durch sie hindurch; sie unterlaufen diese, übersteigen sie, machen die uns vor-gestell-ten Bilder zunichte: Wir sind berührt vom unsagbaren Geheimnis »Gott-in-uns«.
Wenn durch solch tiefe Gebetserfahrungen die Schatten alter Gottesbilder auch nicht völlig aufgelöst werden, so lässt das Innewerden des Gottgeheimnisses in uns sie immer weniger wichtig werden. Was dem Glauben als Glauben bleibt, ist das Suchen, Fragen, Zweifeln; das Verdunkeln aller schon erfahrenen Gewissheit; und immer wieder der neue Aufbruch in das Wagnis eines letzten, unbedingten Vertrauens. Da Gott nicht irgendeine äußere Instanz ist, der man wie in vorchristlicher Zeit Opfer darbringt, sondern ein »bedingungslos liebender Gott«, der bei uns ist, können wir seine Nähe suchen und auch finden. Unvergesslich ist mir das Gesicht meiner betenden Mutter. Wenn sie dabei die Augen schloss und ich sie dann ungehindert anschauen konnte, brach in ihrem Antlitz ein Glanz auf. Dann und wann habe ich diesen bei mir ganz fremden Menschen wiedergesehen. Dieser Glanz verwies mich jedesmal auf das Gott-unmittelbar-Sein jedes Menschen in seinem Innern.

Ablösung von Gottesbildern der Kindheit

»Als ich ein Kind war, redete ich wie ein Kind, dachte wie ein Kind, urteilte wie ein Kind. Als ich ein Mann wurde, legte ich ab, was Kind an mir war« (1 Kor 13,11).

Wann kamen mir die ersten Zweifel am angelernten Gottesbild?
Wie bin ich damit umgegangen?
Wann und durch wen ahnte oder hörte ich etwas vom befreienden Gott Jesu?

Erwachsenwerden

Der fortschreitende Prozess des Erwachsenwerdens und der damit verbundenen Bewusstseinserweiterung bringen es mit sich, dass Menschen mehr und mehr in Distanz gehen zu bisherigen Autoritäten. In dieser Ablösung wird nicht nur der Blick frei für die kritische Auseinandersetzung mit bisher Erlerntem. Es wächst gleichzeitig die Fähigkeit zu selbstverantwortlichem Handeln. Eines Tages waren wir fähig, Autoritäten in Augenhöhe zu begegnen. Wir gingen innerlich nicht mehr in die Knie, fielen nicht so leicht in alte Angstfallen zurück. Wir waren stark genug, für uns selbst einzustehen. Auf dieser Bewusstseinsstufe konnten sich auch die Verknüpfungen zwischen menschlichen Autoritäten und Gott lösen. Jetzt traute man sich, dem persönlichen Gewissensspruch zu folgen, und wo es nötig war, auch ungehorsam zu sein. Damit ist gemeint, dass erwachsene Frauen und Männer fähig waren, Gesetze und Vorschriften in Entscheidungssituationen jeweils auf ihren tieferen Sinn hin zu befragen und sie in diesen Sinn hinein auch zu »übertreten«, ohne Gesetze und Vorschriften zu missachten oder sie für sich und die Gemeinschaft als überflüssig erklären zu wollen. Konnte man doch Jesus an seiner Seite sehen, der am Sabbat den Wassersüchtigen heilte, die gekrümmte Frau in der Synagoge aufrichtete (Lk 14,1-6; 13,10-17) und seinen Jüngern erlaubte, am Sabbat Ähren zu rupfen (Mt 12,1-8). Jesus rechtfertigte sein Tun mit einem für die Menschen völlig neuen Maßstab: mit dem Wohl des Menschen. Damit zeigte er ihnen sein Bild eines menschenfreundlichen Gottes. Und er sagt: »Der Sabbat ist für den Menschen da, nicht der Mensch für den Sabbat« (Mk 2,27). Der Sabbat war nämlich eines der wichtigsten und heiligsten Gesetze der Juden.

In existenziell wichtigen Entscheidungen, in denen es ganz um uns selbst ging, in Situationen, die das Gesetz weder erfassen noch regeln konnte und kann, in Augenblicken, in denen alles für uns auf dem Spiel stand, erlebten wir die Einmaligkeit, Abgründigkeit und Heiligkeit unseres Gewissens. Wir sahen uns unmittelbar vor das Angesicht Gottes gestellt, allein ihm verantwortlich. Vielleicht in »Furcht und Zittern«. Aber gerade so – und nur so – fanden wir zu einem bewussten und persönlichen Gottesverhältnis als erwachsen gewordene Menschen. Denn in der Einsamkeit des Gewissens riefen wir zu ihm, wir redeten mit ihm, bis wir zu einer Klärung dessen kamen, was wir zu entscheiden und zu tun vorhatten oder schon entschieden, getan oder nicht getan hatten. In diesem Suchen und Ringen fanden wir den »Gott-mit-uns« und für uns, so wie er uns von »alters her verheißen war durch Abraham und alle Propheten« (Lk 1,55).

Im Vorgang des Zu-uns-selbst-Findens und Uns-selbst-Verantwortens gingen uns die Augen und das Herz auf für den Sinn von Schriftworten, die wir jetzt als für unser Leben gesagt verstehen und begreifen konnten. Wir lernten glauben, dass Gott mit seinem Wort wirklich uns meint, darin zu uns redet, für uns eine Botschaft des Lebens hat, die uns gerade jetzt gesagt ist. Nicht nur beim Abschied vom angelernten Kindheitsgott haben wir die Erfahrung gemacht, dass die Dynamik des Lebens gleichbedeutend ist mit Abschied und Verlassenmüssen von Liebgewordenem, von Überlebtem. Durch die Wandlungen und Veränderungen des Lebens bekamen wir einen Schlüssel zum Verständnis für das Wort Gottes an Abraham: »Verlasse dein Vaterhaus, dein Land, und zieh in das Land, das ICH dir zeigen werde« (Gen 12,1 ff).

Auch Worte Jesu bekamen in diesem Zusammenhang einen anderen Klang. Er sagte: »Wer um meinetwillen Brüder, Schwestern, Vater, Mutter, Äcker oder Häuser verlässt, wird ein Vielfaches dafür bekommen und das Ewige Leben erben« (Mt 19,29). In Jesu Worten scheint allgemein eine Radikalität auf, die mit der früher erlebten Strenge nichts zu tun hat. Verlangt er doch eine besondere Wachsamkeit auf die stets neu hereinbrechende Ankunft Gottes. Jesus, der uns den lebens- und menschenfreundlichen Gott verkündet hat, ruft uns in die Offenheit des Augenblicks, in dem uns Gott mit einem je neuen und anderen Lebensangebot begegnet und darauf eine je neue und andere Antwort will (siehe »Identität als Offenheit«, Seite 86). So ruft Gott selbst uns heraus aus Vergangenem in die Gegenwart, heraus aus Angst und Enge. Er will uns freimachen für das Jetzt und das Heute. Denn »jetzt ist der Tag, jetzt die Stunde«, in der er da ist und uns Leben schenken will. Sogar in Fülle. Enge und Angst aber verhindern, diese annehmen und erleben zu können.

Der Aufbruch Abrahams aus seiner Vergangenheit, sein Vertrauen auf den, der ruft, ist auch das Lebensmodell Jesu. Er lädt uns ein, gleich, wie alt wir auch sein mögen, aufzubrechen aus alten inneren Fesseln in die Freiheit der

Kinder Gottes. Zu ihr sind wir auch im Alter noch unterwegs.
Sollte uns innerlich etwas belasten oder fesseln, seien es frühere Verletzungen aus einem Zerwürfnis, Erinnerungen an Verwundungen aus der Kindheit oder Jugendzeit, Sündenängste oder Glaubenszweifel oder Ängste vor Gott ... dann sollten wir aufbrechen und zu einem Menschen unseres Vertrauens gehen und darüber reden. Es kann mehr Licht auf unsere Probleme fallen, wenn wir sie im Gespräch mit einem anderen anschauen. Wir können sie anders sehen lernen, vielleicht einen Weg zu ihrer Lösung suchen. Oder eine neue Motivation finden, eine Sorge, ein Problem anzunehmen und damit anders umzugehen.

Rückfälle

In einem langen, oft mühsamen Prozess erlebten wir bei der Ablösung vom Kindheitsgott auch Ängste, Verunsicherung und Schmerz. Nicht ohne Widerstand, nicht ohne Trauer gibt man auf, was sich als alte und bis dahin vielleicht auch »bewährte« Bestände tief in der Seele abgelagert und im Gefühl verwurzelt hat. Schließlich war unsere Sozialisation vom Gottesbild der damaligen Zeit geprägt. Jetzt, wo wir älter sind, sehen wir, wie lange uns Kindheitsprägungen beschäftigen, wie tief sie gegangen sind.

Verständlich, dass wir Rückfälle erlebten in die alten Ängste. Zeitweilig empfanden wir auch Groll gegen einen Gott, der uns die Qual der Glaubens- und Gewissensnöte zumutete, der uns zu narren schien. Die neuen, oft hart erkämpften Einsichten und die in ihnen versuchten neuen Schritte schienen von den bereits verlassenen Denkpositionen und den damit gekoppelten Ängsten wieder verschlungen zu werden. Das drohende Gottesbild gewann vorübergehend wieder die Oberhand. Neue geistige Arbeit war nötig, Gespräche, Gebet, bis sich unsere Gewissensgewissheit stabilisierte. Manchmal glaubten wir, auf der Stelle zu treten. Später sahen wir, dass wir auch in unseren Rückfällen und den durch sie ausgelösten neuen Aufbrüchen auf dem Weg waren. Immer wieder konnten wir aus der Glaubensgewissheit leben, dass wir in unserem Lebensweg Gottes Führung erkennen. Dafür bürgt er uns mit seinem Namen: »Ich bin-da« (Ex 3,14.15).

Ähnlich sahen die Rückfallgeschichten des Volkes Israel aus. Zuerst ganz verankert im Glauben an den Gott, der sie aus Ägypten rettete und durch das Meer sicher ans Ufer brachte, wo sie ihn mit Myriams Lied lobten (Ex 15,20.21). Um danach, als ihre Pläne nicht gleich aufgingen, Hunger, Durst und Entbehrung sie plagten, von ihrer Glaubensgewissheit zurückzufallen in radikale Zweifel an ihrem Gott. In diesem Vakuum bauten sie sich sogar ein Götzenbild, das Goldene Kalb, um das sie tanzten. Erst als Mose vom Berg seiner Gebete und seiner Gotteserfahrung zurückkehrte, kehrten sie um zum Gott ihrer Rettung und Befreiung (Ex 32,1ff.).

Die Erinnerung an den Auszug aus Ägypten feiern die jüdischen Gläubigen jährlich am Passahfest. Wir hören die Geschichte in der Osternacht. Christus hat uns durch Tod und Auferstehung aus dem Tod erstarrter Gesetzlichkeit gerettet und uns in Taufe und Glaube in ein neues Verhältnis zu Gott gebracht, in eine Beziehung des Vertrauens und der Liebe.

Obwohl wir diese Befreiung an Ostern und in jeder Eucharistie feiern, geraten wir dennoch immer wieder in Gefahr, uns unter Berufung auf äußere Gesetzeserfüllung Gott gegenüber abzusichern. Dann wird es von neuem nötig, sich aus der Angst in ein noch tieferes Gott-Vertrauen einzulassen. Wie das Volk Israel in der Wüste erfahren auch wir: Gott allein rettet.

Brüche

Viele Menschen kamen auf ihrem Lebensweg in tiefe und existenzielle Krisen, in denen Lebensentwürfe scheiterten, Beziehungen, Ehen, Gelöbnisse zu Bruch gingen. Das konnte die verschiedensten Ursachen haben. In diesen Krisen wurden manche von tiefen Zweifeln an Gott überfallen, andere gerieten in eine Entfremdung von Gott (siehe »Entfremdungen«, Seite 202). Wieder andere blieben in einer »kindlichen« Vorwurfs- und Trotzhaltung stecken: »Warum straft mich Gott so«. Wieder andere konnten die Brüche und harten Lebensenttäuschungen nur in einem langen Prozess – vielleicht mit Hilfe einer Therapie – aufarbeiten.
Aber auch jene, die auf ihrem einmal eingeschlagenen Weg bleiben, ihren Entschlüssen, ihren Versprechen die Treue halten konnten, kamen nicht aus ohne tiefgreifende Wandlungen. Denn kein Mensch wird von Krisen verschont. Wenn auch immer anders, so trifft doch jeden, jede die Forderung nach existenzieller Bekehrung. Denn Treue und Glauben, wenn sie es denn sein sollen, müssen wachsen. Das heißt: Unsere Motivationen, unsere Überzeugungen, Einsichten, Erkenntnisse, aus denen heraus Ent-

schlüsse gefasst, Lebenswege beschritten wurden, mussten sich vertiefen, differenzieren, sich mehr und mehr in unserer Existenz verwurzeln. Das aber heißt Veränderung. Und zwar nicht abgespalten von Umbrüchen, Erschütterungen, Freude, Glück, Leid und Leiden, von Enttäuschungen und den jeweils neuen Anforderungen des Lebens, sondern mitten in diesen, durch sie. Auch die verschiedenen Lebenswenden, durch die wir hindurch mussten, konnten zum Beispiel Ungelebtes aus unserer Tiefenperson in schmerzhafter Unruhe in uns aufbrechen lassen. Darin lag die Forderung, Ungelebtes zuzulassen, sich ihm zu stellen, eine Einstellung zu erarbeiten, die dem jetzigen Lebensabschnitt entsprechen kann oder eine angemessene Verwirklichung des Geforderten anzustreben. Vielleicht sollte aus einem bisher gefühlsarmen Leben aufgebrochen, Begegnungen riskiert, Selbstverschlossenheit überwunden werden. Vielleicht wollte die Sehnsucht nach existenzieller Kommunikation Gestalt gewinnen, das heißt die Fähigkeit zu »mitgeteilter Innerlichkeit«, zu mitmenschlicher Nähe, Teilnahme und Wärme gelebt werden, in der man sich nicht verliert, sondern gewinnt.
In solchen Veränderungen geht es darum, »in Übereinstimmung mit dem Willen Gottes zu leben, der nicht unbedingt den Werten und Lebensstilen entspricht, die uns durch unsere Sozialisation vermittelt worden sind. Bei dem einen wird dieser Wandel im wesentlichen als eine heilende Erfahrung wahrgenommen, das heißt als Überwindung von persönlichen Situationen, die ein Leben ... blockiert haben, bei den andern als eine befreiende Erfahrung ..., die es einem ermöglicht, › sich auf die Beine zu stellen‹ , um gegen Abhängigkeiten, Strukturen und Beziehungen anzugehen, die das Leben in Bedrängnis gebracht

haben. Wieder andere erleben es als eine gewaltige Herausforderung, ein routinemäßiges, egoistisches Leben aufzugeben zugunsten eines zielgerichteten, für Gott und den Nächsten offenen Lebens« (Juan Sepúlveda »Wiedergeboren: Taufe und Geist aus pfingstkirchlicher Sicht« in: Concilium 3/96).

So wurden die innersten Lebensquellen, die in manchen Menschen lange verdeckt waren und nicht zum Fließen kamen, in harter und schmerzreicher Arbeit frei. Die »Wasser des Lebens, die in uns zu einer Quelle werden, die ins ewige Leben fließen«, hat Jesus einer Frau verheißen, die mit fünf Männern gebrochen hatte (Joh 4,1-42). Wir sehen daran, dass nicht nur etwas bricht, sondern gerade im Brechen etwas aufbricht, aufbrechen kann, was bis dahin der wahren Begegnung mit dem Gott unseres Lebens im Wege war.

Für manche Christen wurde in den letzten Jahrzehnten das Scheitern vieler Menschen in ihren Lebensentscheidungen zu einer Prüfung und zur Herausforderung ihres Glaubens. Menschen, die sich in ihren Entwicklungs- und Entscheidungsprozessen mit den angelernten Glaubens- und Gottesvorstellungen auseinandergesetzt haben, dabei ihre eigenen »Brüche« und Untreuen anzuschauen und wahrzunehmen wagten, konnten Verständnis aufbringen für jene, die einmal getroffene Lebensentscheidungen öffentlich revidierten. Sie konnten ihnen in der eigenen Suchbewegung nach einer ehrlichen und lebendigen Glaubensexistenz frei und geschwisterlich begegnen.

Andere, die an ihren angelernten Gottesbildern starr festhielten, diese mit den eigenen Lebensfragen und den Zeitereignissen nicht konfrontierten, verblieben meist in einer gewissen unlebendigen Buchstabentreue. Daher konnten sie Entscheidungen und Veränderungen, die Menschen aus konfliktreichen Lebenssituationen heraus vollzogen haben, nicht verstehen. Sie gerieten vielmehr in innere Nöte, die manche von ihnen durch harte Verurteilungen der in ihren Augen Untreu-Gewordenen kompensierten. Sahen sie doch das bisher als unumstößlich Gegoltene sogar durch manche ihrer religiösen Vorbilder und Bezugspersonen gebrochen und aufgelöst. Viele gerieten dadurch in tiefe Selbstzweifel, ob sie nicht unnötigerweise in ihren eigenen Schwierigkeiten durchgehalten hätten. Aber auch sie waren aufgefordert zu lernen, nämlich ihre Verurteilungen aufzugeben, ebenso das als exklusiv kirchlich Angesehene und Privilegierte in seiner auch ihm eigenen menschlichen Angefochtenheit zu akzeptieren. Tragen wir diesen »Schatz doch in irdenen Gefäßen«, wie Paulus schreibt (2 Kor 4,7). Nicht nur, dass wir alle voneinander lernen sollten, sondern: »Wer meint, er stehe, der sehe zu, dass er nicht falle« (1 Kor 10,12). Und Jesus sagt: »Richtet nicht, damit ihr nicht gerichtet werdet« (Mt 7,1).

Neue Identität

Ich habe Menschen kennengelernt, die durch innere Umbrüche und Erschütterungen, denen harte äußere Veränderungen folgten, erstmals zum Kern ihrer Person gefunden haben. Dabei fanden sie auch erstmalig eine existenzielle Beziehung zu Gott. Alles Uneigentliche zerbrach, als sie ganz auf sich selbst zurückgeworfen wurden. Alles bloß Angelernte, Formelhafte erwies sich als kraftlos, als nicht lebensfähig, nicht krisenfest. In solchen Krisen trat bei vielen ein anderes Lebenskonzept zu Tage, dem

sie glaubten, folgen zu müssen und auch nach langem Sich-Prüfen folgten.
Ich bin überzeugt, dass die in Gewissensnöten und inneren Kämpfen errungenen Entscheidungen, die Einzelne zu einem reiferen Menschsein und zu einem vertieften Glauben führten, auch den Gemeinden und der Kirche als ganzer förderlich waren und sind. Sind wir doch als Einzelne und als Kirche immer unterwegs zu einer neuen Identität. Die Läuterungsprozesse, die der Gewissensgehorsam mit sich bringt, helfen der ganzen Kirche zu einer neuen Lebendigkeit und Glaubwürdigkeit. Die mit so viel Schmerz und Lebenskraft bezahlten Erkenntnisse und der Mut, daraus lebenspraktische Konsequenzen zu ziehen, wie es manche Glieder der Kirche taten, kann für die Gemeinschaft der an Christus Glaubenden nicht umsonst sein. Denn auch sie erfahren in ihrem Gewissen, das nach Kardinal Newman »das schöpferische Prinzip der Religion« ist, den Heiligen Geist als ihren Lehrer und Begleiter (siehe »Der Anwalt unserer Identität«, Seite 87).
Die Brüche und die schwierigen, hart errungenen Neuanfänge gehören mit zum »Kreuz des Lebens«, das wir annehmen und auf uns nehmen müssen (vgl. Mt 10,38,39) nach den Worten dessen, der allein der barmherzige Herr der Kirche ist. Sie ist eine Kirche von Menschen, nicht von Engeln, eine Kirche der Sünder. Aber auch der Heiligen. Wer könnte ausmachen, wo die einen oder die anderen zu finden sind. Kirchliche Kriterien allein können dafür nicht genügen. Sagt doch Jesus zu den Hohepriestern und Ältesten des Volkes, »eher werden Zöllner und Dirnen in das Reich Gottes gelangen als ihr« (Mt 21,23.31). An Jesu Verhalten gegenüber Menschen, deren Leben nicht nur in manchem gescheitert, sondern sogar anrüchig war, können

wir sehen, dass das institutionell Korrekte allein Gott nicht wohlgefällt. Vor allem dort nicht, wo es Menschen unlebendig macht. Sich lediglich mit Gesetzestreue vor Gott rechtfertigen zu wollen, liebt Gott nicht. Mehr freut er sich über einen, der wirklich umkehrt (vgl. Lk 15,7).

Da die Kirche den Menschen in der Welt den Geist und die Gesinnung Jesu zu verkündigen hat, wird sie *sein* Gottesbild zeigen müssen, das mündigen und für ihre Menschenwürde heute sensibel gewordenen Menschen gerecht wird. Da viele Menschen in unserer komplizierten und menschenunfreundlichen Welt in ihren Lebensplänen, ihren Beziehungen oder sonstwie gescheitert sind, ist die Verpflichtung der Kirche hier besonders groß, den barmherzigen Gott nicht nur verbal vorzustellen, sondern seine Barmherzigkeit in ihrer pastoralen Praxis auch spürbar wahrzumachen. Sie wird sich heute als einen Ort erweisen müssen, an dem die Menschen wieder heil werden können, an dem ihre Wunden verbunden und nicht erneut verletzt werden. Inzwischen sind es Viele geworden, die sich an Gesetzlichkeit und harter Praxis der Kirche stoßen, sich ver-stoßen fühlen und sich ihr auch entfremdet haben.

Andere Erfahrungswege

Menschen, die in keiner christlichen Kirche aufgewachsen sind, mussten sich von überkommenen Gottesbildern nicht trennen. Aber in jedes Menschen Seele ist ein Gottesbild tief verankert. Es wird bewusst in Augenblicken, in denen das Unverfügbare des Lebens erlebt wird, in denen die Heiligkeit des Lebens in seinem Geheimnis aufscheint. Die Sehnsucht nach der Berührung mit diesem Geheimnis lebt in jedem Menschen. Jemand kann diese Sehnsucht wahrnehmen in der tiefen Ahnung, dass etwas ist, das über ihn und diese Welt hinausweist und doch auch in ihm selbst ist. Manche vernehmen sie in einem inneren Impuls zu einer äußersten Achtsamkeit auf sich selbst und einer inneren Aufforderung zu einer liebenden Aufmerksamkeit zu anderen Menschen; oder als Leidenschaft, für mehr Gerechtigkeit einzutreten; oder in dem leidenschaftlichen Suchen nach Erkenntnis, nach Wahrheit, Wahrhaftigkeit, Ehrlichkeit; oder als starke Anziehung, in das »innere Wesen einzukehren«; oder als unbestimmte Sehnsucht nach Berührtwerden von Unnennbarem, Großem. Solche Sehnsucht kann im Prozess des Älterwerdens, in dem wir manche äußere Aktivität lassen müssen, stärker werden als zu anderen Zeiten im Leben.

Im Kern seines Wesens ist jeder Mensch von Gott berührt. Jeder trägt den Funken des Göttlichen in sich. Das Verlangen, diesem nahe zu sein, führt manche Menschen in ein Konzert, wo sie sich dem Unsagbaren ungescheut öffnen können; oder sie gehen in eine Mönchskirche, dem gregorianischen Gesang lauschen und eine innere Läuterung zu suchen; andere werden still an ihrem Schreibtisch, in ihrer Küche, ihrem Lehnsessel, im Garten, auf einem Spaziergang oder in strenger Meditation. Manche suchen ein Gespräch mit Freunden über die existenziellen Fragen des Lebens, über seinen letzten Sinn. Überall können wir von Gott berührt werden.

Immer mehr sollten wir unserer persönlichen Erfahrung »Gott-in-mir« trauen. Von dieser Erfahrung werden wir

uns dann nicht nur nicht mehr trennen, sondern sie auf jegliche Weise suchen.
Jeder Mensch hat seine Zeit und seinen Weg der Gottsuche und der Gottbegegnung. Und Gott hat seinen Weg zu jedem Menschen.

Entfremdungen

Kann man sich von Gott entfremden, ihn verlieren? Man kann eine einmal eingeübte religiöse Praxis aufgeben, allem Religiösen gegenüber gleichgültig werden. Wir können Gott aus unserem Bewusstsein verdrängen und ihn so verlieren. Aber Gott wird den Menschen nie verlieren, wie wir später an den Bildern vom Hirten, der gerade das Verlorene sucht, sehen werden. Er wird uns nie verlassen oder aufgeben, wie er auch niemanden zwingen wird. Er schafft im Menschen jene Offenheit, durch die er durch seinen Heiligen Geist in unsere Seele eintreten kann, wenn der Mensch es will. »Gott ist da, wo man ihn einlässt«, sagt Martin Buber. Diese Grundtatsache kann vergessen werden. So weit, dass der Mensch sich seiner Grunddimension, in der er Gott-unmittelbar ist, nicht mehr bewusst ist.

Lebensumstände

Wenn ein junger Mensch sich ins Leben stürzen will, seinen Platz in der Gesellschaft suchen muss, wenn ein bereits Erwachsener vor oft schwierigen Lebensaufgaben steht, wenn das Leben von allen Seiten her seine Anforderungen stellt, kann – so erinnern wir uns vielleicht – das Religiöse in den Hintergrund geraten. Die Entscheidung für einen Ehepartner, eine Partnerin, die oft schwierigen Lernphasen in Ehe und Familie, das Streben nach Erfolg im Beruf, die notwendige Lebenssicherung für Gegenwart und Zukunft binden Zeit und Interesse. Hektik und Verplanung durch einen voll ausgebuchten Terminkalender, Fernsehen, Reisen, das Überall-dabei-sein-müssen-Wollen, drängen das Fragen nach Gott weg. Viele kommen nach dem Verlassen der Herkunftsfamilie in ein anderes soziales Milieu und verlieren schon dadurch die vielleicht vorhanden gewesene und tragende religiöse Tradition des früheren Umfeldes. Ehepartner, Nachbarschaft, Berufswelt können Glauben und Kirche gegenüber völlig desinteressiert sein. Man passt sich an. So kann es kommen, dass in einer langen Zeit des Lebens Entfremdung zu Gott das Leben prägt.

Zeitströmungen

Viele Trends des modernen Lebens begünstigen die Entfremdung des Menschen von Gott. Der alle Kräfte fordernde Existenzkampf, aber auch das Streben nach Lebensgenuss, nach Geld und Besitz über das Notwendige hinaus kann die Kraft wegnehmen für ein innerliches Leben. Der Wind des eiligen Lebens hat das früher übliche gemeinsame Beten in der Familie weggeblasen. Andere Beschäftigungen sind an seine Stelle getreten. Wir leben heute mehr oder weniger in einer Kältezone, was das öffentliche Klima für Glauben und religiöses Leben angeht.

Das fast nur kognitive Denken, das unser Computerzeitalter fordert und fördert, lässt die emotionalen Fähigkeiten in ihrer Entwicklung oft nicht mitkommen. Die Fähigkeit, zu fühlen und das intuitive Erkenntnisvermögen haben in einer Zeit, die von Rationalität geprägt ist, wenig Chancen, in ihrer Bedeutung für die ganzheitliche Entfaltung des Menschen entsprechend gewertet zu werden. Bedenkt man, dass Glauben – zwar auch eine Lehre mit einem System von Begriffen – vor allem aber *Erfahrung* ist, kommt das Erfahrungsmoment leider auch im Raum der Kirche meist zu kurz. Was aber nicht gefühlt, nicht erlebt wird, findet in uns keinen Boden, verwurzelt sich nicht in unserer Existenz. Wo mehr Wert gelegt wird auf Wissen und Lehre als auf Einübung und Erfahrung, entsteht ein »existenzielles Vakuum«.

Harte Schicksale und Zeitereignisse

Schicksalsschläge, Krankheit, Unglück, Scheidung, der Tod nächster Menschen, beruflicher Misserfolg, Wohnungsnot, Arbeitslosigkeit, Obdachlosigkeit, eigene Behinderung oder die eines Kindes können Menschen von Gott entfremden. Kann man an einen Gott glauben, »der einem solches antut«? Ganz zu schweigen von den schrecklichen Ereignissen in der Welt, die wir täglich zur Kenntnis nehmen müssen, seien es Kriege, Folterungen, Erdbeben, Flutkatastrophen. Dazu Hunger, Elend, Flucht, Seuchen. Wo soll da ein Gott sein, wenn er das alles nicht verhindern kann beziehungsweise nicht verhindert. Noch steckt uns das Entsetzen über Auschwitz und Hiroshima in der Seele. Wo bleibt da die Allmacht Gottes?

Wer kann schon eine befriedigende, eine gültige Antwort geben auf all diese Ereignisse und Fragen? Angesichts dessen, was uns die Geschehnisse in der heutigen Welt an Fragen aufdrängen, sind wir alle hilflos. Christen, die im Glauben an Jesus Christus eine persönliche Beziehung zu Gott fanden, können mit allen anderen Menschen ebenso nur schweigen vor dem Geheimnis Gott und vor dem Geheimnis der Freiheit des Menschen. Christen bleibt die Hoffnung, dass Gott den Sinn kennt, der uns verborgen ist. Das ist ein Trost des Glaubens.

Vermehrung des Wissens

Das neue Weltbild der Physik, der Astronomie und der Biologie hat das menschliche Bewusstsein und die Möglichkeiten der Technik verändert. Die erste Mondlandung, der erste Weltraumflug liegen noch nicht lange zurück. Wir gewöhnen uns bereits daran, dass der Mensch nun nicht mehr nur an diese Erde gebunden ist. Er erlebt und bewegt sich schon im Universum.

Das neue Wissen des Astrophysik um die Milliarden von Milchstraßen mit wieder Milliarden von Sonnensystemen erschreckt und fasziniert gleichermaßen. Angesichts dieser Entdeckungen im Makrokosmos sprechen Wissenschaftler von der »Superintelligenz des Universums«. Für viele stellt sich die Frage, ob hinter der immer noch fortschreitenden Evolution des Universums ein Plan, ein Verursacher steht, »der macht, dass sich die Dinge machen« (Teilhard de Chardin) oder ob sich alles zufällig ergibt.

Das Vordringen des Wissens im Mikrokosmos bringt ebenfalls Überraschungen, zum Beispiel die Erkenntnis über

die millionenfache Information, die in unseren Zellen angelegt ist. Wir verdanken der Biologie und der Medizin die Heilung bisher unheilbarer Krankheiten, das heißt, wir verdanken ihr auch die Verlängerung unseres Lebens. Aber die Aussicht, die menschlichen Gene manipulieren zu können mit der Vision, den maßgeschneiderten Menschen zu fabrizieren, erschreckt uns. Dieses Erschrecken weckt in manchen Menschen die besorgte Frage: Wenn Gott das zulässt, wenn er sich das alles aus der Hand nehmen lässt, wer ist er dann? Gibt es ihn vielleicht gar nicht? Oder haben wir ihn überhaupt noch nötig?
Die Schwindel erregende Machbarkeit kann das menschliche Bewusstsein einerseits zur Hybris verleiten, zu einer Art Selbstvergottung. Andererseits stellt das neue Wissen – das trotz allem Nicht-Wissen einschließt – den Menschen vor das Geheimnis einer unendlichen Weisheit. Sie offenbart sich in jedem neuen Forschungsergebnis und lässt sich dennoch nicht vollständig fassen. Die der Schöpfung innewohnenden Gesetzlichkeiten sowohl in ihrer sicheren Berechenbarkeit (Weltraumflug, Satelliten, Sonden) als auch in ihrer Unberechenbarkeit (Kernspaltung, Chaostheorie) bringt uns zum Staunen. In nicht wenigen Menschen lösen die neuen Erkenntnisse ein ehrfürchtiges Erschauern aus. Eine scheue Haltung der Anbetung ist davon nicht weit entfernt.
Je mehr wir Menschen wissen, was in den Makro- und Mikrokosmos, was in die Schöpfung hineingelegt ist durch den, der sie entworfen hat, der sie werden ließ und sie erhält, desto größer erscheint uns Gott. Aber seine Größe bringt uns nicht nur zum Staunen. Sie kann auch erschrekken. Ein Ingenieur drückte dies in einem Gespräch so aus: »Wenn ich daran denke, dass Gott die Welt mit diesen

Milliarden Sonnensystemen erschaffen hat, kommen mir Zweifel, ob er sich gleichzeitig um mich armen Erdenwurm kümmert.« Manchem Menschen erkältet dieser Zweifel das Herz und erschwert ihm oder nimmt ihm die Vertrautheit gegenüber Gott.
Das Johannesevangelium sagt, dass nichts von dem, was geschaffen, was geworden ist, ohne das Wort geworden ist (vgl. Joh 1,3).
Für den gläubigen Christen versöhnen sich die Gegensätze von Unendlichem und Endlichem, von unermesslicher Größe Gottes und unserem sterblichen Menschsein in Jesus Christus, dem menschgewordenen Wort Gottes. In ihm ist *alles*. Und *alles* ist in ihm *eins* (vgl. Eph 1,10).

Andere Religionen

Zur Vermehrung des Wissens gehört die offene Welt mit den »vielen Gesichtern des Göttlichen« (Titel Concilium 2/95), mit der steigenden Kenntnis über die Weltreligionen. Auf der Suche nach dem Göttlichen in sich selbst und in der Welt haben Menschen unter dem Einfluss östlicher Philosophien und Meditationspraktiken Gott gefunden als »allgemeines Bewusstsein«, als »Energie«, die in allem da ist und wirkt. Oder als ein »geistiges Prinzip«, das die Welt lenkt.
Auf ihre Weise suchen sie mitten in unserer aufgeklärten Gesellschaft mit großem Ernst nach Gott. Der Gott Jesu, der Gott der Bibel, meinen allerdings Viele, wäre als ein »persönlicher« Gott angesichts des fortgeschrittenen wissenschaftlichen Bewusstseins überholt. In konsequenter meditativer Übung suchen und finden Viele ihr mystisches

Erleben, ihre kosmische Versenkung. Auch soll erinnert werden an Christen, die in der Strenge der Zen-Meditation, wie sie sagen, erst in die Tiefe des Christusgeheimnisses gefunden haben (Lassalle, J. Kopp u.a.).
Das Gebet der leitenden Vertreter aller Religionsgemeinschaften in Assisi, zu dem Papst Johannes Paul II. vor einigen Jahren eingeladen hatte, konnte zeigen, dass die Kirche andere Religionen respektiert und deren Weg zu Gott als den für sie gültigen ansieht. Durch die Achtung der Menschen anderer Religionen sollten wir Christen mitwirken, die jahrhundertealte Verstrickung zwischen Religion und Gewalt, Glaubensbekenntnis und Feindschaft überwinden zu helfen.

Kirchliche Erschwernisse

Es gibt Vorgänge in der Kirche, frühere und heutige, die es Menschen schwer machen, in ihr ein Zeichen Gottes in dieser Welt zu sehen. Man kann von der Last der Geschichte sprechen, in der die Kirche die Menschenrechte schwer verletzt hat. Sei es, dass sie Menschen inquisitorisch ausgeschlossen, andere verfolgt, Religionskriege geführt, Ketzer und Hexen verbrannt und eine doppelbödige Moral praktiziert hat. Viele geschichtliche Ereignisse zeigen, wie weit sich die Kirche zu bestimmten Zeiten vom Evangelium entfernt hatte. Auch wenn sie sich immer wieder bekehrt und erneuert hat, bleiben diese Ereignisse eine geschichtliche Last, die zu Wachsamkeit und zu Verantwortung mahnen.
Heutige Erschwernisse sind allgemein bekannt. Es gab in mehreren Ländern sogenannte Kirchenvolksbegehren,

die darauf hinweisen, was nach der Meinung vieler Gläubigen heute dem Evangelium nicht entspricht. Unter anderem ist das die Ausgrenzung wiederverheirateter geschiedener Ehepaare von den Sakramenten, die Ausgrenzung der Frauen aus den Ämtern und den Entscheidungsgremien; es ist die Diskrepanz zwischen Lehre und Praxis in empfindlichen Bereichen wie zum Beispiel der Ausübung der Autorität in der Kirche. Statt die Menschen zu gewinnen, stößt sie diese durch Geringachtung ihrer Freiheit und Verantwortung zurück: »In einer demokratischen Welt kann die Kirche nicht der letzte Hort des Absolutismus sein, und zwar nicht zuletzt deswegen, weil die Welt demokratisch ist, sondern weil jede Form des Absolutismus dem Evangelium widerspricht« (Wolfgang Seibel SJ, in: »Bibel heute« 3/95, KBW, Stuttgart 1996). Gerade weil die Kirche auch in unserer Zeit nicht in allem dem Willen Christi entspricht, liegt es mit an uns Christen, die wir die Kirche sind, immer mehr aus dem Geist des Evangeliums unser Leben zu gestalten. Denn nach Paulus sind wir der »Brief Christi« (2 Kor 3,3) an jeden uns begegnenden Menschen.

Sollte jemand nach einer langen Zeit der Entfremdung oder Enttäuschung sich Gottesdiensten und kirchlichem Leben nicht mehr anschließen können oder wollen, bleibt Gott ihm dennoch nahe. Jesus zeigte uns einen Gott, der sich von allen Menschen finden lässt, die »ihn mit lauterem Herzen suchen«. So kann es sein, dass im Herzen eines Menschen schon immer, vielleicht von anderem verdeckt, die Sehnsucht lebte, den Gott des Lebens zu finden, sich seiner Nähe gewiss zu werden.

Das Ereignis des Konzils und heutige Theologie zeigen uns ein anderes Gottesbild

Für Menschen, die, wie ich, in der katholischen Kirche leben, war das Zweite Vatikanische Konzil das wichtigste kirchliche Ereignis in ihrer bisherigen Lebenszeit.
Seine Botschaften und die von diesem Konzil ausgehenden theologischen Denkrichtungen waren Hilfe und Herausforderung, von alten Gottesbildern und veralteten theologischen Denkmustern zu lassen. Die folgenden Bemerkungen dazu können in dieser Kürze – auch als Bemerkungen – nur unzulänglich sein. Vielleicht lassen sie uns im Rückblick dennoch entdecken, welche geistigen Strömungen zu befreienden Gottesbildern geführt haben.
Das Konzil erarbeitete ein neues Glaubens- und Kirchenverständnis, ein anderes Menschen- und Gottesbild: Es betonte die Würde des Menschen und machte die Fenster zur Welt auf. Vor allem öffnete es die Türen *in uns* zu der längst geahnten Freiheit des Gewissens, die sich bislang in vielen Menschen nur schüchtern und geführt von der Hand kirchlicher Autoritäten zu leben traute. Deswegen atmeten wir auf über Sätzen wie diesen: »Die wahre Freiheit ist ein erhabenes Kennzeichen des Bildes Gottes im Menschen. Die Würde des Menschen verlangt daher, dass er in bewusster und freier Wahl handle, das heißt personal, von innen bewegt und geführt und nicht von blindem Drang oder bloßem äußeren Zwang ...«. Und selbst das Gewissen, das irrt, verliert seine Würde nicht (Kirche in der Welt von heute, 17 und 16).

Solches Denken entlastete uns vom Gewicht der schweren Sünde, das auf uns schon beim Übertreten von kirchlichen Gesetzen lastete. Erinnert sei an das strenge Nüchternheits- und Freitagsgebot. Im Laufe der Zeit wurde der Index verbotener Bücher abgeschafft. Die Exkommunikation derer, die ihre Ehe ohne Dispens in einer anderen Konfession geschlossen hatten, wurde aufgehoben. Ebenso wurde sie für die Leichenverbrennung zurückgenommen.

Das Konzil leitete eine umfassende Veränderung ein im theologischen Denken, im pastoralen Handeln, in den Strukturen, in denen den Gläubigen wenigstens ein Mitspracherecht, allerdings nicht das Recht auf Mitentscheidung zugebilligt wurde. Unmittelbar wirkte sich in den Gemeinden die Erneuerung der Liturgie, vor allem die Einführung der Muttersprache in der Eucharistie und bei der Sakramentenspendung aus. Endlich konnte das Wort Gottes direkt gehört und unmittelbar erlebt werden, dass dieses Wort mich ganz persönlich angeht. Die personale Dimension des Glaubens rückte in den Mittelpunkt, das Formale und oft unverstanden Formelhafte sollte damit überwunden werden.

Gleichzeitig brach eine neue Offenheit auf gegenüber der modernen Welt mit ihren heutigen Erkenntnissen in Natur- und Humanwissenschaften, der allseitigen Vernetzung der Probleme, Fragen, Hoffnungen und Leiden der Menschen. Engagement und Dialog wurden gefordert. Der Dialog mit den anderen christlichen Kirchen und Gemeinschaften, aber auch mit den außerchristlichen Religionen sollte die zum Teil tiefen Gräben überwinden, zu Verständnis und Annäherung führen.

Es war nach einer langen Zeit der Erstarrung sehr viel, was neu gedacht, aufgearbeitet und eingeübt werden sollte. Es gab Menschen, die sich davon überfordert sahen. Sie wollten an ihrem »alten, richtigen« Glauben und Gottesbild festhalten. In manchen blieb das Bewusstsein zurück, dass, was sie bisher gelebt und woran sie sich gehalten hatten, keinen Wert mehr hat. In Vielen machte sich Resignation breit.
Heutiges theologisches Denken lässt uns andere Aspekte im Gottesbild erkennen, die eine befreiende Wirkung haben. Hier können nur einige erwähnt werden:

Das Gottesbild der Weltverantwortung und des Engagements

Das Gottesbild eines weltbezogenen Engagements ist mit einer bloß ichbezogenen Frömmigkeit nicht in Einklang zu bringen. Wir sind nicht nur uns selbst, uns ist die Welt aufgetragen. Im geschichtlichen Prozess unserer Zeit sind wir die Samenkörner, die Gott ausstreut, dass alle Menschen »Brot des Lebens« bekommen, und zwar in seiner doppelten Bedeutung.
Das Konzil sagt: »Der tiefe und rasche Wandel der Verhältnisse stellt mit besonderer Dringlichkeit die Forderung, dass niemand durch mangelnde Beachtung der Entwicklung oder durch müde Trägheit einer rein individualistischen Ethik verhaftet bleibe. Die Pflicht der Gerechtigkeit und Liebe wird gerade dadurch erfüllt, dass jeder gemäß seinen eigenen Fähigkeiten und den Bedürfnissen der Mitmenschen zum Gemeinwohl beiträgt ... Allen sei es ein heiliges Gesetz, die Forderungen aus der

gesellschaftlichen Verflochtenheit unter die Hauptpflichten des heutigen Menschen zu rechnen« (Kirche in der Welt, Nr. 30, 31).
Das theologische Nachdenken über die geschichtlichen Erfahrungen von Ungerechtigkeit, Unterdrückung, Gewalt, Armut und Ausbeutung sowie andere Menschenrechtsverletzungen machten uns den eigenen Schuldanteil an der Unrechtsgeschichte der Menschheit bewusst. Deutlicher als früher erkennen wir unsere Versäumnisse, unsere Selbstbezogenheit, unsere Feigheit und bequeme Anpassung an bestehende Machtverhältnisse. Wir sehen, dass es »sündige Strukturen« selbst in unseren Kirchen gibt. Jeder Einzelne ist heute gefragt nach seinem Lebensstil, nach seiner Bereitschaft zu teilen, nach seinem uneigennützigen Engagement für den unmittelbar Nächsten, aber auch nach seiner ihm möglichen Mitarbeit in Gesellschaft und Kirche.
Auch als Ältergewordene können wir uns nicht distanzieren von der biblischen Aufforderung, »Witwen, Waisen und den Fremden im Land« (vgl. Ex 22,21; 23,9) unsere Freundlichkeit, Güte, Respekt und praktische Hilfe zu geben. Unser Glaube braucht eine Praxis. Bloße Innerlichkeit ohne Praxis bleibt dürr. Praxis im Sinne der Bibel ist: Dem Unrecht widersprechen, es überwinden, Armut lindern, Strukturen stützen, in denen Gerechtigkeit und Liebe zu Hause sind; das ist christliches und zugleich politisches Handeln. Im Psalm 10 betet der Mensch zu seinem Gott: »... Du schaust auf Unheil und Kummer. Der Schwache vertraut sich dir an. Du bist den Verwaisten ein Helfer ... Du schaffst den Bedrückten ihr Recht« (Ps 10,14.18). Durch wen aber handelt Gott so an ihnen, wenn nicht durch uns?

Wenn wir uns eines Tages nicht mehr werden tätig engagieren können, können wir es aber immer noch betend tun. Die Welt betend vor Gott bringen, das kann man auch noch mit Altersbeschwerden. Beten ist ein wichtiges Werk. Frauen und Männer in bestimmten Orden widmen ihre ganze Lebenszeit dem Gebet für die Menschheit und für die Welt. Auch in ihrem Leben wird die *politische Dimension unseres Glaubens* sichtbar und wirksam.

Der Gott der Armen, der Ausgegrenzten und Unterdrückten

Eine der neuen theologischen Denkrichtungen ist die *Befreiungstheologie*. Entstanden ist sie in den Basisgemeinden Südamerikas. Sie geht aus von der Armut, dem Elend und dem Hunger des Volkes und fragt nach der Verursachung dieser Zustände. Sie arbeitet daran, wenn auch nur mit den Mitteln der Armen, die immer noch »keine Stimme« haben, die Härten der Armut zu lindern mit dem Ziel, sie durch gemeinschaftliches Engagement zu überwinden. Die Befreiungstheologie zeigt Gott in seiner besonderen Liebe zu den Armen, zu den aus der Gesellschaft Ausgegrenzten, den Unterdrückten, den Gebeugten. Durch die Befreiungstheologie sehen wir jenes Gottesbild der hebräischen Bibel neu, nach dem Gott eine leidenschaftliche Option vertritt für die Armen, die Witwen, die Waisen, für die Fremden im Land (Ex 3,7; Dtn 26,7; 2 Sam 14,16; Ps 10,14; Ps 107,41 u.v.a.). Diese Theologie verpflichtet alle auf die Sorge für das Recht aller Menschen auf ein menschenwürdiges Leben.

Dieses fast vergessene Gottesbild wird uns heute neu ins Gewissen gebracht. Es macht »uns offen für die Wahrnehmung des andern« (Yves Congar) in der Nähe, in der Ferne. Wenn sich dieses Gottesbild in unserem Glauben und Handeln zeigt, schenkt es uns die konkrete Erfahrung, dass Gott sich durch uns in seiner Sorge um den Menschen in die Geschichte einbringt. Hier, durch uns, soll doch sein Wille geschehen.
»Ich glaube, dass Gott Mensch ist unter Menschen: Ein Obdachloser, der an die Tür klopft, ein Flüchtling, der nichts hat als das Hemd auf dem Leib, ein Fremder, der nichts besitzt, worauf er seinen Kopf legen könnte ... Und ich glaube, dass ich zur Tat ermächtigt bin, zur Gemeinschaft mit allen Benachteiligten berufen ...« (Anton Rotzetter).
Ist es nicht sein Wille, dass wir ihn bei jedem Menschen, der uns begegnet, menschen-würdig, ja, gottes-würdig vertreten? Auf diesen Willen Gottes, der uns schon im Alten Testament begegnet, hat Jesus uns erneut verpflichtet, als er sagte: »Was ihr einem der Geringsten getan habt, das habt ihr mir getan. Was ihr ihm nicht tut, habt ihr mir nicht getan« (Mt 25,40,45). Alle Menschen sollen Gottes Heil schauen. Wir sollen es für sie spiegeln durch unser Leben.
In diesem Gottesbild, das heute im Bewusstsein vieler Christen ist, atmet der Heilige Geist, der Geist Jesu als Liebe Gottes zu den Menschen, zur Welt, zur Schöpfung.

Was sagt mir dieses Gottesbild für mein eigenes Leben? Wie beeinflusst es meinen Blick auf andere Menschen, auf politische Verhältnisse, gesellschaftliche Fragen: Asylanten, Flüchtlinge, Arbeitslose.
Welche Einstellung muss ich zu diesen Fragen gewinnen, wenn ich diesem Gott der Armen entsprechen soll?

Der Gott aller Menschen

Durch das Konzil und in der Zeit danach ist die Bibel nicht nur in den Mittelpunkt des theologischen Denkens gerückt *(biblische Theologie)*, sondern auch ins Zentrum der Liturgie und der Frömmigkeit. Sie hat einen wesentlichen Anteil daran, dass ängstigende Gottesbilder aufgearbeitet werden konnten und der Gott Jesu in unser Blickfeld kam. Hier können nur wenige Aspekte angesprochen werden, die altes Denken über Gott ablösen helfen.

Die Bibel weist Gott aus als den Gott aller Menschen, »der seine Sonne aufgehen lässt über Gerechte und Ungerechte« (Mt 5,45). Statt überheblich, wie frühere Gottesbilder, macht dieses Gottesbild demütig. Zeigt es doch, dass Gott sich nicht vereinnahmen lässt als Gott der Katholiken oder Protestanten, ja nicht einmal als »Christengott«. Denn er ist als der Gott Jesu, der für alle Menschen gestorben und auferstanden ist, der Gott der Menschen aller Zeiten und Zungen.

Der Gott einer neuen Gerechtigkeit

Das Gleichnis von den Arbeitern im Weinberg (Mt 20,1-16), in dem die Zuletztgekommenen, die nur eine Stunde gearbeitet haben, aber den gleichen Lohn erhalten, lässt aufhorchen. Gottes Gerechtigkeit zeigt sich hier als eine alle Vorstellungen von Gerechtigkeit sprengende Güte und Menschenfreundlichkeit. Dieses Gottesbild weist ebenfalls auf den »universalen Heilswillen« Gottes hin, der keinen Menschen ausschließt und jedem, auch wenn er in *letzter* Stunde kommt, die *ganze* Verheißung zukommen

lässt. Die Antwort, die der Weingutbesitzer den Leuten gab, als sie sich über sein Tun wunderten, gilt auch uns! Er sagt: »Warum ist dein Auge neidisch, weil ich gut bin?« Vom angelernten Gott aus gedacht, gab es ganz andere Vorstellungen über Gottes Gerechtigkeit. Ihnen lag das System von Lohn und Strafe zugrunde nach unseren Maßstäben. Aber Jesus lehrt uns: »Urteilt nicht, richtet nicht« (Mt 7,1), und dass das ganze Gericht ihm überlassen sei (vgl. Joh 5,22).
Viele ältere Menschen haben sich bereits dem bibeltheologischen Denken und einer biblischen Frömmigkeit angeschlossen. Viele nehmen teil an Bibelgesprächen in den Gemeinden. Sie machen die Erfahrung, dass sie dadurch von einer oft nur äußerlich oder institutionell geprägten Frömmigkeit weggekommen sind. Der Jesus der Evangelien holt die Menschen in eine befreiende, persönliche Beziehung zu ihm und schafft erfahrbare Beziehungen unter den Menschen als Gemeinschaft der Glaubenden. Deshalb werden wir das neue Denken über Gott nicht nur zulassen, sondern dafür dankbar sein. Denn »Gott ist größer als unser Herz« (1 Joh 3,20). Er ist auch größer als alles bisherige Denken über ihn, als alle Bilder von ihm. Der Heilige Geist führt auch heute und in Zukunft die Kirche in die je tiefere und größere Wahrheit ein (Joh 16,12.13), die keine Zeit schon voll und ganz gefunden hat oder je wird finden können. Gott bleibt Gott. Und unser Denken und Sprechen versagen vor ihm, dem unaussprechlichen Geheimnis.

Der Gott der Menschenwürde aller

Ähnlich wie die Befreiungstheologie bei den Armen, so setzt die *feministische Theologie* an bei den Leidenserfahrungen der Frauen, die ihnen aufgrund ihres Geschlechtes im Lauf der Geschichte in Gesellschaft und Kirche angetan wurden. Es geht ihr um die Überwindung von Ungerechtigkeit, von Unterdrückung und Gewalt (Vergewaltigung, sexuelle Verletzung) speziell gegen Frauen, gegen jede Art von Diskriminierung, weil es dem Plan Gottes widerspricht (vgl. Kirche in der Welt, 29).
Deswegen versucht sie eine gläubige Antwort zu geben auf die weltweit gewordene Frage der Frauen nach ihrer Identität: Wer bin ich als Mensch, als Frau, als Christin? Wer bin ich in meiner Beziehung zu meinem Ehemann, meiner Familie, in der Gesellschaft? Wer bin ich vor Gott? Unter dem Eindruck des Bewusstseinswandels der Frauen sagte Papst Johannes XXIII., es sei ein Zeichen der Zeit, durch das Gottes Geist in der Geschichte wirke und eine gläubige Antwort fordere, dass immer mehr Frauen sich ihrer Menschenwürde bewusst werden (»Pacem in terris«, 1993).
Das Bewusstwerden der eigenen Würde als Frau und als Christin, in dem viele frühe Ahnungen zur Gewissheit kamen, war auch für mich einer der wichtigsten Schritte zu meiner Identitätsfindung. Mit anderen Frauen lernte auch ich den Zorn kennen, der sich gegen die Minderbewertung der Frauen durch Männer, auch kirchliche, gegen unbegründbare Vorbehalte und unwürdige Verdächtigungen richtete. Durch die Frauenbewegung und die feministische Theologie wurden diese plötzlich öffentlich bewusst. Die Einsicht in das ihnen widerfahrene Unrecht und der Zorn darüber schwoll zu einem gemeinsamen

Bewusstsein an. Denn die Geschichte der Frauen ist gekennzeichnet von Verletzungen durch patriarchale Herrschaft in Gesellschaft und Kirche. In der Aufarbeitung ihrer Geschichte, die immer noch im Gange ist, solidarisieren sich Frauen und erleben eine überraschende ökumenische Schwesterlichkeit.

Ich will kurz auf einige Inhalte hinweisen, die durch die feministische Theologie bewusst gemacht wurden.
Zuerst ist die Korrektur am Gottesbild zu nennen, das bislang einseitig, fast ausschließlich männliche Züge zeigte, wie wir bei den Überlegungen zum angelernten Gott bereits gesehen haben. Theologinnen machten aufmerksam auf die vergessenen, ausgegrenzten mütterlichen Aspekte im Gottesbild. Ferner wurde zur Kenntnis gebracht, dass die bis dahin nur von Männern betriebene Theologie nicht die ganze Theologie sein kann, so lange weibliches Denken und die Erfahrungen der Frauen darin unberücksichtigt bleiben.
Ein drittes Anliegen ist die männliche Sprachform, die es fertig brachte, Frauen in der Geschichte allgemein und auch in der Kirche unsichtbar zu machen. Schon ist man daran, eine Sprache zu finden, die Frauen ein- und Männer nicht ausschließt. Die Geschwisterlichkeit ist ein wichtiger Punkt.
Nicht zuletzt legt die feministische Theologie unter diesen Aspekten die Bibel neu aus. Sie zeigt, dass im Verhalten Jesu den Frauen gegenüber seine Kritik deutlich wird am Verhalten der Männer seiner Zeit mit dem Ziel, deren Denk- und Verhaltensmuster zu verändern. Diese Erkenntnisse führten dazu, dass Texte nicht weiter dazu benützt werden, »Frauen an ihrem Platz zu halten« (Hal-

kes), das heißt mit Hilfe der Bibel alte Rollen festzuschreiben. Außerdem wurde bewusst gemacht, dass Jesus seine zentralen Botschaften zuerst den Frauen offenbarte. Der Samariterin zeigte er sich als der erwartete Messias (Joh 4,26); Marta am Grab ihres Bruders als »die Auferstehung und das Leben« (Joh 11,24); Maria von Magdala erschien er als *erster* nach der Auferstehung und gab ihr den *ersten* Verkündigungsauftrag: »Geh, sag den Brüdern, dass ich auferstanden bin« (Joh 20,17).

Schon diese spärlichen Hinweise können die Grundforderungen der Frauen an ihre Kirche verständlich machen, ihre Lehre von »der *gleichen Würde* aller Getauften« kompromisslos in die Praxis umzusetzen. Für viele heißt das auch, den Frauen den Zugang zu den Ämtern zu ermöglichen.

Als Frauen sollten wir darangehen, groß über uns selbst zu denken. Sagte doch eine von uns: »Großes hat an mir getan der Mächtige«. Wie Maria in ihrem Magnifikat können wir uns *unserer Würde vor Gott täglich bewusst werden*, uns innerlich aufrichten und uns gegen jede Verletzung zur Wehr setzen, ob diese uns selbst oder andere trifft.

Männer können sich fragen, wie sie mit der Bewusstseinsveränderung der Frauen und ihrer veränderten Stellung in der Gesellschaft und auch ihren Forderungen an die Kirchenleitung umgehen wollen. Wir alle können uns fragen, welche Gefühle wir haben, wenn eine Frau predigt oder unsere Angehörigen beerdigt.

Als Christen können wir unserer Zeit voraus sein. Denn aus der Zukunft kommt Gott in seinem Heiligen Geist mit seinen Inspirationen auf uns zu. Wir brauchen nicht zurückzubleiben hinter den Anforderungen der Zeit. Die Gestaltung der Geschichte bleibt uns aufgetragen. Schon wenn wir versuchen, unser Denken zu verändern, an unseren Einstellungen zu arbeiten, ist das eine wichtige Mitarbeit an einer besseren und gerechteren Welt. Einfach zu sagen, wie es immer noch manche tun: »Früher war das nicht so«, ist kein Argument. Manchmal versteckt sich dahinter die Angst vor der Anstrengung, sich Neuem zu stellen, sich selbst verändern zu müssen.

Der Gott einer neuen Innerlichkeit

Im theologischen Denken und in der pastoralen Praxis, das heißt in vielen Gruppen, Kursen, Einkehrtagen wird ein Aspekt im Gottesbild betont, den wir als »neue Innerlichkeit« bezeichnen können. In ihr leben die Menschen eine personale Beziehung zu Gott. In einem Lebensklima, das den Menschen fast ausschließlich nach außen orientiert, ihm die materiellen Werte vor allen anderen erstrebenswert erscheinen lässt, ist eine *Sehnsucht nach Mystik*, nach Gotteserfahrung erwacht. Die Verheißungen Jesu, wie sie uns das Johannesevangelium aufbewahrt hat, sind unter anderem dabei Orientierung: »Wer mich liebt, wird mein Wort festhalten; mein Vater wird ihn lieben, und wir werden zu ihm kommen und *bei ihm wohnen*« (Joh 14,23). Auch das Bild vom Weinstock, an dem wir die Reben sind (Joh 15,1-8), zeigt die innige Verbindung der Menschen mit Jesus Christus, ein Bild der Innigkeit, der mystischen Einheit mit Gott durch Jesus Christus. Paulus spricht vom Leib Christi, an dem wir als Glieder mit Christus als dem Haupt in einem einzigen Lebensstrom verbunden sind. Ferner mahnt uns Paulus: »Wisst ihr nicht, dass der Geist Gottes in euch wohnt?« (1 Kor 3,16).

Diese und viele andere Bilder und Hinweise zeigen uns den Weg zu einer persönlichen Beziehung zu Gott. Wenn wir uns in Gebet und Meditation darauf einlassen, können wir die Erfahrung »Gott in mir« mit Menschen teilen, die wir Mystiker nennen. An ihnen lernen wir, dass zum Erleben von Nähe und von Licht auch die »dunkle Nacht«, die »dunkle Schlucht«, der Schmerz der Ferne gehört. Und noch ein anderes Moment entdecken wir an ihnen. Wer im Herzen von Gott entzündet ist, den treibt es in die Welt. Den treibt es zum Handeln. Denn »Gott liebt die Erde«, sagt Teresa von Avila. Ohne Engagement für die Erde und die Menschen stirbt jede Innerlichkeit.

Der Vater-Mutter-Gott

Es ist »nötig, die *Vielfalt der Gottesbilder* zu betonen. Nicht die Uniformität, sondern die Vielfalt der Symbole und Gottesbezeichnungen ist geeignet, Gott angemessen zu beschreiben, da anders als in Bildern doch nicht von ihm gesprochen werden kann. Es ist somit genauso legitim, Gott als Mutter wie auch als Vater anzureden ... Erst wenn man sowohl vom › mütterlichen Vater‹ (Jürgen Moltmann) als auch von der › väterlichen Mutter‹ sprechen kann, wird die Gefahr gebannt, das Männliche doch wieder als das Grundlegende anzunehmen, in das das Weibliche › integriert‹ wird. Damit würde erneut ein männlicher Überlegenheitsanspruch festgeschrieben, durch die Rede von › Gott als Mutter nur leicht relativiert‹ « (Helen Schüngel-Straumann »Das weibliche Antlitz Gottes«, in: Concilium 2/95). Im gleichen Aufsatz sagt die hier zitierte Autorin, dass die mütterlichen Gottesbilder Ausdruck von Erfahrung und Reife bestimmter Propheten wären, denn auch sie seien Kinder ihrer Zeit, die lernten und Reifungsprozesse durchmachten. Sie macht auf Folgendes aufmerksam:

»Es ist auffallend, dass das Alte Testament äußerst sparsam mit dem Vaterbegriff umgeht. Wenn man bedenkt, dass die alttestamentlichen Schriften in einem Zeitraum von rund tausend Jahren entstanden sind, muss es erstaunen, dass *höchstens an einem Dutzend Stellen* von Gott als ›Vater‹ gesprochen wird. Dabei ist zu beachten, ... dass der Aspekt der Verantwortlichkeit und Fürsorge betont wird. Für eine patriarchale Gesellschaft ist es erstaunlich, dass hier nicht stärker auf die väterliche Autorität gepocht wird. Gerade der Aspekt der *Fürsorge* wird nämlich auch in mütterliche Bilder und Begriffe gefasst ... wie dies besonders bei Deutero- und Trito-Jesaja, aber auch bei Hosea der Fall ist (Jes 49,15;66,13; Hos 11).«

Der Prophet Hosea beschreibt Gott als eine Mutter, die ihren Sohn (das Volk Israel) aus Ägypten rief, ihn liebgewann; mit »Ketten der Liebe zog ich sie an mich. Ich war zu ihnen wie Eltern, die den Säugling an ihre Wangen heben. Ich neigte mich ihm zu und gab ihm zu essen« (Hos 11,1.2.4). Ein Säugling aber wird gestillt. Und das kann nur eine Mutter.

Auch der Prophet Jesaja kennt ein Bild von Gott als Mutter: »Wie eine Mutter ihr Kind tröstet, so tröste ich euch« (Jes 66,13). Und: »Kann eine Frau ihr Kind vergessen, eine Mutter ihren leiblichen Sohn? Und selbst, wenn sie ihr Kind vergessen würde: Ich vergesse dich nicht« (Jes 49,15).

Der Gott der Fürsorge für alle Menschen

In einem Text des Propheten Ezechiel (Ez 34,11-16) wird das fürsorgliche Handeln Gottes im *Bild des Hirten* geschildert. Diese Stelle ist so tröstlich, dass ich sie im Wortlaut bringen möchte:
»Ich suche meine Schafe, ich selbst kümmere mich um sie. Wie ein Hirt sich um die Tiere seiner Herde kümmert, die sich verirrt haben, so kümmere ich mich um meine Schafe und hole sie zurück von all den Orten, wohin sie sich am dunklen, düsteren Tag zerstreut haben. Ich führe sie aus den Völkern heraus, ich sammle sie in den Ländern und bringe sie in ihr Land. Ich weide sie auf den Bergen Israels, in den Tälern und an allen bewohnten Orten des Landes. Auf gute Weide will ich sie führen, im Bergland Israels werden ihre Weideplätze sein. Dort sollen sie auf guten Wiesen lagern, auf den Bergen Israels sollen sie fette Weide finden. Ich werde meine Schafe auf die Weide führen, ich werde sie ruhen lassen – Wort Gottes, des Herrn. Die verirrten Tiere will ich suchen, die vertriebenen zurückbringen, die verletzten verbinden, die schwachen kräftigen, die fetten und starken behüten. Ich will ihr Hirt sein und für sie sorgen, wie es recht ist.«
Schauen wir uns diesen Text genauer an, können wir feststellen, dass es, wie Schüngel-Straumann bei Hosea sieht, »es immer um › zu essen geben‹ geht.« Da es einer Mutter um das ganzheitliche menschliche Wohl des Kindes geht, geht es dem Hirten vor allem um gute Weideplätze, viermal finden wir das Wort Weide. Einmal in den Bergen Israels, dann in den Tälern und an allen bewohnten Orten des Landes weidet er sie. Ich *kümmere* mich selbst um sie, heißt es viermal, ich *suche* sie, zweimal, ich *führe*

sie, dreimal. Und er *holt* die verirrten Tiere *zurück* von *allen* Orten, wohin sie sich am *dunklen* und *düsteren* Tag zerstreut haben. Auch wird er sie *lagern* und *ruhen* lassen, er wird sie *sammeln* und in *ihr* Land *bringen.* Am Schluss des Textes nochmals die Versicherung: wie der Hirt an seinen Schafen, so handelt Gott an uns: Die Verirrten wird er suchen, die Vertriebenen zurückbringen, die Verletzten verbinden, die Schwachen kräftigen, die Fetten, Starken behüten.
Können wir uns in diesen Bildern mit unserer Lebensgeschichte wiederfinden? Ob wir verirrt, schwach oder verletzt sind, er wird sich um uns kümmern! Gewiss, er wird in seiner Weise mit uns und bei uns sein. Wir brauchen ein waches Herz, um ihn glaubend wahrnehmen zu können.

Jesus überwindet das Bild eines strafenden und rächenden Gottes endgültig

Jesus, Ab-Bild Gottes

Jesus bestätigt durch sich selbst die Bilder von Gott als dem mütterlich-väterlich sorgenden Hirten aus dem Alten Testament. Da er »Abglanz seiner Herrlichkeit und *Abbild* seines Wesens« ist (Hebr 1,3), sagt er von sich: *»Ich bin der gute Hirt.* Der gute Hirt *gibt sein Leben* für die Schafe ... ich kenne die Meinen und die Meinen kennen mich« (Joh 10,11.14).

Jesus hat das Bild Gottes als des Hirten wahr gemacht. Er kündigt an, was er als seine Sendung sieht und als Zeichen seines mit ihm angebrochenen Gottesreiches tut: »Die Blinden werden sehend, die Lahmen werden gehen, die Stummen reden, die Aussätzigen rein werden. Und Tote werden auferstehen« (Mt 11,5). Weil er so handelte, wie der Hirte bei Ezechiel, weil er die Verirrten suchte, Verletzte verband ... fanden seine Gegner einen Grund, ihn zu töten. Der Hirte gab sein Leben für seine Schafe. Denn:
Jesus trieb das Bild vom Hirten für seine Gegner auf die Spitze mit dem Gleichnis, in dem der Hirte die neunundneunzig Schafe im Pferch zurücklässt, um das verlorene, einzige zu suchen. Und als er es gefunden hatte, trug er es voll Freude auf seinen Schultern heim. Das Gleichnis endet mit dem Hinweis, dass im Himmel mehr Freude sei über die Heimkehr eines Einzigen, der sich verirrt und verloren hatte, als über neunundneunzig Gerechte (Lk 15,7).

Der alles verzeihende Gott Jesu

Jesus hat das Gottesbild der Schriftgelehrten in seinen Grundzügen radikal in Frage gestellt. Sie kannten einen strengen und strafenden Gott, einen Rächer und Richter, einen Gott vieler Gesetze, Vorschriften und Gebote. Wohin kommt man schließlich, wenn das Volk sich nicht mehr daran halten muss? Wenn es, wie Jesus zeigte, einen unmittelbaren Zugang zu Gott, zum »Allerheiligsten« für alle geben soll? Wenn Jesus einen Gott verkündet, der keinen verloren gehen lässt, einen Gott, der auch den »Gesetzlosen« segnet und rettet, also auch jenen, der nicht zweimal fastet in der Woche, nicht den Zehnten gibt (oder geben kann) von allem, was er besitzt (Lk 18,12). Dieser Jesus! Mit so einem Gott wiegelt er das Volk auf. Er wird eine Gefahr für Recht und Ordnung. Dieser Jesus machte Angst. Die Gesetzeshüter fühlten sich mit ihrem Gott entthront. Da ist es doch viel besser, wenn einer (der Hirt) für das Volk (die Herde) stirbt, als dass *alle* zu Grunde *gehen* (vgl. Joh 11,50).

Jesus hatte einen radikalen Ansatz in seinem Gottesbild, der zwar, wie wir gesehen haben, schon im Alten Testament vorhanden war. Aber in einer patriarchalen Gesellschaft konnte der mütterlich-väterliche Gott nicht genügend zur Wirkung kommen.

In der Geschichte vom »Barmherzigen Vater« (Lk 15,11-32) zeigt Jesus einen schlechthin gütigen, einen sich erbarmenden, einen alles verzeihenden Gott. Er zeigt einen Gott, der die Freiheit des Menschen respektiert, ihm selbst seine Fehlentscheidungen nicht übel nimmt. Ein Gott, so gütig, dass sein Auge auch dann noch liebend auf einen Sohn, eine Tochter schaut, wenn sie es bis zu den »Schweinekübeln getrieben haben«. Seine Liebe machte die Umkehr der Verirrten möglich. Seine Freude über die Heimkehr lässt nicht einen Funken Vorwurf zu. Von Strafe keine Spur. Nein, ein Fest musste gefeiert werden. Denn der, der als verloren galt, ist wieder gefunden worden. Er hat *sich* wieder gefunden: Er wurde sich seiner Würde bewusst, als er ferne war, der Unverletzlichkeit seines innersten Kerns. Diesen ehrt der Vater im Ring, den er ihm an den Finger steckt. Er kleidet ihn kostbar. Er lässt das beste Kalb schlachten. Ein Mahl wird bereitet.

Ein solches Gottesbild ist eine gründliche Korrektur am Gottesbild seiner Zeit. Jesus überwindet das Bild eines strafenden und rächenden Gottes endgültig. Die Men-

schen, denen er diese Geschichte erzählte, erlebten an ihm selbst diese barmherzige Güte Gottes. Er selbst wandte sich an die Ausgegrenzten, Gescheiterten, die Sünder, die in ihrem sozialen Ansehen Geschädigten, in ihrem Selbstwertgefühl Gebrochenen.
Die Zärtlichkeit Gottes, die uns in diesen Bildern entgegenkommt, sucht eine Erwiderung in unseren Herzen, in unserem Leben. Jesus selbst gibt uns dafür die Sprache, die Formulierung. Auf die Frage seiner Freunde, wie sie denn beten sollten, lehrt er sie sagen: Vater, Abba, Väterchen (Mt 6,9). Mit dem Vertrauen, in der Vertraulichkeit eines Kindes, dürfen wir kommen.
Jesus hat in und durch sein *Leben*, durch sein Sterben, durch seinen Tod gezeigt: Die erzählten Texte über den mütterlich-väterlichen Gott im Alten und Neuen Testament sind nicht einfach schöne Worte, erbaulich, fromm. Sie *sind* Wort Gottes. Sie sind wahr: Gott handelt so an *den* Menschen.

Er sandte uns den Heiligen Geist

In seinen Abschiedsreden lässt das Johannesevangelium Jesus sagen: »Ich werde euch nicht als Waisen zurücklassen ... Der Beistand, der Heilige Geist, den der Vater in meinem Namen senden wird, er wird euch alles lehren und euch an alles erinnern, was ich euch gesagt habe« (Joh 14,18.26). Durch den Heiligen Geist wohnt und wirkt Gott in unserem Herzen (1 Kor 3,16) und durch uns in der Welt (Joh 16,7), wenn wir ihn in uns und durch uns wirken lassen (siehe »Der Anwalt unserer Identität, Seite 87).

Gottesbilder der Erfahrung

Der »Rücken Gottes«

In einem Gespräch mit Gott äußerte Mose einen großen Wunsch. Nach allem, was er und sein Volk bislang als Gottesgeschichte erfahren hatten, sagte er: »Lass mich doch deine Herrlichkeit sehen! Der Herr gab zur Antwort: Ich will meine ganze Schönheit an dir vorüberziehen lassen ... mein Angesicht kannst du nicht sehen. Denn kein Mensch kann mich sehen und am Leben bleiben ... Wenn meine Herrlichkeit vorüberzieht, stelle ich dich in den Felsspalt und halte meine Hand über dich, bis ich vorüber bin. Dann ziehe ich meine Hand zurück und du kannst meinen Rücken sehen. Mein Angesicht kann niemand sehen« (Ex 33, 18-23).
Auch wir können Gott nur im Nachhinein in unserem Leben »handeln sehen«. Nun, da er in und mit unserem Leben an uns vorbeigezogen ist, können wir gleichsam an seinem »Rücken« ablesen, wie er in unserem Leben dagewesen ist. Um darüber zu reden, brauchen wir Bilder. In ihnen spiegeln sich die Erfahrungen wider, die wir in unseren mitmenschlichen Beziehungen und in der jeweiligen lebens- und zeitgeschichtlichen Situation gemacht haben. Unsere Gottesbilder sind immer bezogen auf uns selbst und auf unser jeweiliges In-der-Welt-Sein. Was wir erlebt haben als Freude, Schmerz, Errettung, Enttäu-

schung, Jubel, Angst, Schrecken, Dankbarkeit bringen wir in unsere Gottesbilder ein. Dafür sind uns die Psalmen vor-bild-liche Gebetstexte von Menschen, die sich darin vor Gott mit ihrem Leben ins Gespräch brachten. Auch durch sie lernen wir die unterschiedlichsten Gottesbilder kennen: den zornigen, sich erbarmenden, den barmherzigen, den gütigen, den liebenden Gott.

Lassen wir uns nochmals berühren von der Mosegeschichte. Gott stellte ihn in den Felsspalt, legte seine Hand über ihn, damit er am Leben bleibe, wenn er in seiner Herrlichkeit vorüberzieht. In diesem Bild wird deutlich, dass Gott einer ist, der schont, der behütet, der auf uns Acht gibt, auf uns schaut und sorgsam mit uns umgeht. Das mag uns wundern, wenn wir an Schweres, Schlimmes, Schmerzliches in unserem Leben denken. Vielleicht können wir aber wahrnehmen, dass wir die Kraft bekamen, was schwer war, durchzustehen. Jetzt, nachdem es vorbei ist und wir Gottes Rücken schauen, können wir erkennen: Er, Gott, war unsere Kraft. Sie war seine »Herrlichkeit«, in der er im »Vorüberziehen« bei uns war.

Erst im Nachhinein hat das Volk Israel seine Glaubensgeschichte aufgezeichnet, hat es die »Herrlichkeit« Gottes in der wunderbaren Führung erkannt: dass sie aus der Knechtschaft Pharaos befreit wurden; dass der Mannaregen, die Wachtelschwärme und das Wasser aus dem Felsen in der Wüste von ihm kamen. Sie erkannten darin seine »herrlichen Taten«. Sie erzählten sie sich gegenseitig und nicht müde werdend auch den kommenden Generationen. Im Erzählen dieser Geschichten *erlebten* sie jedesmal von neuem den *lebendigen Gott*, der da ist, der da war, mit ihnen und an ihnen handelte. So wuchs von Mal zu Mal ihr Glaube an ihren Gott.

Die Psalmen sind voll von der Erfahrung, dass Gott dem Menschen das Leben in seiner Härte, seinen Gefahren und Zumutungen nicht erspart. Im Nachhinein aber sieht auch der Psalmenbeter, um mit dem Bild der Mosegeschichte zu sprechen: Gerade in den Schrecken des Lebens hat Gott ihn »in den Felsspalt gestellt« und ihn gerettet. Er betet: »Du hast mich aus dem Verderben gerettet« (Ps 103,4); »Du zogst mich heraus aus gewaltigen Wassern« (Ps 18,17); »Wir gingen durch Feuer und Wasser, doch du hast uns in die Freiheit hinausgeführt« (Ps 66,12). Und weiter betet er: »Zu ihm hatte ich mit lauter Stimme gerufen, und schon konnte mein Mund ihn preisen« (Ps 66,17).

Im Nachhinein, wenn wir nicht nur sehen, was wir »alles durchgemacht« haben, sondern auch sehen, wie uns geholfen wurde, wie »alles« sich letztlich fügte, wie unsere Wunden heilen konnten, wie wir wieder Leben und Zukunft fanden ... vielleicht können auch wir ihn preisen als den Gott, der auch uns aus »tiefen Wassern« gezogen hat. Im Zurückblicken können wir die Situationen, die Zeiten finden, in denen wir »im Felsspalt«, seine beschützende Hand über uns, durchgekommen, davongekommen sind.

Auch dort, wo wir mit Gott im Konflikt waren oder sind, wo wir klagten, ihn anklagten, an ihm zweifelten, auch dort war er da. Wir redeten zu ihm, schrien zu ihm und erfuhren ihn so als anwesend in unserem Leben. So erkennen wir: Auch in schwierigen Augenblicken waren wir nie ohne ihn.

Immer anders hat er sich uns gezeigt

Über Gottesbilder unserer Kindheit und über den Prozess ihrer Ablösung haben wir bereits gesprochen. Schon dort erkannten wir, wie sich unsere Gottesbilder durch unsere Erfahrungen verändern. Im folgenden Abschnitt schauen wir im Rückblick unser Leben an. Unter vielen Aspekten können wir von neuem entdecken, dass unser Bild von Gott jeweils ein *Bild auf dem Weg* unseres persönlichen und gemeinschaftlichen Lebens ist. Immer anders zeigt er sich als »Derselbe«, immer anders ist er unser Gott, der von sich sagt: »Ich werde da sein, als der ich da sein werde« (Ex 3,14). Im Nachhinein können wir wie Mose an seinem »Rücken« ablesen, in wie vielen verschiedenen Daseinsweisen Gott uns begegnet ist, und wo wir ihn nicht erkannten.

Der Gott der Verlockung

Lockte er uns nicht durch die Faszination des Lebens aus Kindheit, Elternhaus, aus Gewohntem, Sicherem in das Wagnis der Zukunft? Lockte er uns nicht durch die Liebe zum anderen Geschlecht? Lockte er uns nicht durch das Interesse an einer Arbeit, einem Beruf, durch Wissensdurst zu einem Gebiet der Wissenschaft? Lockte er uns nicht durch die Freude an einem Engagement zu einem Dienst an anderen Menschen? Schuf er in uns nicht auch das Leiden an der Ungerechtigkeit der Welt, das tätige Mit-Leid mit den Armen? Weckte er nicht die Leidenschaft in uns, gegen Unrecht einzutreten mit allen Mitteln des Friedens?

War er es nicht, der uns die glückliche Erschütterung schenkte in den Sternstunden liebender Umarmung? Haben wir nicht seinen Glanz im Auge und auf dem Angesicht eines geliebten Menschen gesehen? Und entzündete er uns nicht immer wieder »an der unerreichbaren Wirklichkeit des anderen« (Octavio Paz)? Hat er uns nicht das Erschauern des Herzens erleben lassen über die Geburt eines Kindes? Für manche Frau, für manchen Mann war dies die tiefste Gotteserfahrung in ihrem Leben. War er es nicht, der in und hinter der Verlockung darauf wartete, dass wir uns in das Leben verlieben, uns an ihm begeistern und uns darauf einlassen? Schließlich: Ist er es nicht, der in allem, was wir leben, einen Rest ausspart, den wir als innere Unruhe, als eigenartige Unzufriedenheit in uns spüren? Verweist diese Unruhe nicht auf ihn selbst? Auf ihn, der in allem Geschehen als der Gott unseres Lebens erkannt werden will?

Der Gott der tiefen Ahnungen

Wichtige Entscheidungen, die unser Leben prägten, hatten oft einen langen Prozess hinter sich. Langsam reiften die Erkenntnisse, die den Weg erhellten, den wir einschlagen sollten, wollten. Ihr Ursprung waren die tiefen Ahnungen, die unser Unbewusstes bewohnen. Sie waren so etwas wie eine ganz ur-sprüngliche Witterung für unsere persönliche Lebensausrichtung. In ihr lag die Kraft zur Unterscheidung für das, was für uns stimmt, und für das, was unserem Wesen fremd war. Gab nicht Gott diese tiefen Ahnungen ins Herz? Wollte er uns nicht auf die unaufdringlichste Weise durch sie aufmerksam machen auf das, was uns von uns selbst verborgen ist, so lange wir es nicht gelebt, verwirklicht haben? Also auf jene »geheime Gestalt« (Viktor Frankl) in uns, die wir aus uns heraus entbergen sollen (siehe »Nach Identität streben im Alter, Seite 63)?

Eines Tages wurden wir in eine Situation hineinverwickelt, die uns eine Antwort abverlangte. Dabei kam vielleicht eine der bisher unbewussten Ahnungen zu einer bewussten Erkenntnis, zu einer klaren Entscheidung. Wir erkannten plötzlich: Das ist es, das ist richtig, das muss ich, kann ich jetzt tun. Oder: So geht es nicht; das bin ich nicht. Durch ein Wort, einen Satz, eine Begegnung, also durch etwas Fremdes, Neues, von außen Kommendes wurde Eigenes geweckt und gewiss. Wie durch einen Blitzstrahl wurde die ganze Lebenslandschaft erleuchtet. Wir wussten – vielleicht nach langem Zögern, Fragen, Kämpfen, durch Dunkelheiten hindurch – wie wir uns entscheiden mussten. Oder, schon auf dem Weg, dass dieser eben unser ureigenster Weg ist, unser Weg war.

Durch die tiefen Ahnungen waren wir angerufen, wir selbst zu sein, angerufen, unsere persönlichen Seinsweisen zu entfalten und uns so im Geflecht unserer sozialen Beziehungen und Verpflichtungen zu *geben*. Und zu erfahren: Nur wo wir uns geben, erleben wir, wer wir sind, welche Kraft wir haben, welche Fähigkeiten unser Leben tragen können. Erst, wo wir uns selbst geben und gegeben haben, werden wir und wurden wir, was wir sind. Nur im Geben, im Einlassen in das Geforderte, konnten wir uns selbst entdecken und uns selbst gewiss werden. Durch die tiefen Ahnungen, wer wir sind, was wir sollen, half Gott uns auf die Füße, stellte er uns auf den Weg, der zu unserem Lebensweg wurde.

Der Gott der Vergebung

Schuld und Schuldigwerden sind ein Grundver*hängnis*, eine Grundnot unseres Menschseins. Wir *hängen* mit drin in den Schuldverstrickungen unserer Zeit, unserer Welt. Wir alle, die wir in den westlichen Industrieländern wohnen, haben Vorteile durch die einseitige Verteilung der Güter, durch die Ausbeutung der Natur. Wir *hängen* mit drin in diesen Unrechtssystemen und haben darin, vor allem als ältere Menschen, nur wenig Handlungsspielraum. Außer über den sorgsamen Umgang mit der Natur, außer über unsere persönliche Meinungsbildung, unseren Widerspruch privat und öffentlich, unsere Spenden als Antwort auf Notstände, haben wir wenig Einfluss auf die Veränderung der Zustände. Das bedrückt uns. Die zunehmende Anhäufung von Schuld in unserer Welt durch Kriege, Kriegsverbrechen, Gewalt, Terror ist schwer zu ertragen.

Nicht genug damit. Die politische Vergangenheit unserer Generation stellt uns immer wieder vor die Frage: Wie war es möglich: der schreckliche Krieg, das Unrecht gegen andere Völker, das Morden in den Konzentrationslagern? Immer wieder packt uns das Entsetzen über die Greueltaten während unserer Lebenszeit, über die Frevel, die Verbrechen. Nur die Umkehr bis in unsere heimlichsten Gedanken und Gefühle hinein ermöglicht uns die Vergebung. Diese fordert die Bekehrung zu gelebter Mitmenschlichkeit, zu Achtung der Würde und Freiheit jedes Menschen.

Gott kennt die Grundnot, das Schuldverhängnis unseres Menschseins. Er gab uns die Verheißung, dass er uns aus unserer Schuldverstrickung lösen wird. Beim Propheten

Jesaja steht ein trostreiches Wort: »Ich habe dich geschaffen ... Israel, ich vergesse dich nicht. Ich fege deine Vergehen hinweg wie eine Wolke und deine Sünden wie Nebel. Kehr um zu mir; denn ich erlöse dich« (Jes 44,21.22).

In allen Zusagen der Vergebung durch Gott finden wir eine Bedingung mit einem dreifachen Akzent: Umkehr zu Gott; Vergebung gegenüber unseren Mitmenschen: »Wie auch wir vergeben unseren Schuldigern« (Mt 6,12); zum Dritten: »Geh, sündige nicht mehr«. So sagte Jesus zur Ehebrecherin (Joh 8,11). Gott ist zwar nicht »beleidigt«, wenn wir sündigen. Aber, da er uns liebt, muss es ihn schmerzen, dass wir uns dadurch selbst ins Unglück bringen.
Denn nichts drückt uns mehr nieder als Schuld. Sie macht uns krank, sie lähmt uns, sie treibt uns an den Rand, sie peinigt uns, sie brennt im Gewissen und verzehrt unsere Kraft. Wird uns vergeben, ist die Last von uns genommen, dann können wir wieder leben. Vergebung erfahren, das ist soviel wie neu geboren werden, ein neuer Mensch werden. Wir haben unser eigenes Aufatmen erlebt und das anderer, wir haben die befreite Atmosphäre gespürt, als wir einander wieder mit offenem Blick in die Augen schauen konnten, nachdem Zorn, Beschämung und Kränkung aufgearbeitet waren. Wir haben Feste der Versöhnung gefeiert und erfahren, dass uns mehr geschenkt wurde, als was wir von uns aus hätten zu Wege bringen können.

Wir sind auf Vergebung angewiesen. Vergibt mir ein Mensch, vergebe ich einem anderen, bricht in jedem von uns und zugleich zwischen uns eine Dimension auf, in der Gott uns berührt. Wir erleben, dass es pure Gnade ist, dass ich mit mir, mit dem andern wieder neu anfangen kann.

Da Schuldgefühle die unangenehmsten, die beunruhigendsten und auch beschämendsten Gefühle sind, suchen wir uns gerne Sündenböcke. Wir versuchen, uns mit den schlauesten Argumenten rein zu waschen. Im Nicht-wahrhaben-Wollen unserer Schuld und im Ausweichen vor dem Gewissensspruch blocken wir uns ab gegen unsere eigene Tiefe. Wir spalten uns in ein Unterdrücktes, Verdrängtes, Dunkles und in eine »saubere« Hälfte. Dabei sind wir nicht ganz, nicht integer. Wir verlieren an Offenheit, an Spontaneität. Wir vermeiden, dass uns jemand an unserem Schatten anrührt. Wir sind Verwundete, die sich verbergen. Die Kirche betet in ihrem Stundengebet: »Heile mich, Herr, denn ich habe vor dir gesündigt« (siehe »Erfahrung von Nichtidentität«, Seite 80).
Wer könnte vor sich und anderen seine Schuld zugeben, wenn sich nicht trotz allem Zudecken- und Ausweichen-Wollen im eigenen Herzen die Erfahrung fände, dass Gott uns vergibt, schon vergeben hat. Wenn uns nicht immer wieder Vergebung zugesprochen wäre: »Und wären deine Sünden rot wie Scharlach, ich, dein Gott, mache sie weiß wie Wolle« (Jes 1,18). Wie könnten wir leben ohne Vergebung durch die anderen Menschen, durch Gott? Im Nachhinein wissen wir, dass die Vergebung uns die Freiräume schaffte, in denen Leben gedeihen konnte (siehe »Verjährte Konflikte anschauen«, Seite 104ff.).

Der Gott der Überraschungen

Es gab Ereignisse in unserem Leben, plötzliche Einbrüche, schreckliche, erschreckende, schmerzliche. Sie haben unser Leben von jetzt auf nachher verändert: Tod, Unfall,

Krankheit, das Zerbrechen einer Beziehung, einer Freundschaft. Und es war schwer für uns, auch darin Gottes Dabeisein zu entdecken.
Es gab andere Überraschungen, sanftere, hilfreiche und schöne. Wir fanden unvorhergesehen aus einem Engpass heraus, wo wir schon alles verloren glaubten. Wie »ein Wunder« erlebten wir, dass Mauern zwischen Menschen, die sie jahrelang trennten, über Nacht zusammenstürzten und so der Weg frei wurde zu versöhnender Begegnung. Wir fanden Hilfe, bekamen Trost und Beistand, wo wir es nie erwartet hätten. Wir erlebten Überraschungen mit uns selbst, wo wir über uns hinauswuchsen, etwas taten, tun konnten, was wir uns vorher nie zugetraut hätten. Wir haben zu etwas, zu jemandem, ja oder nein sagen können, wozu uns bislang jeglicher Mut gefehlt hatte.
Der Gott der Überraschungen, der kommt, wann und wie er will. Mitten in die gottesdienstliche Handlung hinein erschreckte er den schon alten Zacharias durch den Einbruch des Engels in seinen frommen Alltag, in dem alles »streng nach Gesetzen und Geboten« geordnet war. Die Zusage, dass die alte Elisabeth noch einen Sohn bekommen werde, bezweifelte er; es verschlug ihm die Sprache. Er wurde stumm. Mit dem Kind, das geboren wurde, riss Gott das alte Paar aus allen bisherigen Gewohnheiten. Er krempelte ihr Leben um. Denn ein Kind bringt eine andere, eine neue Ordnung, weil neues Leben. Das Neue bringt die Veränderung des Alten (vgl. Lk 1,5-25).
Der Gott der Überraschungen: Plötzlich »trat Jesus bei verschlossenen Türen in ihre Mitte und sagte, Friede sei mit euch« (Joh 20,19). Kein Wort an die Erschrockenen, das einem Vorwurf gleichgekommen wäre, etwa, einer von euch hat mich verraten, ein anderer verleugnet, ihr alle

habt mich verlassen ... Nein. »Friede sei mit euch.« Dieses plötzliche Hereinbrechen göttlichen Wohlwollens zeigt uns, dass es in der Möglichkeit Gottes liegt, dass jedes verschlossene Herz sich einmal wird öffnen können. Er kommt durch verschlossene Türen mit dem Angebot seiner Gegenwart, seiner Liebe. Das unvorhersehbare Handeln Gottes, seine uns überraschende Nähe, sie haben uns berührt.

Der Gott der Kommunikation

Er war der Vermittler zwischen den anderen und mir. Gab es doch manches Missverständnis, manch harten Konflikt und Streit, die uns dennoch nicht auseinanderbrachten. Stattdessen lernten wir uns besser kennen, uns selbst und andere eher verstehen. Wir sahen unsere Gefährdungen, sahen unser Recht und unser Unrecht. Wir lernten, andere in ihrem Anderssein und uns selbst in unserem Sosein zu akzeptieren.

Kommunizieren, das ist teil-nehmen am Leben eines anderen, und Anteil geben an mir. Kommunikation, das ist offen werden zum Empfangen und Geben, frei werden von Ängsten, von Enge, Verschlossenheit und Skrupeln. Kommunikation, das ist zu erfahren, wie glücklich schon das leiseste Berührtwerden von Verstehen und Verstandenwerden macht. Und gleichzeitig ist sie das Feld von Verletzungen, von tiefen Wunden, die Worte uns antun können. Kommunikation ist der Austausch zwischen meiner Welterfahrung und der eines anderen. Da kann sich das Geheimnis zweier Menschen, die sich einander frei zuneigen, glückhaft ineinanderschwingen. »Wo zwei in meinem Na-

men zusammen sind oder drei, bin ich in ihrer Mitte« (vgl. Mt 18,20). So ver-mit-telt er uns einander.
Eine Ostergeschichte im Neuen Testament lässt uns die verborgene Anwesenheit Gottes bei unseren Gesprächen erkennen, die wir vielleicht manchmal erahnen. Zwei Jünger sind nach der Kreuzigung Jesu auf dem Weg nach Emmaus. Sie können nicht verstehen, was mit Jesus geschehen ist. Sie diskutieren die Frage des »Warum?«. Ein Fremder gesellt sich ihnen bei, redet mit; er legt ihnen die Schrift aus. Er gibt ihnen für ihr Problem, ihre Fragen eine andere, seine Sicht. Da bekam sogar die schreckliche Kreuzigung einen Sinn. Als sie bei sich zu Hause angekommen waren, wurde es Abend. Sie luden ihn zum Essen ein. Da nahm er das Brot vom Tisch, segnete es, brach es und gab es ihnen. Da erkannten sie den, der auch früher schon immer mit ihnen unterwegs war, Jesus. Doch er verschwand vor ihren Augen. Im Nachhinein aber wussten sie es plötzlich: »Brannte nicht unser Herz, als wir mit ihm auf dem Weg waren?« (Lk 24,32).
Brannte nicht unser Herz in ungezählten Situationen? Wurden wir in manchem Gespräch nicht angerührt von Güte, Dank, Mitleid, Erbarmen; wurden wir nicht über Erkenntnis glücklich, von Einsicht gelenkt, von Mut und Tatendrang erfüllt? Seine Gegenwart war spürbar, in uns, über uns, zwischen uns. Solche inneren Berührungen können wir mitten in den alltäglichsten Begegnungen erleben. Denn Gott – ob wir darüber glücklich sind oder uns deswegen ärgern –, Gott liebt das Unscheinbare, das Geringe, das Gewöhnliche. Dahinein mischt er sich mit Vorliebe, verbirgt und offenbart darin dem aufmerksamen Menschen »seine Herrlichkeit«. Sie ist nichts anderes als seine liebende Begleitung auf unseren Wegen. Wenn auch verborgen: Er ist da.

Der Gott der Beziehung

Beziehung ist das Ur-Sprünglichste des menschlichen Daseins. Im Einswerden von Mann und Frau beginnt der Ur-Sprung jedes Menschen ins Leben. Und das geschieht unter den Augen Gottes, wie uns der Psalm 139 belehrt: »Du hast mein Inneres geschaffen, mich gewoben im Schoß meiner Mutter ... Als ich geformt wurde im Dunkeln, kunstvoll gewirkt in den Tiefen der Erde, waren meine Glieder dir nicht verborgen. Deine Augen sahen, wie ich entstand (Ps 139 13,15,16).

Nicht nur am Anfang des Lebens, immer ereignet sich das Leben im In-Beziehung-Sein: in der Beziehung mit anderen Menschen, in unserer Beziehung zu den Dingen, zu Ereignissen in Zeit und Geschichte, in der Beziehung zur Schöpfung, zu Gott.

Die Beziehung ist der Ort unserer Einlassung ins Leben, in die Welt. Sie ist unsere Beheimatung darin, sie ist das Medium, durch das wir Sinn finden, Erfüllung, unser Sein-Dürfen und Sein-Können. Beziehung ist der »Ort«, an dem wir tiefstes Glück, seligste Freude, Bejahung, Daseinslust, Angenommensein, Verstehen, Vertrauen, Geborgenheit erfahren können. Dagegen sind Hass, Streit, Ablehnung, Misstrauen, Unverständnis, Unterdrückung, Gewalt negative Qualitäten von Beziehung.

Die Liebe gerät in Konflikt mit dem, was der Liebe fremd ist, das heißt mit dem, was noch nicht Liebe ist. Unablässig fordert das für den anderen Fremde in mir, das Fremde für mich im anderen, uns heraus, dass es in gemeinsamer Anstrengung angenommen wird. Diese permanente Herausforderung ist die Liebe selbst. Sie lässt nicht zu, dass wir uns auf der fatalen Meinung ausruhen, Liebe sei leicht, sie »gehe von selbst«. Die Spannung und Reibung, die das Fremde zwischen uns schafft, brauchen wir für unser Selbst- und Miteinandersein. Es hält uns wach.

Unsere Beziehungen sind der empfindsamste und empfindlichste »Organismus«, weil sie das Zwischen-Uns sind, schwebend, vibrierend im Hin und Her unserer Worte, unserer Empfindungen, unserer Gefühle, ausgesetzt unseren Wertungen, Vor-Urteilen, unseren Meinungen, Einstellungen und unseren Verhaltensweisen.
Da wir in unseren Beziehungen *wohnen*, dort unser Leben haben, ist es unerlässlich, dahin zu wirken, dass diese Wohnungen ein Ort des Friedens, des Auskommens miteinander sind. »Wo die Güte und die Liebe wohnt, dort wohnt Gott« (vgl. 1 Joh 4,16).
Kam und kommt uns dieser Gott nicht entgegen im Entgegenkommen eines anderen Menschen, in dessen Zuvorkommen wie auch in seinem Nachsehen? Spürten wir nicht den Blick seiner Liebe, wenn andere uns liebevoll begegneten? Erlebten wir nicht auch seine Barmherzigkeit, wenn uns jemand schonend die Wahrheit sagte, uns nicht schockierte, nicht verletzte?

Gott ist Beziehung, dreifaltig in sich – so glauben wir – und vielfältig in seiner Beziehung zur Welt und zu uns Menschen hin. Ich erinnere nochmals an das Wort des Propheten Hosea, das von dieser Beziehung spricht: »Mit menschlichen Fesseln zog ich sie an mich, mit Ketten der Liebe« (Hos 11,4). Wo wir Ketten und Fesseln der Liebe tragen, die auch lästig und schwer waren oder sind, da zog und zieht er uns an sich. In glückhaften und leidvollen Beziehungen wohnte er und wohnt er mitten in unserem Leben.

Der Gott der Gastfreundschaft

Im Nachhinein, und das auch nur in einer dunklen Ahnung, begriff Abraham, wer bei ihm zu Gast gewesen war. Drei Fremde kamen an seinem Zelt vorbei. Er lud sie ein, seine Gastfreundschaft anzunehmen, Wasser für den Durst, Wasser für die Füße, ein Mahl gegen den Hunger. Sie nahmen an, sprachen mit ihm, fragten nach seiner Frau Sara. Und bevor sie gingen, ließen sie beiden etwas zurück. Ein Gastgeschenk. Etwas Neues, das aber mit einem alten, schon begrabenen Wunsch der beiden zu tun hatte. Sie sagten: »Sara wird übers Jahr, wenn wir wieder vorbeikommen, einen Sohn haben!« (Gen 18,10). Die Gäste nahmen, was die beiden hatten. Die Gäste gaben, was die Gastgeber brauchten: die Hoffnung auf ein Kind.

Wahre Gastfreundschaft ist immer gegenseitiges Geben und Nehmen. Wer den Gast aufnimmt, hat viel zu tun: den Tisch decken, das Mahl bereiten, vielleicht das Zimmer, das Bett herrichten, mehr noch, mit dem Innern anwesend sein. Mit dem Herzen hören und mit Aufmerksamkeit antworten, das nimmt den ganzen Menschen mit seiner Zeit, seiner Kraft, die ganze Person in Anspruch. Und der Gast wird sich bemühen, die Gastgeber so wahrzunehmen, dass er ihnen – wie die drei Fremden bei Abraham – etwas zurücklassen kann, was diese freut: Etwas von seiner Lebenserfahrung, seiner Weisheit, seinem Lebenswissen. Oder eine Ermutigung, eine neue Hoffnung auf etwas, was man schon aufgegeben hat und sein Ansehen, seine Höflichkeit und Achtung, seine Güte.

In der Bibel hat Jesus häufig die Rolle des Gastes. Jesus kehrt bei dem reichen Pharisäer Simon ein. Als Jesus merkte, was Simon dachte, da die Frau seine Füße küsste, sie

mit ihren Tränen wusch und mit ihren Haaren trocknete, sagte er: »Simon, ich habe dir etwas zu sagen ... Wer viel geliebt hat, dem wird auch viel vergeben«. Und er verwies ihn darauf, was ein Gast erwarten darf: Wasser für die Füße, ein Tuch zum Trocknen (Lk 7,36-50). Das Geschenk dieser Worte war die Einladung zu einer Bekehrung.
Und Jesus war Gast bei Zachäus, dem Zöllner, dem öffentlichen Sünder. Ihm schenkte er eine neue Achtung vor sich selbst, eine neue Sicht auf sein vergangenes Leben, die Umkehr und ein anderes Leben (Lk 19,8). Er gewann eine neue Identität.
Jesus war Gast bei Marta und Maria, schenkte ihnen Belehrung und Gespräch. Er ließ der eifrigen Marta die Einsicht zurück, dass Zuhören und Aufmerksamkeit des Herzens der bessere Teil der Gastfreundschaft sind (Lk 10,42).
Jesus war Gast bei der Frau am Jakobsbrunnen, sie hatte ein Schöpfgefäß, er nicht. Er schenkte ihr ein Gespräch, indem er ihr ihr bisheriges Leben spiegelte. Er schenkte sich selbst als »lebendiges Wasser«, das ihren Lebensdurst zu stillen vermochte (Joh 4,10).
Jesus war Gast bei Simon, dem Aussätzigen, dessen Haus er mit seinem Besuch ehrte. Die Frau mit dem Alabastergefäß goss kostbare Narde über ihn, die im ganzen Haus den Duft seiner Gegenwart zurückließ. »Zu ihrem Gedächtnis«, sagt Jesus, »wird man überall, wo das Evangelium verkündet wird, erzählen, was sie mir getan hat« (Mt 26,13).
Und schließlich ist Jesus der Gastgeber seines Mahles, an dem wir teilnehmen in der Eucharistie. Dort ist er der Herr des Tisches. Im Austeilen seiner selbst, im Brot des Lebens an uns, wird er Gast in unserem Herzen. So macht er uns zu seinen Gastgebern.

Sehr oft in unserem Leben haben wir uns in beiden Rollen erlebt. Dankbar denken wir an die schönen Abende, an warme Sommernächte in unseren Gärten, winters unter der Lampe im Zimmer. Wir erinnern die Gespräche, die Freundschaft, die wir empfangen und mit unseren Gästen geteilt und erwidert haben. Zunächst waren es Fremde. Oftmals wurden die Fremden zu Freunden. Für Freundschaft muss man sich engagieren. Sind wir ungastlich am Tisch, im Gespräch, im Herzen, kommt sie erst gar nicht zustande oder sie stirbt vorzeitig.

Nach viel Engagement für seine Jünger und Jüngerinnen sagte Jesus beim letzten gemeinsamen Mahl zu ihnen: »Ich nenne euch nicht mehr Knechte; denn der Knecht weiß nicht, was sein Herr tut; ich habe euch Freunde genannt, weil ich euch alles gesagt habe, was ich von meinem Vater gehört habe« (Joh 15,15).

Paulus mahnt uns: »Befleißigt euch der Gastfreundschaft« (Röm 12,13). Macht er nicht damit auf etwas aufmerksam, was wir in unserem Leben immer wieder erlebt haben? Gastfreundschaft ist eine besondere Möglichkeit, das Leben mit anderen in einem umfassenden und ganzheitlichen Sinne zu teilen. Sie stiftet Nähe, Beziehungen, das Erlebnis von Gemeinschaft. Im Nachhinein wollen wir es glauben – aber ahnten wir es nicht immer schon? –, dass Er uns in unseren Freundschaften einander vermittelt hat.

Der Gott der Wüste

Wüste, das ist ein Ort von seltener Schönheit, von herber Strenge. Wüste ist ein Ort von Gefahr, von Trockenheit, von Hitze und Durst, von Dunkelheit und Nachtkälte, von

Einsamkeit, Weglosigkeit und unabsehbarer Weite, von Orientierungslosigkeit und der Möglichkeit des Todes. In den Wüstenzeiten unseres Lebens wurden diese Wüstenmerkmale unserer Seele zu einem Gemisch, so dass wir nicht mehr klar sehen konnten, wer wir selbst sind. Es sind die Zeiten, in denen wir nicht oder nicht mehr klar wissen, wer wir sind und wohin es mit uns gehen soll.

In den Wüstenzeiten unseres Lebens leiden wir an unseren Enttäuschungen und Verletzungen; vielleicht können wir von unserem Hass nicht lassen, nicht von der Eifersucht oder unserem Eigensinn. Wir fühlen uns darin eingesperrt, verlassen, kommen nicht heraus und kommen nicht weiter, weder mit uns noch mit anderen, noch mit einer schwierigen Situation, in der sich das Knäuel der Probleme nicht lösen will. Wüstenzeiten, in denen uns die Zukunft verschlossen scheint, weil uns eine Krankheit heimgesucht hat, Arbeitslosigkeit uns belastet oder weil wir unter einer ungeliebten Arbeit seufzen. Auch kann uns die Eintönigkeit des Alltags auf der Seele liegen.

Ganz zu schweigen von dem Schmerz über einen endgültigen Abschied von einem lieben Menschen, sei es durch Scheidung, sei es durch Tod. Solche Ereignisse stürzen uns plötzlich in eine Krise. Oder diese kommt schleichend. Da verwandelt sich unsere Lebenslandschaft in eine Zone von Dunkelheit, von Leblosigkeit.

Wo ist da Gott? Wo war da Gott? So fragen wir uns auch noch im Nachhinein. Oder können wir im Abstand von dem Erlebten sehen, dass er auch in diesen Zeiten bei uns war? In unseren Todesängsten, in den schmerzlichen Abschieden, in unseren Gewissensnöten, in unserer Glaubensferne, in unseren Zweifeln, selbst in der Erfahrung von Gottverlassenheit war Gott nicht fern. Vielleicht kön-

nen wir im Nachhinein diese Wüstenzeiten als Zeiten der Läuterung, der Reinigung unserer Motivationen und Absichten, als Umkehr verstehen. In diesen Zeiten hat Gott in besonders intensiver Weise an uns gearbeitet. Danach sahen wir uns selbst anders, dachten anders über uns, auch über andere. Wir deuteten und werteten das Gelebte neu. Wir fanden in den Lebenswüsten eine andere, eine neue Identität (siehe »Brüche«, Seite 195ff., und »Neue Identität«, Seite 198ff.)
Wir dachten auch anders über Gott. Unsere bisher kleinlichen Bilder mussten anderen weichen. Er wurde für uns un-be-greiflich. Aber wir bekamen eine andere, noch nicht gekannte Gewissheit – dass er *ist*! Wir wären aus den Wüsten unseres Lebens nicht herausgekommen ohne ihn. Es ist schlechthin wunderbar, dass wir sie überstanden haben.

Den Glauben, dass er auch in unseren Wüstenzeiten bei uns war und ist, kann uns die Geschichte von Hagar vermitteln, der Magd Saras. Als diese immer noch kein Kind bekam, sagte sie zu ihrem Mann Abraham, er möge die Magd nehmen und mit ihr ein Kind zeugen. Ist es ein Sohn, ein Erbe, werde Sara den Sohn als den ihren ansehen und annehmen. Und es geschah nach dem Wunsche Saras. Die Magd wurde schwanger. Sie freute sich, und sie war nun der Herrin nicht mehr so untertänig. Da unterdrückte Sara die Magd. So sehr, dass sie es nicht mehr aushielt und in die Wüste floh.
Es gab einen Brunnen auf dem Weg nach Schur. Dort setzte Hagar sich nieder. Sie war verzweifelt, weil sie nicht wusste, wie es mit ihr weitergehen würde. Da kam der Bote Gottes und redete sie an: »Hagar, Magd Saras, woher kommst du, wohin gehst du…?« Und während Hagar über

sich Auskunft gab, sagte, dass sie flüchtig sei wegen Sara, da kam sie im Über-sich-selbst-Reden zu sich selbst. Sie sagte ihren Namen: Hagar, das heißt die Flüchtende. Die Wüste und der Brunnen darin wurden für sie der Ort des Suchens nach sich selbst, der Ort »der Reinigung und Klärung ... ein Ort des Sich-bewusst-Werdens« (C. Bertl-Anker), der Selbstfindung, ein Ort neuer Identität.
Hagar ging zurück zu Sara, aber mit der Verheißung, die der Bote ihr schenkte: Die Nachkommenschaft ihres Sohnes werde groß sein (vgl. Gen 16 und 21). Den Brunnen, an den Hagar floh, der ihr mitten in der Wüste zum Ort des Lebens wurde, nannte sie nach der Erfahrung, die sie dort mit Gott gemacht hatte: »Gott, der mich sieht«, »Gott, der nach mir schaut«. Sie, die Frau und Magd Hagar, ist in der Bibel der erste Mensch, der Gott einen Namen gibt (Gen 16, 13,14).
Vielleicht wird Gott uns erst gewiss, wenn wir mit unseren Einfällen, unserem Können ganz am Ende sind, wenn wir in äußersten Grenzerfahrungen sehen, dass wir unserem Leben von uns aus »keine Elle« hinzufügen können (vgl. Mt 6,27). Solange wir uns selbst mächtig fühlen und uns selbst bestimmend sind, denken wir nicht daran, dass Gott es ist, der uns gerade auch dies ermöglicht.

Der Gott unserer Leiden

»Warum muss er denn noch so viel leiden«, klagte eine junge Frau am Telefon. Sie rief an aus der Klinik, in der ihr Mann im Sterben lag. Was kann ich da antworten? Das Einzige: Mitfühlen, zuhören, dasein, mitgehen, dabeibleiben, dabei sein, damit der Leidende und die Mitleidenden nicht allein sind. Eine andere Antwort gibt es nicht. Auch auf die Frage, warum so viel Leid und Leiden in der Welt ist, wissen wir keine Antwort.

Dabei sein, darin sein, mitgehen. Das ist die Antwort Gottes selbst auf das Leiden der Menschen. Er selbst hat in Jesu Leiden und Tod gelitten. Damit zeigt er, dass er dort ist, wo Menschen leiden und sterben, auch wo sie Opfer von Gewalt werden, von Terror, von Verachtung und Ausgrenzung.

»Gott kommt in Jesus Christus selbst in die Verwundungen, ja, in die Todwunde der Welt hinein ... Der Auferstandene zeigt (...) die Wunden und weist damit darauf hin, dass die Leiden der Menschheit für immer im Innersten Gottes sind, dass in Gott das Heile *und* das Unheile eingeborgen ist ... Nur so ist Gott angesichts des Leides in der Welt noch Gott, indem er dem Leidenden zeigt: Dein Leid ist in mir, und nicht nur in mir; es ist mein Leid« (Bernhard Meuser, a.a.O.).

Worunter leiden wir? Wir leiden unter körperlichen Schmerzen und erleben, dass der Schmerz den ganzen Menschen fesselt. Nichts mehr von den schönen und wichtigen Gedanken, Worten, Tätigkeiten. Uns beseelt der eine Wunsch, ohne Schmerz zu sein. Und unsere einzige Äußerung ist das Klagen. Wir erkennen: Eine Grundgnade des Lebens ist, ohne Schmerz zu sein.

Wir leiden unter Verletzungen unserer Seele, den groben Worten anderer, unter Missachtung und Missverständnis. Wir leiden unter Einsamkeit, unter Gewissensnöten und -kämpfen, innerer Trockenheit, unter Gefühllosigkeit und innerer Kälte. Wir haben Kummer in Beziehungen, wir leiden unter ihrem Misslingen. Alles, was uns im Leben glücklich macht, kann sich in Leid und Leiden verkehren.

Wir leiden unter den Zuständen der Welt, in der das Leiden Unzähliger überhand zu nehmen scheint. Darum sollten wir mit aller Kraft zu verhindern suchen, Leiden zu schaffen, zu vermehren; wir sollten stattdessen, wo wir können, Leiden vermeiden, vermindern und lindern. Diese Aufgabe schließt Menschen, Tiere, Pflanzen – die gesamte Schöpfung mit ein.

Seit Jesus am Kreuz gelitten hat und gestorben ist, ist nicht nur das Kreuz ein eindeutiger Ort Gottes geworden. Jeder, der leidet, ist seither ein Ort Gottes. In seinem Leiden hat Jesus sich solidarisiert mit unserem Leiden. In seinem Leiden ist er in unser Leiden hineingegangen, macht er unser Leiden zum Ort seiner Anwesenheit. Deshalb begegnen wir ihm auch im Geringsten, im Kranken, in jedem, der Leid trägt und gebeugt ist von Leiden.

Die »Leidenserinnerung« (J.B. Metz) ist das Zentrum unseres Glaubens. In der Eucharistie ist für uns der Ort dieses Gedächtnisses. Mit Jesu Leiden wird auch unser Leiden gegenwärtig, das Leiden aller Menschen, der ganzen Schöpfung. Denn für alle hat er sich hingegeben.

Die erste Botschaft Jesu war seine Zwendung zu den Leidenden, den Blinden, Lahmen, den Tauben, Stummen, den Aussätzigen, den Missachteten, den Verachteten. »Sei von deinem Leiden erlöst«, sagte er der gekrümmten Frau und sie richtete sich auf (Lk 13,10-17). Und er heilte jene Frau, die seit zwölf Jahren unter Blutungen litt, als sie gläubig den Saum seines Gewandes berührte (Mt 9,20ff.).

Wenn wir in unserem Leiden Jesus glaubend berühren, erfahren wir Trost. Wir geraten in das Kraftfeld seiner heilenden, liebenden Gegenwart. Wir können uns mit ihm verbunden wissen, der in seiner Todesnot geschrien hat:

»Mein Gott, warum hast du mich verlassen« (Ps 22,2). Die Antwort ließ auf sich warten. Aber sie kam. In der Auferstehung. In ihr und durch sie wurden alle Wunden verklärte Wunden. Wir haben nicht nur an seinem Leiden Anteil, wie er an dem unsrigen, sondern auch an seiner Auferstehung, an seinem neuen Leben.

Der bildlose, der schweigende Gott

Alle Bilder sagen »etwas« von Gott und sagen doch auch »nichts«, weil Gott über alles Denken, über alle Bilder hinaus ist.
Er ist nicht nur der Un-sag-bare, der Un-sicht-bare, der Un-denk-bare, der Un-ermess-bare, Un-be-greif-bare, der Namen-lose; er ist auch der Bild-lose. Alle Bilder, die wir uns von ihm machen (müssen), berühren kaum den »Saum seines Gewandes«. Sie können uns nur hinführen vor sein Geheimnis, vor dem wir staunend, anbetend, vor ihm erschauernd, verharren. Und manches Mal, wenn wir in die letzte Kammer unseres Innern kommen, verblassen im Licht seiner Gegenwart alle Gedanken und Bilder. Er ist in allem – und über alles hinaus. Er ist in uns. Und nicht in uns. Weil nichts und niemand ihn je fassen kann.
Gott schweigt. Er schweigt, obwohl wir zu ihm rufen. Sein Schweigen ist ein Hören zu uns hin. Ein Hören, das uns aufnimmt, wie kein menschliches Ohr das kann. Sein Schweigen bricht uns auf. Es bewirkt, dass wir uns vor ihm ganz aus-sagen, uns ganz finden. Darin erfahren wir uns ganz angenommen, geliebt und bejaht. Diese Gewissheit ist eine Gewissheit des Glaubens. Sie ist die Antwort Gottes auf unser Gebet.

Der schweigende Gott hat dennoch ein Wort gesprochen. Das Wort, in dem Gott Mensch wurde: Jesus Christus. »Er ist selbst das nach außen gekehrte Innen Gottes. Er ist der heile Kern Gottes, insofern er dem Menschen zugekehrt ist. Dies gehört zu den tiefsten Mysterien des christlichen Glaubens« (Bernhard Meuser, a.a.O.). In aller Dunkelheit, die das Licht Gottes in uns ausbreitet, können wir uns an Jesus Christus halten, an ihn, den zuverlässigen Zeugen Gottes.

Der Gott unserer Zukunft

Je älter wir werden, desto mehr nimmt unsere persönliche Zukunft ab. Das kann uns ängstigen. So schön es ist, lange zu leben und alt zu werden, so ist das Alter eben doch von vielen Minderungen begleitet. Da wir aber im Blick zurück erkannten, wie Gott uns »in den Felsspalt gestellt und seine schützende Hand auf uns gelegt hat«, können wir diese Erfahrung in die Zukunft hinein projizieren. Je mehr wir uns im Rückblick auf unser Leben vergewissern, dass und wie Gott da war, umso mehr können wir Zuversicht gewinnen in der Gegenwart für die Zukunft. Auch für die letzte Phase unseres Lebens gilt sein Wort: »Ich werde da sein« (Ex 3,14).
Das Wort aus einem Lied kann uns beim Nachdenken über unser Leben begleiten: »Hat er nicht durch alle Zeit uns bisher getragen, uns geführt durch allen Streit, sollten wir verzagen? Seine Hand verlässt uns nicht und in dieser Zuversicht, können wir es wagen« (Gotteslob Nr. 268, 3. Strophe). Denn diese letzte Zukunft birgt das Tor in sich für ein neues Leben. Der Tod wird uns so verwandeln, dass

wir danach »Seine Herrlichkeit« mit neuen Augen schauen werden. Und bei Gott werden wir unser ganzes Leben wiederfinden. Denn seine Gegenwart bei uns ist so mächtig, dass in ihr *nichts* vergehen, *nichts* verloren gehen kann von dem, was wir hier geliebt und gelebt haben. Er *ist* der Gott des Lebens.

Immer neu aufbrechen

Alle Gottesbilder sind unsere Vorstellungen von Gott, die wir uns aufgrund unserer Erfahrungen und Überlieferungen machen. Da unser Leben auch im Alter weitergeht, werden wir uns offen halten für neue Einsichten und Erkenntnisse. Die Spiritualität des Immer-wieder-Aufbrechens zu einer wieder neuen Lebensstrecke erlaubt uns kein Stehenbleiben oder gar Erstarren in Formen und Bildern. Gott ist einer, der kommt. Er lebt, und er kommt immer anders. Sich offen halten und wachsam sein, um ihn nicht zu versäumen, gehört zum Lebensadvent des Älterwerdens.

Wieder anfangen mit Beten

Zeiten der Nähe und der Ferne

Die Zeit des Alterns gibt uns die Chance, über unsere Beziehung zu Gott, wie sie sich im Laufe des Lebens gestaltet hat, nachzudenken. Wir werden vielleicht den Wunsch haben, einiges nachzuholen. Manches Versäumte wird uns in den Sinn kommen. Vielleicht werden wir ganz neu anfangen müssen, eine persönliche Beziehung zu Gott aufzubauen. Oder wir können jenen Punkt in uns wieder erreichen, an dem wir stecken geblieben sind. Auch kann es um die Vertiefung unserer immer schon vertrauten Beziehung zu ihm gehen. Wie jene Frau, die mir während eines Gespräches über Altern, Sterben und Tod sagte: »Ich habe keine Angst, im Tod Gott zu begegnen. Immer schon habe ich mit ihm gelebt.«
Aber: »Die Nähe Gottes ist eine suchende Nähe und wer von dieser Nähe erfahren hat, wird zugleich in die Unermüdlichkeit, mit der Gott zum Menschen drängt, mithineingerissen. Und hat in der begnadeten Unruhe zum Menschen hin gleichzeitig ein Anzeichen, wieviel er verstanden hat vom eigentlichen Geheimnis, das zwischen Gott und dem Menschen gilt« (Alfred Delp in: Roman Bleistein, Hg., Gesammelte Schriften. Bd. IV, Frankfurt a.M.). Anders gesagt: Gott verlangt nach uns.

Diese innere Unruhe, diese »suchende Nähe« bringt manche Menschen dazu, nach Beendigung ihres Berufslebens oder schon in der Lebensmitte in Tagen der Stille oder in Exerzitien sich in ein vertieftes Leben mit Gott einzuüben. Wer aber diese Zeit nicht aufbringen kann, könnte auf einem bescheideneren Weg, den »täglichen Exerzitien« – so nenne ich diese Übung –, sich der Gegenwart Gottes in seinem Leben bewusst werden. Diese bescheidene Gebetspraxis ist vor allem dann wichtig, wenn in einem höheren Lebensalter die Kraft für längere Gebets- und Meditationszeiten nicht mehr da ist.

Dann ist es hilfreich, sich einen »Gebetsatem« erworben zu haben oder zu erwerben, der mit uns durch den Tag und auch durch schlaflose Stunden der Nacht geht. Ein Beten also, das zum Beten des Herzens, zum betenden Herzen geworden ist.

Nicht nur oder nicht erst im Alter ist diese Weise des Betens hilfreich. Immer schon kann sie unsere Lebenszeit geprägt, uns im Glauben immer wieder in die Gegenwart Gottes geführt haben. Dieses Beten kann unser Herz, unsere innersten Sinne wach gemacht haben für die Begleitung Gottes mitten in unserem gewöhnlichsten Alltag. Es ist eine Sache unserer Glaubensbeziehung zu Gott, ob wir wahrnehmen und annehmen, von Gottes Aufmerksamkeit begleitet zu sein. Wir können durch den Tag gehen und alles so sehen, hören, erleben, wie es uns eben erreicht. Wenn aber nun Menschen, die durch ihre gläubige Beziehung zu Gott über jede andere Weise ihrer Wahrnehmung hinaus eine Sensibilität erlangt haben für die Begleitung und Führung Gottes in ihrem Leben, können sie in allem, was ihnen geschieht, Gottes Aufmerksamkeit für sie entdecken.

Ist eine so gottvertrauende, auf ihn hin orientierte Lebenshaltung einmal eingeübt, kann sie uns leichter davor bewahren, dass wir durch die Rastlosigkeit des Alltags oder durch die Beschwerden des Alterns gänzlich aus dieser Beziehung herausfallen. Sie wird uns helfen, in und nach Zeiten erlebter Ferne von Gott in die bereits erfahrene Nähe zu ihm wieder zurückzufinden.
Trotzdem wird uns immer wieder zur Frage werden, ob Gott sich uns entzieht oder ob wir ihn »verlieren«. Gerade in Zeiten, in denen Gott uns fern erscheint, müssen wir glauben lernen, dass er da ist, auch wenn wir ihn nicht spüren. In dieser Situation mag uns das Beten besonders schwer fallen. Und doch sollten wir es in diesen Zeiten gerade intensivieren, nach ihm rufen, nach ihm schreien. Denn er hört den, der nach ihm schreit, sagt der Psalmist (Ps 34,18; 145,19).
Die Gedanken und Übungen in diesem Kapitel wollen anregen, eine Gebetspraxis zu finden, die wegen ihrer Einfachheit in allen Situationen möglich ist. Wählen Sie jene Gedanken und jene Übungen, die Ihrer persönlichen Beziehung zu Gott und Ihrer eigenen Gebetsweise am nächsten sind; jene, die Sie am wenigsten Kraft kosten und daher am ehesten zu bleibenden Übungen werden können. Je kürzer und einfacher die Worte und Impulse sind, mit deren Hilfe geübt wird, desto eher können sie einsinken, uns nähren und stärken. Mit der Zeit werden sie unser Leben verändern, uns in die Freude, die von Gott kommt, führen. Übungen haben es in sich, dass man sie tun muss. Erst dann und darin erfahren wir ihre Kraft und ihre uns verändernde Hilfe.

Schwierigkeiten erkennen und überwinden

Welche konkreten Schwierigkeiten habe ich mit dem Beten?
Was stellt sich mir »in den Weg«?
Wie gehe ich mit diesen Schwierigkeiten um?
Wie geht es mir, wenn ich lange nicht mehr gebetet habe?
Wie begegnet mir Gott im Gebet? – Wie erfahre ich ihn?

Wenn wir beten, leben wir unsere tiefste Sehnsucht nach Gott. Wollen wir aber dieser Sehnsucht Raum geben in unserem täglichen Leben, treffen wir häufig auf tausend Schwierigkeiten. Manchmal sind sie nur schwer zu überwinden, da sie sich wie eine Mauer zwischen unseren Wunsch stellen zu beten und unsere Unlust, die Schwierigkeiten aus dem Weg zu räumen. Was uns abhält vom Beten, können äußere Gegebenheiten sein: viel Arbeit, Zeitdruck, Zerstreuung, Unterhaltung, andere Menschen.

All dies hat aber auch einen inneren Aspekt. Zum Beispiel die schon genannte Unlust, Hindernisse zu überwinden, etwas von dem Genannten anders zu ordnen oder aufzugeben. Es kann die Lebenseinstellung sein, zu viel zu wollen, seine Zeit nicht zu ordnen oder keine Prioritäten setzen zu können, zu wollen, sich eher von den »Umständen« blockieren oder treiben zu lassen und damit vor sich selber unabkömmlich zu sein. Belassen wir es zu lange dabei, verlieren wir mehr und mehr die Wege, die innere Disposition, die uns in die Tiefe, an den Ort der Begegnung mit Gott in uns führen können. Sollten wir dann doch endlich den inneren Mahnungen – dem Drängen des Heiligen Geistes in uns – nachgeben und nachgehen, erleben wir uns wieder an einem Anfang, der Mühe macht. Die hier folgenden Gedanken können uns diesen Beginn vielleicht erleichtern helfen, uns neu motivieren, wieder von neuem mit Beten zu beginnen.

Fünf Phasen auf dem Weg zum inneren Beten

1. Phase – Verabschiedung oder Unterbrechung

Da ist zunächst ein äußerer Weg zu machen, der uns in die Stille führt, der Weg an einen »abgelegenen« Ort in der Wohnung, im Haus oder im Zimmer. Dieses Weggehen, Stehenlassen oder Verlassen, das Beendigen von Gespräch, Unterhaltung, Radio hören, Fernsehen oder das Unterbrechen der Arbeit ist der erste Schritt.
»Geh in deine Kammer« (Mt 6,6), sagt Jesus den Leuten, die ihn fragten, wie sie beten sollen. Die »Kammer« in mir ist der stille Ort, wo ich allein bin. Sie ist der Ort der Intimität. Der Ort, an dem ich mich herausnehme aus dem Lärm, der Menge, der Geschäftigkeit.

2. Phase – Den Körper wahrnehmen

Meist fällt es uns sehr schwer, uns innerlich zu sammeln, ruhig zu atmen, still zu werden. Die Erfahrung vieler

Übenden und Betenden zeigt, dass das Wahrnehmen unseres Körpers dabei eine große Hilfe sein kann. Während wir unsere Sinne gebrauchen, um unseren Körper zu fühlen, zentrieren wir zugleich unsere geistigen Kräfte. Wir werden vorbereitet für eine innere Ruhe und Sammlung. Nach einer gewissen Zeit der Leibübungen fühlen wir uns entspannt und uns selbst mehr gegenwärtig. Je häufiger wir solche Übungen machen, desto rascher gelingt es uns, in diesen Zustand zu kommen. Nach folgenden einfachen Vorschlägen können Sie anfangen zu üben:
Setzen Sie sich aufrecht, aber entspannt auf einen Stuhl. Legen Sie die Hände wie offene Schalen auf Ihre Knie. Konzentrieren Sie sich auf Ihre rechte Fußsohle, geben Sie ein wenig Druck zum Boden hin. Fühlen Sie, welche Muskeln dabei angespannt werden. Lassen Sie wieder los. Wiederholen Sie dreimal. Spüren Sie den Unterschied zur linken Fußsohle. Gehen Sie nun mit Ihren Gedanken ganz in das rechte Bein, spüren Sie zuerst den Fuß, den Unterschenkel, dann das rechte Knie, umkreisen Sie es in der Vorstellung, als würden Sie es mit einer Binde umwickeln. Gehen Sie weiter zum Oberschenkel, zur Hüfte, zum rechten Beckenrand, zum Lendenwirbel. Spüren Sie nach, ob Sie einen Unterschied zur linken Seite wahrnehmen können. Dann üben Sie dasselbe links. Danach nehmen Sie beide Seiten auf einmal wahr.
Spüren Sie die Wirbelsäule, beginnend beim Steißbein, langsam hinauf zur Halswirbelsäule, über den Kopf bis zur Stirn. Legen Sie diese in Falten, dann entspannen Sie wieder. Nehmen Sie Ihre Wangen wahr, wie sie sich anfühlen; pressen Sie die Lippen zusammen, lassen Sie wieder los. Spüren Sie Ihr Gesicht, wie es sich anfühlt. Wiederholen Sie diese Übungen etwa dreimal. Spüren Sie von

der Halswirbelsäule aus zu der rechten Schulter, dann den Oberarm hinunter zum Ellbogen; umkreisen Sie diesen wie vorher die Knie; spüren Sie den Unterarm, danach das Handgelenk; dasselbe dann links. Dann sammeln Sie sich in der Aufmerksamkeit auf Ihre Handteller. Nach einer Weile reiben Sie die Hände ineinander wie beim Händewaschen, drehen den Kopf ganz leicht nach rechts und links. Falls Sie die Augen ganz geschlossen hatten, öffnen Sie sie jetzt. Räkeln Sie sich. Nehmen Sie wahr, wie Sie jetzt da sind. Bleiben Sie an Ihrem Platz bequem und gesammelt sitzen.

3. Phase – Gedanken wahrnehmen und verabschieden

Wenn wir in unserem Körper entspannt sind, zu einer gewissen inneren Ruhe gefunden haben, sind unsere Gedanken vielleicht immer noch rege. Das Verabschieden der Gedanken kann geschehen, indem wir uns bewusst auf einen bestimmten Gedanken konzentrieren. Wir schauen ihn an und versuchen, ihn zu verabschieden. Hat er zum Inhalt, was wir nach der Übung tun wollen oder was morgen an Pflichten auf uns wartet, sagen wir uns: jetzt nicht. Wir können auch Gedanken, die kommen, ohne innere Beteiligung anschauen, so, wie man einen vorbeifahrenden Zug anschaut, sie dann ziehen lassen, ohne ihnen Gewicht und Bedeutung zu geben. Irgendwann stellt sich Ruhe ein, eine innere Zentrierung, in der wir Gott ansprechen mit einem einzigen Wort. Vielleicht sagen wir nur: Du. Oder: Jesus. Oder: Gott. Wenn uns ein Problem gefühlsmäßig stark beschäftigen sollte und uns unruhig macht, formulieren wir dieses Anliegen. Wir halten es Gott hin und sagen etwa: »Blicke darauf, hilf mir, so wie Du es für gut hältst.« Wir versuchen, das Gefühl der Beunruhigung in ein Gefühl tiefen Vertrauens umzuwandeln. Wir bitten Gott, dass er uns helfen möge zu vertrauen.

Manchmal bleiben wir in solchen Übungen stecken, ohne dass wir die Erfahrung der Nähe Gottes so machen, wie wir es uns wünschen. Trotzdem sollten wir in und bei diesen Übungen bleiben. Tiefes Gebet, das Gebet der Ruhe, der Anbetung Gottes mit dem Herzen, nicht nur mit dem Verstand, bedarf einer langen Übungszeit. Wir sollten uns nicht betrüben, wenn wir es nicht so leicht erreichen. Das geduldige Harren und Warten, das Ausschauhalten nach Gott, ist schon ein tiefes Gebet.

4. Phase – Die Annäherung

Allmählich werden wir hörend auf unsere eigene Tiefe hin, in der Gott wohnt, wo er sich finden lässt. Tauchen wir ein in die Tiefenschicht, in unseren Seinsgrund, in dem wir von Gott berührt und gehalten sind. Dann kann Gott, wenn er will, »hervortreten«, uns seine Gegenwart in uns erfahren lassen. Aus einer solchen Gebetserfahrung nehmen wir die Sehnsucht mit, uns mehr und mehr für Gott bereitzuhalten in innerer Aufmerksamkeit, in Stille und Meditation.

5. Phase – Das Verweilen

Wer Gott erfährt, dem schwindet die Zeit. Wir versinken in ihr, weil alles tiefe Gegenwart ist. Kommen wir in die Gegenwart Gottes, so haben wir uns selbst ganz eingeholt, uns selbst in seiner Gegenwart gefunden. In seiner Gegenwart werden wir uns selbst gegenwärtig und fähig, ganz Person, ganz frei zu sein. Wir sind an Gott hingegeben und doch ganz an uns selbst zurückgeschenkt. »Kostet und seht, wie gütig der Herr ist« (Ps 34,9). Aber nicht nur tiefe Freude, auch tiefer Schmerz kann uns gleichzeitig erfüllen, die wehtuende Einsicht in die eigene Unzulänglichkeit, die wir im Glauben, dass wir mit ihr von Gott angenommen sind, aushalten.

Im Verweilen bei Gott werden wir neu geboren. Wir werden ein neues Geschöpf. Wir können es bleiben, wenn wir dem Prozess der Wandlung, der da in uns beginnt, keine Hindernisse entgegenstellen.

Wir können dieses Verweilen bei Gott in schweigendem Dasein vor ihm verbringen. Wir können auch ein Wort mitnehmen. Es kann uns helfen, uns nicht zu verlieren, sondern wach zu bleiben in gesammelter Gegenwart. Wir können dieses Wort in einem Psalm finden oder in einem Lieblingsgebet oder in einer der in diesem Kapitel vorgeschlagenen Übungen: ein Wort, in dem wir uns selbst ganz aussagen können, in dem wir unsere Hingabe an Gott, unsere Gottzugehörigkeit ausdrücken. Sie können auch eines der folgenden Worte wählen:

Worte zum Verweilen

Ich gehöre Dir
Du bist der Gott meines Lebens
In Dir lebe ich, bewege ich mich und bin ich
(vgl. Apg 17,28)

Wer sich einlässt auf eines dieser Worte, wird herausfinden, welche geeignet sind, sich davon tief berühren und wandeln zu lassen.

Sich üben im Gegenwärtigsein

Wir nehmen den folgenden Text des Gebetes »Vor Dir, Herr« in betender und betrachtender Weise ganz in uns auf. Dazu ist es nötig, den Text oft zu lesen, langsam, Wort für Wort bedenkend. Wir lassen die Worte einsinken in unser Bewusstsein, in unser Herz.

Vor Dir, Herr
Herr, dasein vor Dir, das ist alles. Die Augen meines Leibes schließen, die Augen meiner Seele schließen und still bleiben, unbeweglich. Mich Dir aussetzen, der Du Dich mir ausgesetzt hast. Dir gegenwärtig sein, dem unendlich Gegenwärtigen. Herr, ich bin bereit, nichts zu fühlen, nichts zu sehen, nichts zu hören, leer von jedem Gedanken, von jedem Bild, in der Nacht. Da bin ich, so schlicht ich es vermag, um Dir ohne Hindernis zu begegnen, im Schweigen des Glaubens, vor Dir, Herr.

Aber Herr, ich bin nicht allein. Ich kann nicht mehr allein sein. Herr, ich bin Menge; denn Menschen bewohnen mich. Ich bin ihnen begegnet, sie sind eingegangen in mich, sie haben sich in mir eingerichtet, sie haben mich beschenkt – verletzt und gequält, sie haben mich in Besitz genommen, sie haben mich aufgezehrt, und ich habe sie – eingelassen, Herr, damit sie sich nähren und ausruhen. Ich führe sie auch zu Dir, wenn ich mich Dir übergebe. Ich setze sie Dir aus, wenn ich mich Dir aussetze. Da bin ich – da sind sie vor Dir, Herr.
Michael Quoist, in: »Herr, da bin ich«
(Styria Verlag, Graz 1986).

Danach setzen wir uns aufrecht auf einen Stuhl oder auf einen Meditationshocker am Boden. Wir vergegenwärtigen uns den Satz aus obigem Text: »Ich setze mich Dir aus, wie Du Dich mir ausgesetzt hast«. Dabei nehmen wir unsere Körperhaltung wahr. Wir sitzen: Die Hände liegen nach oben geöffnet auf unseren Knien. Unsere Augen sind halb geöffnet nach vorne gerichtet, oder wir schließen sie. Wir werden herausfinden, wie wir uns am besten konzentrieren können.
Dann nehmen wir wahr, wie wir im Raum anwesend sind. Wir fühlen, wie unser Körper nach vorne in den Raum hinein frei ist, wie er hingebend und gleichzeitig empfangend ist. Wir achten auf unseren Atem, wie er kommt und geht, sich hergibt, und wie er uns wieder geschenkt wird. – Wir spüren, wie unser Rücken, unsere Seiten frei sind innerhalb des Raumes. Wir bleiben so einige Minuten in unserem Körper ganz anwesend, ganz gegenwärtig. Dann werden wir uns bewusst, dass wir vor Gott sind. Jetzt sagen wir innerlich, was unsere Körperhaltung ausdrückt und

werden so eins mit Geist und Leib in diesem Wort: Ich setze mich Dir aus, wie Du Dich mir ausgesetzt hast. Wir wiederholen diesen Satz, nicht mit dem Verstand, sondern mit unserem ganzen Wesen; verweilen so lange wir können. Wenn wir die Übung wiederholen, fragen wir uns: Wie hat sich Gott in Jesus mir ausgesetzt? Vielleicht betrachten Sie ein Kreuz, an dem Jesus hängt. Schauen Sie es lange an. Dann können Sie die Antwort auf die eben gestellte Frage finden: Wie hast Du Dich mir ausgesetzt? Nämlich so: Mit jedem Tropfen Wasser und Blut, mit jeder Pore seiner Haut, bis zum letzten Atemzug. Dann setzen Sie die Übung fort, so lange es Ihnen möglich ist. Üben Sie oft in dieser Weise, weil Sie sich darin in Ihrer ganzen Existenz Gott aussetzen.

Die täglichen Exerzitien

Vielleicht haben wir, während wir beteten, in Tagen der Stille, bei Exerzitien oder auch mitten in der Arbeit die Erfahrung gemacht, dass wir in unserem Innern spürbar berührt wurden von Gottes Gegenwart. Eine tiefe Gewissheit mag sich in uns ausgebreitet haben, dass er da ist, dass Gott existiert. Wir ahnten, dass es nicht einfach darum geht, Gebete herzusagen, religiöse Pflichten zu erfüllen. Viel mehr steht auf dem Spiel: unser eigenes Herz. Es genügt Gott keinesfalls, dass wir ihn »mit den Lippen ehren, unser Herz aber weit weg ist von ihm« (Mt 15,8).

Nun gab er uns spürbar ein Zeichen, dass er ist. Wir erfuhren seine Nähe. Etwas uns Erfüllendes, Lebendiges ist in uns, wenn wir an Gott denken. Jetzt ist dieses An-Gott-Denken kein bloßer Denkakt mehr. Es ist ein Eintauchen in die Gegenwart des in uns daseienden Gottes. Alles um uns war wie vorher. Und doch ganz anders. Alles war mitberührt von der Berührung, die in unserem Innersten geschehen war. Wir hatten plötzlich neue Augen, sahen uns und andere anders. Neue Ohren hörten anderes und anders. Wir hatten ein neues Herz, das anders empfand und anderes begriff. Eine Erfahrung, die uns wandelte.

Aber wie das so ist im Leben. Auch tiefe Erfahrungen werden manchmal zerrieben von Alltäglichkeiten. Man vergisst sogar, dass man sie gemacht hat. Der Ort in uns, an dem sie geschehen sind, wurde verwischt von tausend anderen Erlebnissen und Wichtigkeiten.

Der Ort Gottes in uns

Wer von Gott einmal berührt wurde in seinem Innern – vielleicht war es in unserer Kindheit, in unserer Jugendzeit – tut gut daran, immer wieder an diesen »Ort« in sich zurückzukehren, in einer Art Wallfahrt nach innen ihn aufzusuchen, so oft, bis der Ort in uns sich wieder finden lässt. Ist er doch unser Bet-El (hebräisch: *Bet* = Ort; *El* = Gott), also Gottes Ort in uns, an dem wir mit ihm, an dem er mit uns geredet und uns gesegnet hat.
Bet-El, das ist der Ort, den sich Gott selbst in uns erschlossen hat, an dem er sich uns zuneigte, sich uns gab, uns segnete wie damals den Jakob am Fluss des Jabbok. Nachdem Jakob die ganze Nacht mit einem Mann, den er nicht erkannte, gerungen hatte, sagte er am Morgen: »Ich habe

Gott von Angesicht zu Angesicht gesehen und bin doch mit dem Leben davongekommen ... Er gab dem Ort den Namen Penuel, das heißt ›Gottes-Gesicht‹ « (vgl. Gen 32,23-33). Wenig später wird erzählt: »Jakob richtete an dem Ort, wo Gott mit ihm geredet hatte, einen Gedenkstein, ein Steinmal auf. Darüber schüttete er ein Trankopfer und goss Öl darauf. Jakob gab dem Ort, an dem Gott mit ihm geredet hatte, den Namen Bet-El« (Gen 35,14,15).

Bet-El. Ein heiliger Ort in uns. Der Ort unserer persönlichen Gotteserkenntnis, der Ort, wo wir vor seinem Angesicht sind, der Ort, an dem er uns berührt, sich zu erkennen gibt, uns wandelt. Dahin sollten wir täglich zurückkehren.

Sich bereitmachen

Tägliche Exerzitien, das heißt, ich nehme mir ausdrücklich eine kürzere oder längere Zeit, mich bereitzumachen für die Begegnung mit Gott. Täglich. Dabei versuche ich, ganz nach innen zu gehen, mich gleichsam wie an einem Seil hinunterzulassen in meine innerste Kammer, alles andere vor mir, hinter mir, um mich herum stehen und liegen, völlig unbeachtet zu lassen. In der innersten, der letzten Kammer in mir, wartet Gott auf mich. Das heißt nicht, dass sich jedesmal die Erfahrung, die wir einmal von der Nähe Gottes gemacht haben, wiederholt, gar in der gleichen Intensität. Das wäre zu viel erwartet. Wichtig ist, dass wir den Weg gehen. Denn Gott bestimmt, wann und wie er sich uns »zeigen« will.
Unsere tägliche Bemühung, an den Ort zu gehen, an dem Gott uns berührt hat, an dem wir »sein Angesicht« über

uns leuchten »sahen«, ist wie das Öl des Jakob, das er über den Ort seiner Gottesbegegnung gegossen hat. Er machte den Ort zum Gedächtnis-Ort, zum Dank-Ort.

Worte der Sammlung

Wenn wir die Worte nicht einfach dahersagen, sondern versuchen, ganz in dem gedachten, innerlich gesprochenen oder vorgestellten Wort zu sein, wenn wir dem Wort die Kraft lassen, die in ihm ist, dass es uns ganz erfüllen kann, kann es zum »Seil« werden, an dem wir uns in die Tiefe, in unseren Seinsgrund führen lassen. Verkosten Sie mit dem Herzen, was das Wort, das Sie wählen, Ihnen sagt. Lassen Sie zu, dass Ihre Gefühle sich in das Wort hinein ausbreiten. Mit der Zeit kann das Wort Sie verlassen, weil Sie angekommen sind. Dann brauchen Sie es nicht mehr. Alles ist Gegenwart geworden. Gott erfüllt das Herz.

Worte des Bewusstwerdens

Ich komme zu Dir, dass Deine Berührung mich segne (Tagore)

Lass Deine Augen eine Weile auf meinen Augen ruhen (Tagore)

Worte, die uns das Christusgeheimnis in uns bewusst werden lassen

Da wir auf Christus getauft sind und zum Vollalter Christi hinreifen sollen (Eph 4,17), können wir uns durch die Christus-Mystik des Apostels Paulus führen lassen. Wählen Sie je ein Wort, das Sie meditieren wollen.

In der Taufe habe ich Christus angezogen
(Gal 3,27)

Nicht mehr ich lebe, Christus lebt in mir
(Gal 2,20)

Für die Freiheit hat mich Christus frei gemacht
(Gal 5,1)

Gott hat mich mit Christus lebendig gemacht
(Eph 2,5)

Alles vermag ich in Christus, der mich stark macht
(Phil 4,13)

Mein Leben ist mit Christus in Gott verborgen
(Kol 3,3)

Worte, die uns erinnern, dass der Heilige Geist in uns wohnt

»Durchwirke meine Seele ganz,
mit Deiner Gottheit Kraft und Glanz.«
Aus einem Hymnus der Kirche

Nehmen Sie folgendes Wort in Ihren
Atemrhythmus auf:
(Einatmen): »Atme in mir –
(Ausatmen): Du Heiliger Geist.«

»Geist der Freude, Heiliger Geist, komm auf mich herab«

Wählen Sie aus folgenden Sätzen einen zum Meditieren oder vielleicht gefällt Ihnen dieses Gebet als Morgengebet:

»Öffne meine Ohren, Heiliger Geist, damit ich deine Botschaft höre.

Öffne meine Augen, Heiliger Geist, damit ich die Schönheit der Schöpfung sehe.

Öffne meinen Geist, Heiliger Geist, damit ich deine Botschaft glaube.
Öffne meinen Mund, Heiliger Geist, damit ich deiner Herrlichkeit Zeugnis gebe.

Öffne meine Hände, Heiliger Geist, damit ich deine Hilfe fasse.

Öffne mein Gemüt, Heiliger Geist, damit ich deine Nähe liebe.

Öffne mein Herz, Heiliger Geist, damit ich deine Liebe spüre.«

Lassen Sie sich von den Gedanken über den Heiligen Geist auf Seite 87 für Ihre Meditation motivieren.

Wenn wir eines von diesen Wörtern lange genug betrachtet haben, können sie manchmal ohne unser Zutun in uns aufsteigen und uns so bewusst in die Gegenwart Gottes führen. Das kann schon morgens beim Aufwachen sein oder nachts, wenn wir schlaflos in unserem Bett liegen.

Spontanes Beten ist aber auch ohne diese Einübung möglich, wenn wir uns durch irgendeine Situation angeregt fühlen, Gott zu loben, ihm zu danken, ihn zu bitten, vor ihm zu klagen.
»Beten ist Leben. Es ist Essen und Trinken, Tätigsein und Ruhen, Lehren und Lernen, Spielen und Arbeiten. Beten durchdringt jede Facette unseres Lebens. Es ist die fortwährende Einsicht, dass Gott überall dort ist, wo wir sind, und dass er uns einlädt, ihm näher zu kommen und das göttliche Geschenk zu feiern, am Leben zu sein ...

Daher gibt es so viele Arten zu beten, wie es Augenblicke im Leben gibt. Das eine Mal werden wir einen ruhigen Platz zum Beten wählen und allein sein wollen, ein andermal werden wir die Nähe eines Freundes suchen. Wieder ein andermal werden wir zu einem Buch greifen oder lieber Musik hören. Und bei ganz anderer Gelegenheit

möchten wir mit Hunderten anderen laut herausschreien oder mit ein paar wenigen nur leise flüstern. Das eine Mal werden wir unser Gebet in Worten sagen, das andere Mal in tiefem Schweigen.
In all diesen Augenblicken machen wir unser Leben mehr und mehr zu einem Gebet und strecken unsere offenen Hände aus, um von Gott auch dorthin geführt zu werden, wohin wir nicht wollen« (Henri Nouwen, Mit offenen Händen, Herder, Freiburg).
Auch machen wir uns bewusst, dass wir als Betende die Welt vor Gott zur Sprache bringen. Wer betet, ist wie ein Kristallisationspunkt, in dem die Welt, die Menschheit vor Gott kommt.

Krankheit und Altern als Grenzerfahrung

Fragen, vor die uns Krankheit und Altern stellen

Unser Leben hat einen Anfang und es hat ein Ende. Dazwischen liegen viele Lebensphasen und Lebenssituationen, die uns immer schon mit Grenzerfahrungen konfrontiert haben. Immer schon haben diese uns herausgefordert, den Sinn-Punkt zu finden, der sie uns bestehen und überschreiten ließ. Schon als Kind erlebten wir Grenzen. Wir waren klein, unmündig, abhängig. Als Jugendliche und junge Erwachsene rieben wir uns an anderen Grenzen, an wieder anderen in der Lebensmitte. In ihr kündigten sich dann bereits die Grenzen unserer Berufsarbeitszeit und unserer körperlichen Kraft, sogar unserer Lebenszeit an. So sind wir als ältere Menschen durch das Erlebte und schon Überstandene vorbereitet für die Grenzen, die uns die weiteren Lebensphasen bringen werden. Wir sind darin geübt, auch schwierigen Situationen Sinn abzugewinnen. Alt werden ist zwar keine Krankheit. Aber das Alter kann krankheitsähnliche Zustände mit sich bringen: Bewegungseinschränkungen, körperliche Minderungen aller Art, kleinere und größere Schmerzzustände. Deshalb denken wir hier über die Krankheit als Grenzerfahrung im Alter nach.

Wie es das Geschick aller Menschen ist, mit und in Grenzen zu leben, so ist es die Auszeichnung aller Menschen, mit Freiheit und Würde ausgestattet zu sein. Wenn auch unter Bedingungen, so sind wir doch frei, unter mehreren Möglichkeiten zu wählen, uns zu entscheiden. Wir sind frei, uns selbst zu bestimmen, unser Leben selbst zu führen, zu gestalten. Und mit der Freiheit ist es gegeben, dass wir Verantwortung für unser Leben übernehmen, seinen Sinn entdecken und diesen Sinn leben. Diese ganz persönliche Aufgabe können wir nicht delegieren. Sie bleibt uns auch in der Krankheit und in den Minderungen und Beschwerden des Älterwerdens und des Alters.

In dieser Situation ist es wichtig, dass wir uns die Dimensionen unserer Freiheit bewusst machen. Wir können zum Beispiel mit unserem Denken über die Begrenzungen unseres Zimmers hinaus denken, alle Räume und Grenzen übersteigen, uns eine frühere Reise und ein fernes Land in Erinnerung rufen, in Gedanken dort verweilen. Auf solche Weise sind wir fast unbegrenzt. Wir können in Gedanken und mit Gefühlen bei einem fernen Menschen sein. Ebenso können wir uns entsprechende Einstellungen zu Krankheit, Leiden, Altersbeschwerden erarbeiten, die uns trotz allem zufrieden sein lassen mit unserem Geschick. Die Einstellung und das Ja sagen verändert zwar unsere Krankheit nicht. Und sie verändert sie doch. Wenn wir zu unserer Krankheit eine bejahende Beziehung gewonnen haben, kann daraus ein heilender Einfluss auf Seele und Leib entstehen. Wenn wir uns in den Fluss des Lebens, so wie es auf uns zukommt, hineinbegeben und keine Blockierungen errichten, können die Lebensenergien in uns fließen.

Wir haben Fragen an unsere Krankheit. Wir fragen: Wozu? Warum? Warum gerade ich? Warum diese Krankheit, dieses Leiden, diese Beschwerden? Alle, die von einer Krankheit betroffen sind, fragen so. Wir müssen fragen, um so Schritt für Schritt und vielleicht über einen längeren Zeitraum hinweg eine Antwort zu finden. Eine Antwort für jetzt, nur für heute, nicht einmal schon für morgen. Durch unsere Fragen sind wir im Gespräch mit unserer Krankheit und werden so mit ihr vertraut. Allmählich lernen wir sagen, sie gehört zu mir, sie macht einen Teil meiner Identität aus, jetzt oder vorübergehend oder sogar bleibend. Diese bejahende Einstellung verlangt gleichzeitig, alles zu tun, um gesund zu werden, zumindest den Krankheits- oder Alterungsprozess aufzuhalten oder zu verzögern. Dieses Alles-Tun gibt Hoffnung, mobilisiert unsere Energien, lässt uns lebendig sein, über die Situation hinausschauen und bewahrt uns davor, dem Trübsinn anheim zu fallen.

Mit einer Krankheit leben lernen

Zunächst erschrickt man, wenn der Arzt die Diagnose stellt: Mit dieser Krankheit – Arthrose, Osteoporose, Arthritis, Rheuma u.a. – müssen Sie leben. Mir ging es vor Jahren so, als ich wegen Schmerzen in den Hüftgelenken den Arzt aufsuchte. Leben lernen mit einer Krankheit ist ein langer Prozess. In ihm tritt an die Stelle der Hoffnung auf Besserung, gar auf Überwindung der Krankheit oder eines Leidens, die Ergebung ins Unabänderliche. In diesem Vorgang aktivieren wir Haltungen, die wir in früheren

Krankheitszeiten oder anderen schmerzlichen Erfahrungen bereits einmal eingeübt hatten. Wir wollen uns diese wieder bewusst machen.

Nicht hängen bleiben in unguten Stimmungen

Enttäuschungen oder Misserfolge müssen verarbeitet werden. Das geht nicht von heute auf morgen. Oft ist die Stimmung gedrückt, und wenn wir nicht auf uns aufpassen, kann sie unser inneres Haus auf Dauer besetzt halten. Bald würden wir uns darin selbst nicht mehr wohl fühlen. Welche Wirkungen düstere Stimmung, räsonieren und resignieren auf unsere Mitmenschen haben, haben wir sicher schon erlebt. Niemand hört unseren Jammer gerne mehr als einmal an.
Zwar kann und soll man über seine Krankheit reden können und dürfen. Dagegen sind dauernde Unmutsäußerungen, Signale der Unzufriedenheit, mürrische Launen auch bei einem Kranken nicht gerade erträglich. Die Krankheit sollte nicht der einzige Denkinhalt oder gar das einzige Lebensthema werden.

Trauer über Verlorenes

Um seelisch gesund zu bleiben, sollten wir die Trauer über Verlorenes nicht verdrängen. Unechte, gespielte Tapferkeit führt zu nichts. Haben wir früher unseren körperlichen Kräften und geistigen Fähigkeiten gestattet, das Leben auszukosten und als erfüllt zu betrachten, so müssen wir uns mit zunehmendem Alter und erst recht

in einer nicht mehr zu heilenden Krankheit von dieser Art Lebensfülle verabschieden. Aber auf eine Weise, die uns das Verlorene gewissermaßen wieder zurückbringt. Kreativ sein, selbst in der Trauer, lässt die in frühere Aktivitäten investierten Energien nicht verkommen, sondern überträgt sie in Tätigkeiten, die der jetzigen Kraft und der momentanen Situation angepasst sind.
Eine Reisegefährtin, die wegen ihrer Arthrose die Wanderungen nicht mitmachen konnte, setzte sich in der fraglichen Zeit auf eine Bank, in den Bus oder in ein Café und schrieb ein Reisetagebuch. Als sie daraus vorlas, sagten die anderen, sie hätte offenbar die Landschaft, die Orte, die Sehenswürdigkeiten intensiver erlebt als alle anderen. Man verliert nicht einfach etwas, ohne dass ein anderes gegeben wird, wenn wir bereit sind, umzulernen.

Mit Schmerzen leben lernen

Der Schmerz fesselt den ganzen Menschen. Vorbei sind die geistigen Hochflüge, die schönen Gedanken. Uns beherrscht nur der eine Gedanke, den Schmerz loszuwerden, ihn zu lindern. Das erfordert Gespräche mit dem Arzt und bewusster Umgang mit schmerzstillenden Mitteln. Manchmal hilft, sich mit dem Schmerz zu verbinden, ihn anzunehmen, die Kraft nicht in die Abwehr, sondern in die Annahme der Schmerzen zu investieren. Vor allem dann, wenn bestimmte Atemtechniken zur Schmerzlinderung noch helfen können. Das ist nicht immer der Fall, weil die Schmerzen zu übermächtig sind. Dann muss man sich helfen lassen.

Eine Freundin, die während ihres anstrengenden Berufslebens sehr unter Migräne litt, erzählte mir, dass sie im Büro oft starke schmerzstillende Mittel nehme, weil sie nicht schon wieder sagen wolle, sie müsse wegen Kopfschmerzen nach Hause gehen. Kamen die Schmerzen aber am Freitag, hielt sie diese übers Wochenende gelegentlich einfach aus. Sie habe diese Schmerzzeit nicht nur als körperliche, sondern auch als eine geistige Erneuerung erlebt, sagte sie im Nachhinein.

Der Schmerz hat eine wichtige Funktion in unserem Leben. Nicht nur, dass er auf Krankes in uns aufmerksam macht. Er macht uns zwar hilflos, hilfsbedürftig, ja ohnmächtig und klein. Er bringt uns tatsächlich an unsere Grenze. Aber er lässt uns auch erleben, was wir alles aushalten können. Wir erleben unser Durchhaltevermögen, unsere innere Stärke. In beide Richtungen also weitet er unser Bewusstsein aus. Auch zeigt er uns, indem wir uns mit allen Kräften und allen Mitteln gegen ihn wehren, wie lebendig wir sind, wie sehr wir am Leben hängen.

Menschen, die unter altersbedingten Schmerzen leiden, haben die Erfahrung gemacht, dass sie am Anfang darüber fast verzweifelt sind. Später wussten sie anders damit umzugehen. Sie sagten sich, jetzt habe ich zwar Schmerzen, aber ich weiß, sie gehen auch wieder vorbei. Und die heutige Medizin hilft gerade dem alten Menschen, weitestgehend ohne Schmerzen zu sein. Das gilt sogar bei unheilbaren, tödlichen Krankheiten.

Sich informieren

So viel wir können, sollten wir uns über unsere Krankheit informieren, über ihre Ursache, ihren möglichen Verlauf, über Heilungsmethoden. Das macht uns aktiv, wir setzen alle unsere gesunden Kräfte ein zur Mitarbeit mit den Ärzten oder Heilpraktikern. Dabei wachsen wir in unserer Selbstbeobachtung und Selbstwahrnehmung. Beide erweitern unser Bewusstsein über uns selbst. Durch Information kundig geworden, können wir mit den Ärzten diskutieren, können eher mitentscheiden, wie es weitergehen kann. Das sollte so bleiben, so lange wir genug geistige und körperliche Kraft haben. Dann wären wir nicht einfach hilf- und willenlos dem Fachwissen fremder Menschen ausgeliefert.

Akzeptieren lernen: Ich brauche Hilfe

Wenn wir Hilfe brauchen, werden wir zuerst abwägen, wie oft und wofür wir sie nötig haben. Dann werden wir uns bewusst machen: Was kann ich selbst tun (noch oder schon wieder), auch wenn es mich anstrengt, auch wenn es schmerzt. Das gilt vor allem für den Bewegungsapparat. Wir sollten alles, was wir können, selbst tun, auch mit dem Ziel, unabhängig zu bleiben.
Wenn wir viel und dauernd Hilfe brauchen, sagen wir vielleicht: Ich falle anderen zur Last. Das trifft uns tief, verletzt uns in unserem Stolz, nimmt uns unsere Unabhängigkeit und Selbstbestimmung. Das alles hat mit unserer Würde zu tun. Auf diese zu achten, dazu sind wir besonders aufgefordert, je hilfloser wir werden. Wie die anderen mit

unserer Situation umgehen, haben wir nicht in der Hand. Wir selber aber schützen unsere Würde, wenn wir uns selbst achten. Das drücken wir auch dadurch aus, dass wir höflich, freundlich und aufmerksam sind zu den Menschen, die uns helfen. Was wir ausstrahlen, strahlt auf uns zurück. Unser Interesse am Leben der anderen weckt auch das Interesse anderer an uns.
Wir sollten solche Lebenshaltungen und Umgangsweisen anderen gegenüber einüben, solange wir noch die Kraft dazu haben. Denn, wer wüsste es nicht, wie schwer es ist, freundlich, geduldig zu sein, wenn man Schmerzen hat oder auch nur unter einer Unpässlichkeit leidet. Allein schon Müdigkeit setzt uns zu und bringt uns in die Situation, nicht adäquat zu reagieren. Erst recht, wenn man schwach ist, sich elend fühlt. Auch innere Prozesse, nicht erledigte Probleme zum Beispiel, können unsere Energien binden. Es gibt alte Leute, die misstrauisch sind jenen gegenüber, die sie pflegen und umsorgen. Es gibt den Neid der Kranken auf die Gesunden.

Gefahren widerstehen

An manchen Kranken kann man beobachten, dass sie sich zum Mittelpunkt ihrer Welt machen. Nichts und niemand ist so wichtig wie sie, ihre Krankheit, ihre Bedürfnisse, ihre Lage. Die Gefahr, in eine egozentrische Enge zu geraten, ist groß. Man will bemitleidet werden, bemitleidet sich selbst. Manche werden sentimental, weinerlich, vor allem teilnahms- und interesselos anderen gegenüber: Niemand leidet, nur ich, ist die Grundeinstellung solcher Menschen.

Gewiss, wenn wir krank sind, hilflos, brauchen wir Zuwendung, mehr und anders als in gesunden Tagen. Wir brauchen Aufmerksamkeit, Einfühlung. Und wenn wir sie bekommen, sollten wir dankbar sein, uns aber auch Grenzen setzen mit Rücksicht auf die Grenzen anderer.

Eine andere Gefahr ist, dass wir unsere Persönlichkeit eingrenzen, uns auf unsere Krankheit reduzieren, die anderen, gesunden Teile unserer Persönlichkeit vernachlässigen. Manche Menschen sind nur noch krank, schauen nur noch darauf und erstarren in dieser Blickrichtung. Ihre Konzentration auf die Krankheit führt sie dazu, Freundschaften zu vernachlässigen, Kontakte aufzugeben und so allmählich zu vereinsamen.

Der weltweit bekannte und berühmte Moralprofessor Pater Bernhard Häring schrieb, an einem Speiseröhrenkrebs leidend:

»Im Kellergeschoß des Schwabinger Krankenhauses in München sagte mir der sympathische Bestrahlungsarzt: › Ich sehe es Ihnen an, dass Sie sich zutrauen werden, diese Periode der 35 Kobalt-Anwendungen ohne Schlaf- und Schmerzmittel zu überstehen. Ihre Leidensgenossen, die täglich stärkere Mittel erbitten, tun mir leid.‹ Ja, ich überstand diese Zeit ohne Rezept, ohne Schlafmittel, und ich traute mir sogar zu, gerade in dieser Zeit ein wichtiges Kapitel über Umweltethik für mein dreibändiges Werk › Frei in Christus‹ zu schreiben. Es kam mir sehr zugute, dass ich mich nicht einseitig auf meine Krankheit konzentrierte, aber mit meinen Kräften vernünftig umging.

Beim Warten im Kellergeschoß des Krankenhauses, bis die Reihe an jeden kam, schrieb ich den am meisten bedrückten Mitpatienten kleine Ermunterungsbriefe. Ich ließ mir immer wieder etwas einfallen. Und wie glücklich war ich, zu sehen, dass die Botschaft ankam! Einen etwa neunjährigen Buben, der ohne Bezugsperson auf seine Behandlung wartete, während alle anderen Kinder einen Angehörigen bei sich hatten, zog ich an mich. Es tat ihm sichtlich wohl, seine Tränen an meinem Ärmel zu trocknen. Schließlich kam täglich während unserer Wartezeit eine kranke Frau auf dem Rollstuhl ebenfalls zur Bestrahlung. Es ist mir unvergesslich, wie liebevoll sie den Mitpatienten zulächelte. Ich schrieb ihr mein Brieflein: › Ihr Lächeln an diesem Ort ist uns mehr wert als eine Million Mark.‹ Sie nahm die Anerkennung mit Charme zur Kenntnis. Aus ihrem Lächeln strahlte ihr Gottvertrauen, das ihre inneren Kräfte zum Sprudeln brachte« (aus: Christ in der Gegenwart 46/91).

Ob wir gesund sind oder krank, das Wort von Saint-Exupéry gilt uns allen: »Es gibt keine Amnestie des Werdens.« Also erlaubt uns auch eine Krankheit nicht, damit aufzuhören, als Mensch zu reifen, am inneren Menschen zu erstarken, auch dann nicht, wenn die Kräfte nachlassen. Krankheit und Altersbeschwerden sind Bedingungen, Grenzerfahrungen, unter denen wir dem Werden verpflichtet bleiben. Die Geschichte von Bernhard Häring gibt uns dafür eine konkrete Anschauung.

Krankheit veranlasst uns, uns selbst mehr in den Blick zu nehmen

Die tieferen Bedürfnisse wahrnehmen

Die Krankheit führt uns über den Leib zu unserer Seele. Sie gibt uns Zeit, darüber nachzudenken, was unserer Seele fehlt. Wenn wir nicht gerade unter großen Schmerzen leiden, können wir uns selbst gegenüber offen werden, in uns hineinspüren. Dabei nehmen wir vielleicht unsere tieferen Bedürfnisse wahr, die in der Geschäftigkeit des Alltags nicht in unser Bewusstsein dringen konnten. Oder wenn doch, können wir uns in der Zeit der Krankheit fragen, ob wir ihnen zu wenig Beachtung schenkten und so ihre Bedeutsamkeit für unser Leben nicht genügend erkannten. Vielleicht entdecken wir, dass wir den Zugang zu unseren Gefühlen verloren haben, unsere Gefühle weder für uns selbst noch für andere benennen können. Wir können sehen, ob wir uns den Weg zu unserem tieferen Selbst verstellt haben. Wir nehmen wahr, wie wenig wir fähig sind, Stille zu ertragen, ruhig zu sein, uns auf uns selbst zu konzentrieren. Wir entdecken, wie lange wir schon kein Buch mehr gelesen, keine Musik gehört, kein Bild mehr betrachtet haben.

Aber auch anderes teilt sich unserem Denken und Fühlen mit. Vielleicht spüren wir ein Bedauern, sollten wir, wenn wir an unsere nächsten Mitmenschen denken, zur Kenntnis nehmen müssen, welche unserer Botschaften an sie ins Leere fallen, welche kein Echo bei ihnen wecken. Und wir werden vielleicht gewahr werden, welche ihrer Mitteilungen an uns wir überhören, übersehen, übergehen. Bei diesem Nachdenken können wir zu neuen und anderen Prioritäten finden und uns andere Verhaltensweisen überlegen. Das ist eine wichtige Vorarbeit für ein neues Anfangen nach der Krankheit. Denn manche uns angetane Kränkung hat uns ge-kränkt, krank gemacht.

Neue Lebensorientierung gewinnen

Um zu einer neuen Lebensorientierung zu kommen, können wir uns etwa fragen:

Kenne ich meine tiefste Sehnsucht?
Kenne ich meine geistigen und geistlichen Bedürfnisse?
Welches sind meine Bedürfnisse an die allernächsten Menschen, mit denen ich meine Zeit, mein Leben, meinen Alltag teile?
Was gibt mir innere Zufriedenheit, tiefe innere Ruhe, Erfüllung?
Was macht mich glücklich?
Bei wem, mit wem kann ich am ehesten ganz ich selbst sein?
Welche Beziehungen kosten mich nur Kraft? Welche geben mir Kraft?
Wie kann ich auf einen Ausgleich hinarbeiten?

Vielleicht ließ es das Leben – oder unser Lebensstil? – bislang nicht zu, solche Fragen zu stellen. Vielleicht waren wir uns selbst gegenüber nachlässig, versäumten es, unsere eigene Persönlichkeit in den Blick zu nehmen, an uns zu arbeiten.

Dann kann die Krankheit helfen, in einem tieferen Sinn gesünder zu werden. Der Leib hilft dabei der Seele. Und die Seele wird dem Leib zu seiner Gesundheit helfen, wenn wir die Impulse beachten, die aus unserer Persontiefe aufsteigen, wenn wir sie begreifen als unser ganz persönliches Lebensgewissen, das nicht will, dass wir an der Oberfläche nur dem täglichen Funktionieren verhaftet bleiben, und dabei uns selbst versäumen und so Schaden leiden an unserer Seele (vgl. Mt 16,26). Uns davor zu bewahren, kann für die einen oder anderen Menschen der tiefere Sinn der Krankheit sein (siehe »Impulse und Botschaften von Innen«, Seite 77ff.).

Der tiefere Sinn von Krankheit und Altern

Existenzielle Fragen brechen auf

Es gibt schwere Krankheiten, die uns an die äußerste Grenze unseres Daseins bringen. Die Unverfügbarkeit über das eigene Leben wird dabei zur Grunderfahrung. Ein totales Angewiesensein auf andere, die uns die Krankheit bestehen helfen, muss angenommen werden. So ausgeliefert, wird unser Leben für uns durchsichtig auf seinen Geschenk-, auf seinen Gnadencharakter hin. Wir spüren, dass wir unser Leben nicht aus uns selbst haben. Auch wird uns die letzte Grenze, der Tod, erahnbar.
Krankheit und Altersbeschwerden werfen uns auf uns selbst zurück. Sie können uns dazu bringen, jene Dimen-

sion des Lebens ernst zu nehmen, die wir in gesunden Tagen, in Zeiten intensiver Aktivität, nicht sahen, über die wir hinweggingen, als gäbe es sie nicht. Da viele Menschen oft nur außenorientiert und sogar außengelenkt leben oder gelebt haben, ist es bei der Erfahrung der angesprochenen Grenzen höchste Zeit, sein inneres Ohr an jene Fragen zu halten, die von innen her aufbrechen können, sich also den tieferen Fragen des Lebens zu stellen:

Wofür lebe ich? Wofür habe ich gelebt?
Was war oder ist mein Lebensauftrag?
Worin sehe ich den Sinn meines bisherigen Lebens?
Welche innere Haltung hilft mir, die Vergänglichkeit des Lebens anzunehmen?
Welche Einstellung habe ich zu meinem eigenen Sterbenmüssen, zu meinem persönlichen Tod?
Was glaube ich, kommt danach?

Wenn solche Fragen so oder anders in uns aufbrechen, verweisen sie uns auf unseren ganz persönlichen Lebenssinn und Lebensauftrag. Und: Sie sind eine existenzielle Einladung, (endlich) *wesen*-tlich zu werden, ganz ich selbst zu sein.

Ganz zu mir selbst kommen

Krankheit und Älterwerden verlangsamen unser Lebenstempo. Wir bekommen dadurch mehr als früher Zugang zu unseren verborgenen Motivationen und inneren Haltungen. Beim Nachdenken kann uns aufgehen, worauf wir im Leben besonderen Wert gelegt haben. Vielleicht waren es vor allem äußere Geltung, gesellschaftliche Anerkennung, Besitz, Geld, Konsum. Die Krankheit lässt uns erleben, wie wichtig menschliche Werte sind, die wir selbst vielleicht nicht so hoch einschätzten wie die eben genannten. Ohne Einfühlung, Geduld, Nachsehen, Güte, Freundlichkeit, wohlwollendes Verständnis werden wir Krisensituationen, die schwere Krankheiten und schwere Altersbeschwerden auslösen können, kaum bestehen. Man erwartet diese Haltungen allzu selbstverständlich von Pflegenden, vielleicht ohne sich in gesunden Lebenstagen und -jahren selbst darum bemüht zu haben. Die Erfahrung äußerster Grenzen durch Krankheit und Hilfsbedürftigkeit relativiert alle anderen Werte wie Besitz, Prestige, Geld, Macht. Manche sagen, sie würden alles hergeben, wenn sie nur wieder gesund werden könnten.

Krankheit ist eine Einladung zur Umkehr aus manchen verkehrten Lebenshaltungen, aus mancher Lebenspraxis. Sie macht uns sensibel für die Einmaligkeit und Kostbarkeit des Lebens. Da sie unsere Gewohnheiten unterbricht, oder gar bricht, macht sie uns wach für die genannten Erkenntnisse. Sie lässt uns dankbar werden für die gesunden Tage und Jahre, die wir erleben durften.

Die Liebe und Aufmerksamkeit der Mitmenschen wahrnehmen

Eine Frau, wegen Herzinfarkt in die Klinik eingewiesen, erzählte nach ihrem Aufenthalt dort, wie viele Menschen bei ihr angerufen, ihr Blumen geschickt, sie besucht hätten. Das hätte ihr neuen Lebensmut und Kraft zum Gesundwerden gegeben. Sie hätte gar nicht gewusst, dass sie

mit so vielen Menschen verbunden sei und diese Menschen mit ihr. So kann uns das Erleben von Krankheit auch lehren, nicht nur darauf zu schauen, was Menschen einander antun. Sie macht uns sehend dafür, was Menschen füreinander tun. Einer meiner Nachbarn pflegt seit Jahren seine MS-kranke Frau. Eine Bekannte betreut jahrzehntelang schon ihren behinderten Mann. Außerdem werden alte Menschen meist in ihren Familien alt und dort auch betreut und gepflegt. Nur ein geringer Prozentsatz alter Menschen entschließt sich, in ein Altenheim zu gehen.
Dabei zeigt sich, was im Leben wirklich trägt. Es sind die mitmenschlichen Beziehungen. Alles, was wir an Kraft, Zeit, Aufmerksamkeit im täglichen Miteinander, vor allem aber an klärenden und vertiefenden Gesprächen in unsere Beziehungen investiert haben, zeigt sich in Krisenzeiten als tragender Grund. Es ist der Grund, der uns nicht verzweifeln, nicht absinken lässt in pure Resignation.

Es kann sein, dass fast nichts von tragender Beziehung unter den allernächsten Menschen erlebt wurde und in schweren Zeiten deshalb auch nicht da ist. Was ist dann zu tun?, fragte ein Mann in einem Seminar. Eine Frau gab ihm zur Antwort: »Versuchen Sie mit jemanden aus Ihrem Bekanntenkreis zu sprechen, dem Sie vertrauen können. Vielleicht wird es Ihnen von daher möglich, mit Ihren Familienmitgliedern eine Gesprächsbasis aufzubauen. Vielleicht sind die anderen ebenso hilflos und brauchen gerade den Anstoß dazu von Ihnen.«
Es ist immer (höchste) Zeit, an den Beziehungen zu arbeiten. Sie tragen das Leben nicht nur in kranken und in den Tagen des Alters. Unser ganzes Leben wird in seinem Gelingen davon bestimmt, ob unsere Beziehungen gelin-

gen. Gelingen heißt nicht, keine Spannungen und Konflikte zu haben. Vielmehr geht es um die Art und Weise, wie wir diese austragen. Das wiederum ist davon abhängig, wie wir miteinander umgehen, wie wir auch sonst miteinander reden. Das Herz aller Beziehungen ist das Gespräch. Und unsere Gespräche sind das Herz und die Quellen aller Kultur.

Krankheit schafft Mitbetroffene

Alle müssen lernen

Niemand ist für sich allein krank. Immer gibt es Mitbetroffene. Es ist die Frau, der Mann, die Kinder, es sind Kollegen und Kolleginnen; vielleicht sind es auch die Nachbarn. Wenn wir krank sind, ist es wichtig, den Blick, das Herz und die Gefühle nicht nur bei sich, sondern auch bei den Mitbetroffenen zu haben. Müssen doch auch sie einen Lernprozess durchmachen, da sie sich auf mancherlei Weise umstellen und sich auf die Bedürfnisse eines kranken Menschen einstellen müssen. In einer Familie und ebenso in einem Betrieb hat jede und jeder seine bestimmte Aufgabe. Erkrankt jemand, funktioniert das Ganze nur, wenn Aufgaben neu verteilt und zum Teil auch neu gelernt werden.

Ist jemand krank in der Familie, müssen Rücksicht und Vorsicht eingeübt und beachtet werden. Alle werden sich darauf einrichten müssen, dass der Alltag in Ablauf und Organisation sich verändern muss, sich schon verändert hat.

Wer krank, hilfsbedürftig oder pflegebedürftig ist, sollte sich bewusst machen, was dadurch für andere alles anders wird. Sie müssen beispielsweise auf manches verzichten, liebgewordene Gewohnheiten, zumindest vorübergehend, aufgeben, sei es das laute Musikhören, das Ausgehen am Abend, das unbekümmerte Wochenende außerhalb des Hauses oder anderes. Kranke sollten daher darauf achten, ihre Ansprüche in Grenzen zu halten, die Angehörigen nicht zu überfordern, ihnen ihre Zeit nicht mehr als nötig einzuschränken, sie mit ihren Wünschen nicht zu »erdrücken«, vor allem sie nicht zu »erpressen« versuchen. Solche Verhaltensweisen lassen die Krankheit für Mitbetroffene zu einer Fessel werden, wenn sie nicht klug, liebevoll und konsequent auch Grenzen setzen, ihren eigenen Lebensraum schützen und abgrenzen.

Pflegende werden wachsam darauf achten, dass kranke und alte Menschen nicht über-fürsorgt werden. Das würde zu Abhängigkeit führen. Diese schafft in den meisten Fällen ungute Gefühle und verhindert die Reifungsmöglichkeit der Kranken wie der Gesunden in der gegebenen Situation. Es gilt, die Balance zu finden zwischen notwendiger, wohltuender, fürsorgender Pflege und den berechtigten Bedürfnissen derjenigen, die Hilfe leisten.

Immer mehr wird die Notwendigkeit erkannt, pflegenden Angehörigen, Helfern und Helferinnen eine Möglichkeit der Aussprache über ihre Erfahrungen mit Kranken und Pflegebedürftigen zu schaffen. Denn für sie ergeben sich eine Menge Fragen und Probleme. Sie aussprechen zu können, dabei auch für Gefühle von Ungeduld, Wut, Antipathie oder Ekel Verständnis, statt Verurteilung zu finden, entlastet Helfende sehr.

Eine neue Aufmerksamkeit entwickeln

Dem kranken und auch alten Menschen fällt die Aufgabe zu, eine neue Aufmerksamkeit für die Angehörigen zu entwickeln. Da ist das geduldige und vor allem verständnisvolle, nicht urteilende Zuhören vielleicht noch zu lernen. Für jeden Menschen, jung oder älter, kann es zu einem Erlebnis werden, ein solches Gesprächsverhalten zu erfahren und einen Menschen zu wissen, der mit seiner Zeit nicht geizen muss, sondern sich anderen frei zuwenden kann.

Sollte es kranken und alten Menschen gelingen, trotz Beschwerden gütig zu bleiben (oder zu werden), geduldig und menschenfreundlich zu sein, können sie ein Anziehungspunkt für andere werden. Sie geben Trost, obwohl es ihnen selbst nicht gut geht, obwohl ihnen viel vom Leben vorenthalten bleibt, da sie nicht mehr aktiv dabei sein können. Es gibt Menschen, die, den Tod vor Augen, Zuversicht und Hoffnung ausstrahlen.

Über alles sprechen erleichtert alle

Für alle von der Situation Betroffenen ist es wichtig, über alles miteinander zu reden: was gut tut, was einen freut, erleichtert, besorgt macht, wehtat oder wehtut. Gut reden miteinander ist immer therapeutisch, hilft allen, klärt die Atmosphäre, zeigt an, wo und wie man zueinander steht. Offenheit schafft Vertrauen. Dahinein gehören auch die gegenseitigen Bitten um Vergebung. Vor allem aber auch Dank. Dank nicht nur für Materielles. Dank auch für ein

Wort, für eine Einsicht, für ein Lächeln, eine Freundlichkeit. Solche Mitmenschlichkeit bewahrt die Würde aller. Gegenseitige Achtung, konkretisiert in höflichem Umgehen miteinander, erleichtert die Situation für alle Beteiligten.
Um kranke Menschen herum muss es nicht nur schwer sein. In der Achtsamkeit füreinander kann allen Beteiligten eine tiefe, erfüllende Gegenwart geschenkt werden. Nach dem Tod von Angehörigen hörte ich Trauernde öfter sagen: Trotz allem war es eine gute Zeit.

Quellen der Kraft

In schweren Situationen, wie es Krankheit ist und Älterwerden sein können, ist es wichtig, Quellen zu kennen, die uns Kraft geben. Nicht nur zum Durchhalten und Aushalten brauchen wir sie. Wir können nur durchhalten, wenn wir einen Ort haben, an dem wir Freude finden, Daseins-, Bewusstseinserweiterung erleben, Sinn entdecken, Solidarität und Mitmenschlichkeit erfahren. Nach den je eigenen Möglichkeiten von Zeit und Ort, körperlichen und geistigen Kräften, können verschiedene Kraftquellen in Anspruch genommen werden.

Tätigsein

Dorothe Sölle schreibt in einem ihrer Bücher, man solle sich Aufgaben widmen, die zugleich sozial sind und uns selbst Kraft geben. Sozial: Wenn wir uns für andere enga-

gieren, sind wir in Beziehung; mit anderen zusammen etwas tun, lässt uns Gemeinschaft erleben, befreit uns von Einsamkeit. Nehmen wir teil am Leben, den Sorgen und Nöten anderer, relativiert das die eigenen.
Nichts tun macht kraftlos. Etwas tun erhält nicht nur unsere Kraft, sondern vermehrt sie. Außerdem haben wir die tiefe Befriedigung, für andere wichtig zu sein.
Das erfahren auch jene ältere Menschen, die nicht mehr aus dem Haus gehen können, aber dennoch für andere tätig sind, indem sie Wolldecken stricken oder häkeln, zum Beispiel für kranke und notleidende Menschen in den Missionsstationen der sogenannten Dritte-Welt-Länder. Andere schreiben Briefe, nicht nur Mitteilungen, sie erzählen von sich, ihrem Erleben, ihren Einsichten und Erkenntnissen. Schreibend sind sie ganz bei sich selbst und erleben gleichzeitig ihre Beziehung zum Empfänger, der Empfängerin des Briefes intensiver (siehe »Geistige Aktivität ...«, Seite 55ff.).

Teilnehmen

Solange man gehen und etwas unternehmen kann, sollte man wandern, schwimmen, Kuren machen. Aber auch Konzerte besuchen, ins Theater gehen ..., je nach Interessenlage und Möglichkeiten am Leben mit anderen und der Gesellschaft dranbleiben.
Sollte jemand eine schwere Krankheit haben (Rheuma, Krebs o.a.), wäre es für manche gut, sich an einer Selbsthilfegruppe zu beteiligen. Dort kann man lernen, welchen Verlauf die Krankheit bei anderen nimmt, welche Hilfen für Leib und Seele gut tun. Schon das Erleben von Men-

schen, die unter derselben Krankheit leiden, nimmt das Gefühl, als würde man selbst am schwersten dran sein. In Beziehung kommen und in Beziehung zu sein mit anderen in der gleichen Lage, baut oft hilfreiche und sogar freundschaftliche Kontakte auf.
Die Teilnahme an Gottesdiensten kann uns beschenken. Mit diesem Bewusstsein hingehen, sich sagen, ich werde die Botschaft des Evangeliums hören, ich kann mittendrin sein, in mir sein oder mich berühren lassen von der Atmosphäre des Gebetes, des gemeinsamen Schweigens, Hörens und Singens; dabei selbst wählen, wieweit ich mich wo einlasse. Oder einfach da sein, schauen und hören. Die Seele ausruhen lassen; Kraft aufnehmen. Es ist viel, was wir bekommen. Oder auch versäumen.

Fragen an Gott

Die Fragen an unsere Krankheit bleiben meist nicht nur an die Medizin oder an uns selbst gerichtet. Wir fragen darüber hinaus. Wir fragen Gott: Wie kannst du das zulassen? Womit habe ich das verdient? Wieso muss ich so leiden? Was hat das für einen Sinn? Wir finden keine Antwort. Es ist wichtig, Gott gegenüber kein Blatt vor den Mund zu nehmen. Wir können ihm alles sagen, da er ohnedies in unser Herz sieht. Dieses sollen wir vor ihm öffnen; wortlos oder mit Worten können wir uns ganz und gar vor ihn bringen. Er ist und bleibt unser Gegenüber, unser Du. Deshalb können, sollen wir auch vor ihm klagen, ja, wie Hiob im Alten Testament, ihn anklagen. Gott hält das aus, ohne uns deshalb weniger zu lieben. Wir aber erfahren unsere Beziehung zu ihm, wenn wir zu ihm rufen, nach ihm schreien: »Aus der Tiefe schrei ich, Herr, zu dir« (Ps 130,1). Diese Klagegespräche vor ihm können uns ein letztes, äußerstes Vertrauen schenken: trotz allem (siehe »Der Gott unserer Leiden«, Seite 248ff.).

Verheißung

Wer krank ist, altersschwach oder Schmerzen leidet, braucht eine Botschaft, die das Herz tröstet. Deshalb erinnern wir uns an die Worte der Bibel, die zwar dem momentanen Zustand widersprechen, dennoch Zukunft in sich haben. Bei Jesaja heißt es: »Du wirst sein wie ein wasserreicher Garten« (Jes 31,12); »Wie ein Baum an Wasser gepflanzt« (Ps 1,3); »Er führt mich auf grüne Au; er schenkt mir Erquickung« (Ps 23,2). Solche und andere Worte sollten wir tief in uns aufnehmen. Sie können dann in uns aufsteigen, da sein, wenn wir schon keine Kraft mehr haben, sie zu denken (siehe »Die Endphase des Lebens«, Seite 299).
Freunde trugen einen gelähmten Mann in das Haus, in dem Jesus lehrte. Da so viele Leute ihn hören wollten, kamen sie nicht durch die Menge, so ließen sie den Gelähmten durch das Dach direkt vor seine Füße. Statt ihn zu heilen, sagte Jesus: »Deine Sünden sind dir vergeben.« Mit diesem Wort weist Jesus auf die innerste, wesenhafte Heillosigkeit des Menschen hin, die nur durch Gott selbst in ihrer Wurzel heil gemacht und überwunden werden kann. Jesus ist der zu uns gekommene Heiler, der Heiland der Welt. – In dieser Geschichte heilte er auch die Lähmung des Mannes (Mk 2,1-12; Mt 8,2).

Die Endphase des Lebens – Zeit existenzieller Armut und anderer mönchischer Lebenshaltungen

Lange Zeit besuchte ich eine alte Freundin im Pflegeheim. Von dort nahm ich die Erkenntnis mit, dass in einem Zustand langer Bettlägerigkeit die Zeit existenzieller Armut für uns angebrochen ist. Eingeengt in die immer gleichen vier Wände ist unser Aktionsradius absolut eingeschränkt. Wir können den Sonnenstrahl noch ersehnen, dass er auf unser Bett falle, unsere Hände oder unser Gesicht berühre. Aber wir können uns nicht mehr auf eigenen Füßen in sein Licht und in seine Wärme hinbewegen. Die Endphase des Lebens nimmt uns das Letzte. Ich sah, dass wir an diesem Ort wirklich nur noch das Bett »besitzen«, in dem wir liegen; und nur noch die kleine Fläche des Nachttisches steht uns zur Verfügung. Alles, was ich meiner Freundin dort hinstellte, eine kleine Vase, ein Bild im Rahmen, war beim nächsten Besuch verschwunden. Wer sollte diese Dinge pflegen wollen, wenn schon die Zeit für die Pflege der Menschen knapp ist. Mag das selten so drastisch sein, die Reduzierung auf das Notwendigste in solchen Situationen ist zwangsläufig.

Das menschliche Dasein vor seiner letzten Grenze

Diese letzte Phase des Lebens erleben nicht alle Menschen gleich. Plötzlicher Herztod eines noch rüstigen alten Menschen ist etwas anderes als ein langsames Dahinsiechen. Trifft es aber zu, dass das Altern sich hinzieht, dass es ein Immer-weniger-Werden, ein allmähliches Verlöschen ist, können wir von der Erfahrung existenzieller Armut sprechen. Die körperlichen Veränderungen, das Nachlassen der Kräfte, Krankheit und Gebrechen machen uns hilflos, hinfällig und zuletzt ganz auf andere angewiesen. Wir sind von ihrer Meinung, was für uns das Beste ist, von ihrer Zeit, von ihrer Liebe, ihrer Aufmerksamkeit und von ihrer Pflege abhängig.

Diese äußerste Armut, in die wir da geführt werden, hat ihre Etappen. Nicht auf einmal ist es so. Die Stationen auf diesem Weg aber weisen spirituelle Merkmale auf, wie sie mönchischem Leben eigen sind. Lebenshaltungen, Übungen, Tugenden wie Mönche und Mönchinnen sie freiwillig leben, werden uns in der Endphase des Lebens ungefragt und unerbittlich *abverlangt*. Wir sollten vor diesen letzten, härtesten Zumutungen des Lebens in noch gesunden und guten Tagen nicht einfach wegschauen, sie nicht bis zuletzt verdrängen. Den Tod und das Sterben – obwohl wir nicht wissen können, wie es uns einmal treffen wird – jetzt schon innerlich akzeptieren lernen, ist eine notwendige Übung. Nicht nur für ältere und alte Menschen.

An alten Mönchen können wir beobachten, dass ihre frei gewählte Armut sie innerlich frei und heiter gemacht hat. Es ist nicht auszuschließen, dass auch wir innerlich frei und leicht werden können, falls wir mit den Zumutungen des Lebens – auch in seiner Endphase – einverstanden sein können. Vielleicht werden dann in uns ebenso innere Grenzen geweitet, wie wir dies immer schon ersehnten. Vielleicht erleben wir eine Hoffnung, die uns heiter macht, uns nicht nur eine Zuversicht schenkt, sondern eine freudige Neugier auf ein neues Leben. Vielleicht macht all dies unsere Schmerzen milder, unsere Verzichte und Einschränkungen leichter.

Wenn solche Erlebnisweisen die Etappen des Loslassens begleiten, spüren wir gerade auch in ihnen den Sinn des Werdens, der unser ganzes Leben durchzogen hat. Er gibt auch dieser letzten Lebenszeit ihre Würde. Sie ist die Zeit für »mönchische Tugenden«. Ihnen liegt die freie und freiwillige Übernahme eines Lebens in Armut und Gehorsam zugrunde. Jetzt werden dem alten Menschen »Armut« und »Gehorsam« vom Leben selbst abverlangt. Seine jetzige Wohnstatt, das enge Zimmer und das Bett, das er vielleicht nicht einmal mehr verlassen kann, werden ihm zu einer Art Klausur.

Alten Menschen in der Endphase des Daseins wird ein äußerster Lebensgehorsam zugemutet, sie sollen zu einer Situation ja sagen, die sie nicht freiwillig gewählt haben. Aber man kann einwilligen in das Unentrinnbare. Diese Einwilligung wird jetzt zu einer großen, vielleicht sogar zur größten spirituellen Lebensleistung. Sie wird nicht auf einmal, sondern wie manches in unserem Leben, erst allmählich zu gewinnen sein. In dem Maße, wie das Einverständnis tragend wird, macht es frei für eine ganz individuelle Gestaltung unseres Daseins vor seiner letzten Grenze. Wir sind eingefordert in einen »mönchischen« Lebensvollzug. Wie dieser das spirituelle Leben klausurierter Frauen und

Männer prägt, so prägt er, zwar in anderer Weise, die letzten Tage, Wochen oder Monate unseres Sterbens. »Mönchische Tugenden«, die wir als solche in den Lebensvorgängen der Endphase nicht ohne weiteres als solche erkennen oder benennen werden, möchte ich hier beschreiben.

Eine letzte Ergebung lernen

Wachen und Beten

Viele alte Menschen liegen nachts oft stundenlang wach. Das Schläfchen am Nachmittag oder einfach so zwischendurch, die mangelnde Bewegung und das dadurch fehlende Schlafbedürfnis verhindern den tiefen, den »gesunden« Schlaf. Dadurch können manche Nächte sehr lang und sogar mühsam werden. Mein alter Vater verriet mir einige Jahre vor seinem Tod, wie er diese schlaffreien Stunden verbringt. Er sagte: Glaub mir, jetzt bete ich die drei Rosenkränze, die deine Mutter früher gebetet hat, wenn sie nicht schlafen konnte. Aber, setzte er abwehrend dazu – er muss meinen erstaunten Blick bemerkt haben –, ich bin das nicht. Der Heilige Geist bringt das Gebet hervor.
Abbruch des Schlafes in früher Morgenstunde und auch schon zur Mitternacht, Verzicht auf Schlaf gehörten immer schon zu einem strengen mönchischen Leben. Karthäuser, Trappisten z.B. beten auch nachts, um die Not der Menschen und der Welt vor Gott zu bringen. Wenn alte Menschen schlaflose Stunden haben und noch die Kraft besitzen, an andere zu denken – an jene, die gefoltert werden,

gefangen, auf der Flucht sind, an jene die hungern, die auf der Straße übernachten müssen – können sie das stellvertretende Beten der Mönche und Mönchinnen mitleben. Dafür bedarf es ja keiner Worte. Auch keiner Rosenkränze. Das ist für viele Menschen eine viel zu anstrengende, und vielleicht auch nicht entsprechende Gebetsweise. Es genügt eine innere Wachsamkeit vor Gott, die Absicht des Herzens. Das Leben selbst lädt uns ein, sich in eine solche Gebetshaltung einzuüben.
Auch die dankbare Erinnerung an das gelebte Leben ist eine Art Gebet. Wegen Zuckerkrankheit hatte ein alter Patient einer mir bekannten Altenpflegerin beide Beine über den Knien abgenommen bekommen. Mehrere Jahre saß er mit seinen Stummeln so im Bett. Wenn die Pflegerin morgens zu ihm kam, klagte er nicht etwa über seine Schlaflosigkeit oder über Schmerzen. Vielmehr sagte er manchmal, er habe ja 78 Jahre lang auf seinen Beinen stehen und mit ihnen gehen können. Die letzten Jahre werde es auch so gehen, wie es jetzt ist.
Manchmal erzählte er seiner Pflegerin am Morgen, wo er in der Nacht »gewesen« war. So beschrieb er ihr den Münchner Frauendom einmal bis ins Kleinste, bekannte Bilder und Reliefs mit den Namen der Künstler. Ein anderes Mal »war« er nachts in einem früheren Ferienort, beschrieb, wie herb das Meer roch, der Kaffee auf der Hotelterrasse duftete. Wieder ein anderes Mal referierte er ein interessantes Gespräch, das er irgendwann mit einem Freund geführt hatte. So erfüllte er seine schlaflosen Stunden mit gelebtem Leben. Einverstanden, dankbar. Was er verinnerlicht hatte in gesunden Jahren, war ihm jetzt in anderer Weise Erfüllung. Er vergaß das Klagen. Und er starb bereit.

Fasten

Der alte Mensch verbraucht nicht mehr viel an Energie. So braucht er auch nicht mehr viel an Speise und Trank. Er kann weder viel noch von allem essen. Selbst Dinge, die ihm ein Leben lang besonders schmeckten, verlieren ihre Anziehung, ihren Geschmack. Er verliert den Appetit; oder der Magen wehrt sich, selbst gegen Lieblingsspeisen. Da wird das langsame Kauen an einem winzigen Stück Brot, an einem Stückchen Apfel zum Genuss. Das »Fasten« ist zur täglichen Übung geworden.

Heute ist Fasten zu Ansehen gekommen. Aus welchen Gründen auch immer, fasten viele Menschen zeitweilig in ihren besten Jahren. Nach solchen Fasttagen, in denen man sich nicht nur das Vielessen, sondern auch das gedankenlose In-sich-Hineinessen abgewöhnt hat, schmeckt ein trockenes Stück Brot, ein Apfel, eine Birne ohne jede andere Zutat besonders gut. Durch das Fasten haben sich die Verdauungsorgane und die Geschmacksnerven erholen und erneuern können. So kommen wir zu einem viel intensiveren Genuss von Speise und Trank, als dies vor dem Fasten der Fall war. Wir genießen, das heißt, wir essen langsamer, bedächtiger und deshalb auch nicht mehr so viel. In manchen Fasten- und Meditationskursen wird das Essen zu einem meditativen Vorgang, einer bewussten Übung von Genießen und Dankbarkeit, von Bescheidung und Maßhalten.

In klausurierten Frauenklöstern, in denen ich öfter mehrere Tage weilte und Vorträge oder Exerzitien hielt, wurde ich auch zu Tisch geladen. Die Herbheit, Einfachheit von Raum, Tisch, Geschirr und Speisen ließen mich erfahren, wie schön diese Spärlichkeit sein kann. Zum anderen, wie wenig wir tatsächlich brauchen, um dankbar, bewusst und genussvoll zu essen. Das Schweigen und das Hören auf eine Lesung, auch auf Musik, labte gleichzeitig Geist und Seele. Fasten in diesen Klöstern bedeutet den dauernden, zumindest den häufigen Verzicht auf Fleisch, auf Süßigkeiten, ganz und gar auf jegliches Genussmittel. Außerdem gibt es dort noch strengere Fasttage und Fastenzeiten. Sie weisen hin auf jene Zeiten, in denen uns Fasten zugemutet sein wird, auf Zeiten der Krankheit im Alter, im Sterben.

Einsamkeit und Schweigen

Die meisten alten Menschen bleiben in ihren Familien, leben bei einem ihrer Kinder. Man sollte meinen, dort würden Einsamkeit und Schweigen den alten Menschen nicht treffen. Doch gibt es Gründe, dass auch in vertrauter Umgebung jemand vereinsamt und vor sich hinschweigt. In den Familien ist der ältere Mensch oftmals der oder die einzige seiner Generation. An seinem Generationenschicksal haben die Jüngeren keinen Anteil, außer, dass sie viel darüber erzählt bekamen. Das Interesse daran lässt verständlicherweise mit der Zeit nach. Dazu kommt, dass das Nahgedächtnis der Älteren schwächer wird, so dass sie nicht mehr wissen, was sie am selben Tag schon mehrmals erzählt haben. Sie können aber wahrnehmen, ob man ihnen zuhört im Sinne einer teilnehmenden Zuwendung. Wo diese nicht mehr gegeben ist, wo nur halb-hörig zugehört wird, fehlt ihnen, was sie eigentlich suchen: die sie aufnehmende, sie ernst nehmende, verstehende Beziehung.

Bei den meisten alten Menschen stellt man das Bedürfnis fest, das eigene Leben wieder und wieder anzuschauen, im Davon-Reden ihm Sinn und Bedeutung abzugewinnen, zuerst für sich selbst, aber auch für andere. Können alte Menschen dieses Bedürfnis nicht mehr leben, schränkt sich ihr Sprachvermögen erheblich ein. Denn ihr Erzählstoff ist jetzt vor allem, zuletzt ausschließlich, der Stoff ihres Lebens geworden. Wenn die körperlichen Kräfte versiegen, wird auch der Geist müde. Die Fähigkeit, an der Entwicklung der Welt mit Interesse teilzunehmen, mag noch gegeben sein. Das Verarbeiten von Informationen und die Kommunikation darüber werden aber spärlicher und schwierig.

Was für die sehr alten Menschen in den Familien gilt, finden wir bei Heimbewohnern in ähnlicher Weise. Da fehlt dem einen die Kraft für strittige Diskussionen, obwohl Partner und Partnerinnen aus der gleichen Generation am Ort sind. Die andere versteht sich nicht mit der Zimmergenossin oder mit den andern bei Tisch. Die geistigen Wellenlängen laufen aneinander vorbei. Man versteht sich nicht. Lassen die Kräfte noch mehr nach, wächst das Bedürfnis nach Stille, nach Schweigen, nach In-sich-selbst-Ruhen. Mit der Zeit werden die nächstliegenden Dinge, die sich fast nur noch auf das leibliche Wohl beziehen, ausschließlich wichtig. Im alten Menschen aber bleibt ein tiefes Bedürfnis, wie es eine vierundachtzigjährige Heimbewohnerin in ihrem Tagebuch notierte: Was wir alle am meisten vermissen, ist ein persönlich gemeintes Wort. Hygiene und medizinische Versorgung allein sind es nicht, was erwartet wird. Die in uns allen verwurzelten Sehnsüchte nach An-gesehen-Werden, sich als einmalige Person ernst genommen, sich als geliebt erleben wollen; diese

Bedürfnisse, sie bleiben. Wo nicht auf diese letzten Lebenswünsche eingegangen wird, vereinsamen wir. Wir werden inmitten anderer heimatlos. Trostlos. Einsamkeit, Schweigen werden nun dem Menschen in der Endphase seines Lebens unfreiwillig abverlangt. Deshalb sollte diese für den alternden Menschen äußerst schmerzhafte Situation möglichst gemildert werden durch Aufmerksamkeit und liebende Zuwendung bis zuletzt.

Aus religiösen Motiven wählen Mönche und Mönchinnen Einsamkeit und Schweigen freiwillig. Für sie sind sie kreative Gestaltungsweisen ihres Lebens. Sie suchen und leben Stille, Einsamkeit, Schweigen, Sammlung, um auf Gott zu hören. Sie richten ihr Augenmerk darauf, dass er sie in allen Dingen und Situationen anredet. Im ständigen Bewusstsein seiner Gegenwart soll ihr Leben eine Antwort auf Gottes Anruf sein.

Manche Klöster machen heute Angebote für stille Tage oder Wochen. Sie bieten an, ihr Leben im Kloster mitzuerleben. Das »Kloster auf Zeit« soll dem Bedürfnis vieler Menschen nachkommen, das Herz von Lärm, Hektik, Betriebsamkeit, Zerstreuung und auch von überflüssigen Ansprüchen zu reinigen. Menschen, die dieses Angebot annehmen, wollen ein alternatives Leben kennenlernen, dem Eigentlichen des Menschseins nahekommen und die Gemeinschaft mit Gott suchen. Sie sehen in der Einsamkeit und im Schweigen einen Weg der inneren Reinigung und Läuterung. Eine konsequentere Ausrichtung auf Gott in ihrem Alltag, eine persönliche Nähe zu ihm, eine tiefere Glaubens- und Gotteserfahrung sind die Ziele solcher Übungstage oder Wochen.

Da wir nicht wissen können, wie sich für uns die Endphase des Lebens ergeben wird, wissen wir auch nicht, ob wir die uns zugemutete Einsamkeit bewusst und bereitwillig als die letzte Läuterung annehmen und gestalten können. Deshalb tun jene gut daran, die in den besten Jahren Zeiten einhalten, in denen sie in Zurückgezogenheit und Schweigen ihr Leben überdenken und Gott suchen. Dafür eignen sich auch Exerzitien, Besinnungstage oder -wochen. Aus solchen Läuterungsprozessen bringt man die Sehnsucht mit, Gott auch im Alltag in der Stille zu suchen, sein Wort zu bedenken und auf ihn zu hören.

Selbstachtung und Demut

Die in den früheren Entwicklungsprozessen erworbene Selbstständigkeit wandelt sich im hohen Alter möglicherweise in Angewiesensein und Hilfsbedürftigkeit. Im »Erleiden der Minderung« (Teilhard de Chardin) der Fähigkeiten und Möglichkeiten sind alternde Menschen aufgerufen zu einer besonderen Selbstachtung. Ohne Selbstachtung gibt es keine wahre Demut. Letztere wird zur täglichen Einübung durch Lebensvorgänge wie diese: Viele können nicht mehr gut hören, nur schlecht laufen und sich nicht mehr bücken. Manchen muss man die Suppe löffeln, das Essen geben. Man muss sie waschen, säubern, kämmen, aus- und ankleiden, ihnen die dritten Zähne putzen. Das Lebensgefühl, das sich dabei einstellt, führt zu der Erkenntnis: In solcher Lage zu altern, demütigt den Menschen. Die Selbstachtung vor der eigenen Würde zu erhalten, wird in dieser Situation zur täglichen Aufgabe, denn nicht alle Pflegenden und Angehörigen in der Umgebung der Älteren sind bereit, diese Würde selbstverständlich und spürbar zu achten. In manchen

Heimen ist es auch heute noch üblich, die Alten einfachhalber mit »Oma« und »Opa« anzureden. Damit anonymisiert man sie, nimmt ihnen das Einzige, was ihre Identität ungebrochen aussagt: ihren Namen.
Dann und wann konnte ich Redeweisen hören, die an die frühe Symbiose zwischen Mutter und Kind erinnerten, wenn etwa gesagt wurde: »Jetzt sind *wir* aber wieder schön angezogen; jetzt riechen *wir* aber wieder gut.« Die alten Menschen, auf das Gut-Meinen anderer angewiesen, werden sich kaum dagegen wehren können. Sie ergeben sich. Wenn man so angeredet wird und sich keine andere Anrede mehr ausbitten kann, ist der alte Mensch zwar sehr schwach, aber umso empfindsamer für die nicht genügende Achtung seiner Person. Die Ich-Gefühle des Menschen wie Selbstwertgefühl, Bedürfnis nach Achtung und Beachtung werden umso wacher. Sie bleiben bis zuletzt. Da der so alt und gebrechlich gewordene Mensch nichts mehr hat, »weder Gestalt noch Schönheit« (Jes 53,2), ist er umso verletzbarer in seinem Innern. Aufmerksame und behutsame Nähe, Achtsamkeit auf seine für ihn jetzt noch lebenswichtigen kleinen Wünsche, geben ihm Würde und Geborgenheit.
Ohne Selbstachtung keine Demut. Das gilt auch für das mönchische Leben. Die grundlegende Achtung vor der Personwürde des Einzelnen ermöglicht es den Frauen und Männern in der mönchischen Lebensform, Demut zu üben. Das geschieht vor allem durch die fraglose Einordnung in das Gemeinschaftsleben, gegebenenfalls auch als Unterordnung um eines gemeinsamen Zieles willen. Die Achtung voreinander drückt sich nicht nur aus in der Kultur eines einfachen und strengen Lebens, in der Tischkultur und der Weise, einander zu dienen. Vor

allem wird die Eigenart des Einzelnen geachtet. Auch die Art, in der sie sich auszudrücken pflegt. Das schließt die Achtung vor seinem, ihrem persönlichen Charisma ein, mit dem er oder sie die Gemeinschaft bereichert und fördert.
Das sind grundlegende Lebenshaltungen, die in allen Beziehungen und Gemeinschaften ihre Gültigkeit haben. Wenn menschliches Leben gelingen soll, müssen sie überall ihre Beachtung finden. Respekt und Achtung bis zuletzt würde so zur Selbstverständlichkeit auch gegenüber dem hilfsbedürftigen alten Menschen.

Entäußerung und Ergebung

Wenn unser Leben auf den Tod zuläuft, kommen wir in einen radikalen Prozess der Entäußerung, der Los-Schälung von allem, was unser Leben ausmachte. Ent-äußerung heißt, dass wir auf uns selbst zurückgeworfen werden. Unsere Fähigkeiten, mit anderen Menschen, mit der Außenwelt in Kontakt und in Kommunikation zu sein, schrumpfen auf ein Minimum. Romano Guardini schreibt, je älter der Mensch werde, desto mehr erlebe er das Dünnerwerden der Lebensereignisse. Theodor Häcker meint, dass der Geschmack der Birne, die wir in der Kindheit aßen, nie mehr so intensiv sein werde wie einst. Das ist ein Bild dafür, dass der alte Mensch mehr und mehr den Geschmack des Lebens, Geschmack am Leben verliert.
Verloren hat er auch Menschen, die er liebte, die ihn liebten. Diese Abschiede brennen noch in manchen Herzen. Vielleicht schmerzt noch, wovon man sich auch sonst

trennen musste: Haus, Garten, Kinder, Freunde. Manche haben das Gefühl, unnütz, überflüssig geworden zu sein, anderen zur Last zu fallen. Die ehemaligen gesellschaftlichen und beruflichen Rollen verlieren endgültig ihr Gewicht, ihre Bedeutung. Da das Gedächtnis schwächer wird, verblassen die eigenen Lebensleistungen, in denen und mit denen man seine berufliche und auch die persönliche Identität aufgebaut hat. Letztere zeigt jetzt fast ausschließlich die Merkmale von Hilfsbedürftigkeit und Abhängigkeit. Die Arterienverkalkung kann dem Menschen seine Orientierung rauben, sein Erinnerungsvermögen auslöschen. Die gefürchtete Alzheimer Krankheit löst einen totalen Persönlichkeitsverlust aus.

Durch diese existenzielle Armut und Entäußerung, die das Leben, wenn auch unterschiedlich, jenen zumuten kann, die sehr alt werden, kommt, so Romano Guardini, etwas Absolutes ins Spiel: »Das Haben verschwindet. Nur noch die Person ist da. Der alte Mensch wird durchsichtig für den Sinn, für den Lebenssinn schlechthin. Nicht nur für sich, vor allem auch für seine Umwelt. Das Endliche wird transparent für das Absolute. Es wird sichtbar, dass das Ewige im Menschen nicht in Beziehung steht zum Bios, sondern zur Person« (R. Guardini, »Die Lebensalter«. Topos TB 160, Mainz).

Die Entäußerungen im Sterbevorgang lassen erkennen, dass die Würde des Menschen nicht in Schönheit, Vitalität, Gesundheit, körperlicher Integrität liegt. Sie sind wunderbare Geschenke, die diese Würde zum Ausdruck bringen können. Aber die Menschenwürde selbst liegt im Menschsein begründet.

Die Entäußerung in ihrer zeitlichen Dauer will den Menschen einholen in eine letzte innere Gesinnung. Es ist die

Ergebung in den Willen Gottes. Der immer schon geleistete Lebensgehorsam, verstanden als Offenheit und Antwort dem Leben gegenüber, in dem Gott immer schon auf uns zukam, hat diese Ergebung zum Ziel. In ihr geben wir Gott unser Leben zurück, von dem wir es erhalten haben. Der gläubige Mensch »weiß«, hofft, dass Gott uns das Leben nicht nimmt, sondern wandelt in ein unvergängliches Leben bei ihm.

Erfahrungen mit Sterbenden zeigen, dass in diesem Endgeschehen Menschen neue Sinne des Glaubens wachsen können; dass eine vorher nicht gekannte Hoffnung aufbricht, die eine Gewissheit von der Unzerstörbarkeit menschlichen Lebens vermittelt. Wenn Sterbende die dunkle Verzweiflung über ihre bevorstehende Vernichtung durch den Tod durchgekämpft und durchgestanden haben, nun den »großen Willen« über ihrem Leben akzeptieren können, finden sie einen tiefen inneren Frieden. Sie kommen zu der ihnen möglichen Reife, zur Integrität ihrer Person. Alle Entwicklungsprozesse, alle Konflikte, die ganze Lebensarbeit an sich selbst haben diese Integrität zum Ziel.

Oft finden noch in den letzten Tagen und Wochen entscheidende und versöhnende Gespräche statt mit Angehörigen, mit Freunden, mit Pflegenden, mit Ärzten und Seelsorgern. Sie sind gekennzeichnet von einer seltenen Offenheit, Ehrlichkeit, von Angstfreiheit und von Einverstandensein mit dem Leben, wie es jetzt ist. Der Wunsch, alles zu ordnen, sich zu versöhnen, allen zu danken, sich ohne Groll zu verabschieden, bekommt Raum und Gewicht, während alles andere zurückweicht. Die Ahnung einer großen inneren Freiheit erreicht auch die das Sterben begleitenden Menschen.

Integrität: Immer schon angestrebt. Immer im Ringen, immer im Kampf um sie. Ihr immer schon mehr oder weniger nahegekommen, sie flüchtig erreicht, um wieder neu aufzubrechen, sie als Weg im Leben und als Ziel vor Augen zu haben. Mir scheint, die Integrität der Person braucht diese letzte Entäußerung im Prozess des Sterbens, dieser herben Läuterung, um endlich endgültig »hervortreten« zu können. Sie ist das »hochzeitliche Gewand« (Mt 22,12), wie die Bibel sagt, um an der Hochzeit Gottes mit der Menschheit teilnehmen zu können.
Auch für das mönchische Leben ist die Integrität der Person ein Lebensziel. Die Losschälung von der Anhänglichkeit an irdische Dinge durch die gelobte freiwillige Armut und der Gehorsam sind dort Wege, sie zu erreichen. Aber auch für diese Menschen bleibt sie etwas zu Erringendes, etwas, wozu sie wie alle anderen Menschen erst unterwegs sind. Die Hochzeit, das Mahl, die Freude, die »Vollkommenheit« steht auch für sie noch aus, solange der Tod nicht bestanden ist.

Wenn das Leben auf seinen letzten Punkt zuläuft

Vom letzten Punkt aus, auf den unser Leben zuläuft, gewinnt jeder Tag unseres Lebens seine besondere Qualität, seine Intensität. In all den vielen Tagen, die das Leben uns geschenkt hat, lernten wir, das Leben zu ergreifen, es zu lieben, zu gestalten. Im Prozess des Lebens aber war immer schon das Sterben gegenwärtig, wir mussten uns ver-abschieden, ab-trennen, mussten ab-geben, ab-treten, ab-nehmen, ab-lassen. In all diesen Ab-schieden wurden wir jeweils auch für Neues bereit und frei. Nicht ohne

Schmerzen kann Leben erfahren und gewonnen werden. Das ist unsere untrügliche Erfahrung. Sie trägt auch den letzten aller Lebensprozesse, das endgültige Sterben, den Tod. Vielleicht haben wir bis dahin gelernt, diesem letzten Ereignis, dem Tod zuzutrauen, dass auch er eine Umwandlung sein wird, eine Auferstehung zu neuem Leben.
Denn das »Verlöschen des Atems ist nur *ein*, aber nicht *das* Ende«, sagt Robert Jungk. Im Glauben an ein neues Leben schrieben Angehörige auf die Todesnachricht ihres Verstorbenen: »Als es Morgen wurde, stand Jesus am Ufer« (vgl. Joh 21,4).

Ein vorbehaltloses Vertrauen

»Sollte die Schlussphase des Lebens mit ihrer wachsenden Begrenztheit ... für den › Gläubigen‹ nicht eine erstrangige Bedeutung haben? Ich frage mich wirklich, ob diese Endphase der menschlichen Existenz, in welcher man nichts mehr aus sich selbst vermag, in welcher man nichts mehr ist als totale Abhängigkeit, nicht absolut notwendig ist, um sich der Fülle Gottes ganz öffnen zu können.
In dieser Phase macht alles dem Schweigen Platz. Unser persönliches Selbstseinwollen, unsere Verdienste und Tugenden, unsere sogenannten › Rechte‹ auf Belohnung und sogar unsere Ideen über das Jenseits, über eine ewige Seligkeit – alles hat kein Gewicht mehr. Das Schweigen herrscht, vielleicht sogar ein gewisses Schweigen Gottes. Es ist notwendig, damit in dieser Stunde nur noch das Vertrauen bleibt... Ein Vertrauen, das von nichts mehr verdunkelt, verstellt, geschwächt oder begrenzt wird. Um

ein ins Äußerste gesteigertes Vertrauen. Denn letzten Endes hat angesichts Gottes nur eine vorbehaltlose Annahme Sinn. Alle Beschränkungen dieser Annahme durch Festhalten an Verdiensten oder sonst etwas würde dem absoluten Vertrauen im Wege stehen« (Pierre de Locht, Concilium 2/88).

Lass mich verstehen

»Nachdem ich Dich als Den erkannt habe, Der mein erhöhtes Ich ist,
lass mich, wenn meine Stunde gekommen ist,
Dich unter der Gestalt jeder fremden oder feindlichen Macht wiedererkennen,
die mich zerstören oder verdrängen will.
Wenn sich an meinem Körper oder noch mehr an meinem Geist die Abnutzung des Alters zu zeigen beginnt,
wenn das Übel, das hinwegrafft oder mindert, mich von außen überfällt oder in mir entsteht;
im schmerzlichen Augenblick, wo es mir plötzlich zum Bewusstsein kommt, dass ich krank bin und alt werde;
besonders in jenem letzten Augenblick, wo ich fühle, dass ich mir selbst entfliehe,
ganz ohnmächtig in den Händen der großen unbekannten Mächte, die mich gebildet haben;
in all diesen düsteren Stunden, lass mich, Herr, verstehen,
dass Du es bist, Der – sofern mein Glaube groß genug ist –
unter Schmerzen die Fasern meines Seins zur Seite schiebt,
um bis zum Mark meines Wesens einzudringen und mich in Dich hineinzuziehen.«
(Pierre Teilhard de Chardin, »Der Göttliche Bereich«)

Literatur

Älterwerden

Altwerden, Concilium 3/91

Auer, Alfons, Geglücktes Alter, Eine theologisch-ethische Ermutigung, Freiburg 1995

Benary-Isbert, Margot, Das Abenteuer des Alterns, Frankfurt a.M. 1965

Brocher, Thomas, Stufen des Lebens, Stuttgart/Berlin 1977

Bühler, Pierre, Christliche Identität. Zwischen Objektivität und Subjektivität, Concilium 2/88

Erikson, Erik H., Kindheit und Gesellschaft, daselbst: Die acht Phasen des Menschen (siebtes Kapitel), Stuttgart 1967

Fischle-Carl, Hildegund, Fühlen, was Leben ist, Band 2, Stuttgart 1977

Grün, Anselm, Die Lebensmitte als geistliche Aufgabe, Münsterschwarzach 1980

Guardini Romano, Die Lebensalter, ihre ethische und pädagogische Bedeutung (Topos-Taschenbücher 160), Mainz 1986

Hauser, Theresia, Bei Krisen in der Lebensmitte, in: Beraten und Begleiten, Handbuch für das seelsorgliche Gespräch. Hrsg. Konrad Baumgartner und Wunibald Müller, Freiburg/Basel/Wien 1990

Hauser-Schöner, Isabell, Kinder brauchen ihre Großeltern, München 1994

Herzog-Dürk, Johanna, Lebenskrise und Selbstfindung. Das Erlebnis der Heilung im psychotherapeutischen Prozeß. Aus der Praxis der Personalen Psychotherapie, Herderbücherei Band 662, Freiburg 1978

Hollander, Walther von, Der Mensch über Vierzig, Frankfurt a.M. /Berlin 1966

Kassel, Maria, Sei, der du werden sollst. Tiefenpsychologische Impulse aus der Bibel, München 1982

Kubelka, Susanna, Endlich über Vierzig. Der reifen Frau gehört die Welt, München/Zürich 1980
Lindenberg, Wladimir, Jenseits der Fünfzig – Reife und Erfüllung, München/Basel 1971
Lukas, Elisabeth, Wie Leben gelingen kann, Stuttgart 1996
Lukas, Elisabeth, Alles fügt sich und erfüllt sich. Die Sinnfrage im Alter, Stuttgart 1995
Mieth, Dietmar, Vom Ethos des Scheiterns und des Wiederbeginns, in: Concilium 5/1990, Mainz
Peck, Robert, Das Alter in psychologischer Sicht, in: Hans Thomae, Ursula Lehr, Altern. Probleme und Tatsachen, Frankfurt a.M. 1968
Rosenmayr, Leopold, Die späte Freiheit. Das Alter – ein Stück gelebten Lebens, Berlin 1983
Schulz, Hans Jürgen, Die neuen Alten, Stuttgart 1988
Stappen, Birgit/Moser, Ulrich, Alter als Chance – Grundlegung einer Pastoralgerontologie, München 1994
Stern, Erich, Der Mensch in der zweiten Lebenshälfte, Reihe Geist und Psyche, Nr. 2057/58, München
Swientek, Christine, Mit vierzig depressiv, mit siebzig um die Welt. Wie Frauen älter werden, Herder Spektrum, Freiburg 1991
Thomae, Hans/Lehr, Ursula, Altern, Probleme und Tatsachen, Frankfurt a.M. 1968
Vetter, August, Das Alter in psychologischer Sicht, in: Zwingmann, Charles, Zur Psychologie der Lebenskrisen, Stuttgart 1962
Zink, Jörg, Ich werde gerne alt, Stuttgart 1989

Veränderung des Gottesbildes

Berger, Klaus, Wer war Jesus wirklich, Stuttgart 1995
Boff, Leonardo, Das mütterliche Antlitz Gottes, Düsseldorf 1985

Concilium 2/88, Auf der Suche nach christlicher Identität, Mainz
Concilium 2/95, Die vielen Gesichter des Göttlichen, Mainz
Concilium 1/96, Feministische Theologie weltweit, Mainz
Concilium 3/96, Die Pfingstbewegungen als theologische Herausforderung, Mainz
Congar, Ives, Der Heilige Geist, Freiburg 1982
Diakonia 6/95, Ich glaube an den Heiligen Geist, Freiburg
Frielingsdorf, Karl, Dämonische Gottesbilder. Ihre Entstehung, Entlarvung und Überwindung, Mainz 1992
Fuchs, Gerhard/Werbick, Jürgen, Scheitern und Glauben – Vom ethischen Umgang mit Niederlagen, Freiburg 1991
Gagern, Friedrich E. von, Der andere Gott – Christsein ohne Angst, München 1990
Gutiérrez, Gustavo, Aus der eigenen Quelle leben. Spiritualität der Befreiung, München/Mainz 1986
Hauser, Theresia, Mit Augen der Hoffnung, München 1994
Heine, Susanne, Frauen der frühen Christenheit, Göttingen 1986
Jaschke, Helmut, Dunkle Gottesbilder – Therapeutische Wege der Heilung, Freiburg 1992
Jaschke, Helmut, Der Heiler. Psychotherapie aus dem Neuen Testament, Freiburg 1995
Jaschke, Helmut, Und sie gingen traurig weg. Warum Menschen nicht glauben können, Mainz 1995
Küng, Hans, Ewiges Leben, München 1982
Kurz, Paul Konrad, Gott in der modernen Literatur, München 1996
Laurien, Hanna-Renate, »Abgeschrieben?«. Plädoyer für eine faire Diskussion über das Priestertum der Frau, Freiburg 1995
Meuser, Bernhard, Gottestherapie – Warum der christliche Glaube gesund macht, Stuttgart 1993
Niehl, Franz W. (Hrsg.), Die vielen Gesichter Gottes, München 1991

Rahner, Karl, Erfahrung des Geistes. Meditation, Freiburg 1977
Rahner, Karl/Vorgrimmler, Herbert, Kleines Konzilskompendium, Freiburg 1966
Schellenbaum, Peter, Stichwort Gottesbild, Stuttgart 1981
Schüngel-Straumann, Helen, Die Frau am Anfang. Eva und die Folgen, Frauenforum, Herder Freiburg 1989
Schüssler-Fiorenza, Elisabeth, Zu ihrem Gedächtnis. Eine feministisch-theologische Rekonstruktion der christlichen Ursprünge, München/Mainz 1988
Voß-Goldstein, Christel, Aus Ägypten rief ich meine Töchter. Feministische Theologie praktisch, Düsseldorf 1988
Walter, Karin, Frauen entdecken die Bibel, Frauenforum, Freiburg 1986
Welte, Bernhard, Das Licht des Nichts. Von der Möglichkeit neuer religiöser Erfahrung, Düsseldorf 1986
Wolff, Hanna, Neuer Wein – Alte Schläuche. Das Identitätsproblem des Christentums im Licht der Tiefenpsychologie, Stuttgart 1981

Beten, Meditieren

Baumotte, Manfred, Bei Dir bin ich geborgen. Gebete für ältere Menschen, Gütersloh 1988
Delp, Alfred, Gesammelte Schriften, in: Bleistein, Roman (Hrsg.), Band IV: Aus dem Gefängnis, Frankfurt a.M., Zitat und Besprechung in: Orientierung 2/95
Hauser, Theresia, Der nahe ist – Sich betend erinnern, Stuttgart 1996
Hoerni-Jung, Helene, Vom inneren Menschen – Ikonen des göttlichen Sohnes, München 1995
Kurz, Paul Konrad, Der Fernnahe. Theopoetische Texte, Mainz 1994
Mello, Anthony de, Meditieren mit Leib und Seele – Neue Wege der Gotteserfahrung, Kevelaer 1994

Nouwen, Henri, Mit Offenen Händen, Freiburg 1996
Sudbrack, Josef, Meditative Erfahrung – Quellgrund der Religionen, Mainz 1994
Teilhard de Chardin, Pierre, Der Göttliche Bereich, Olten/Freiburg 1962

Krankheit, Trauer, Sterben, Tod

Hanna, Thomas, Beweglich sein, ein Leben lang, München 1992
Hark, Helmut, Den Tod annehmen. Unser Umgang mit dem Sterben als Chance der Reifung, München 1995
Heim, Edgar, Krankheit als Krise und Chance – Eine Bibliothek zu den Fragen unseres Daseins, Band 7, hrsg. von H.J. Schultz, 1980
Horn, Uli, Lernen, mit Rheuma zu leben, Heidelberg 1991
Kast, Regina, Sich einlassen und loslassen. Neue Lebensmöglichkeiten bei Trauer und Trennung, Freiburg 1994
Kübler-Ross, Interviews mit Sterbenden, Gütersloher Taschenbücher
Lander, Hilda-Maria / Zohner, Maria-Regina, Trauer und Abschied. Ritual und Tanz für die Arbeit in Gruppen, Mainz 1992
Locht, Pierre de, Der Tod: das letzte Schweigen Gottes, in: Concilium 4/1992
Neysters, Peter/Schmitt, Karl-Heinz, Denn sie werden getröstet werden. Das Hausbuch zu Leid und Trauer, Sterben und Tod, München 1993
Nouwen, Henri J.M., Die Gabe der Vollendung. Mit dem Sterben leben, Freiburg/Basel/Wien 1994
Stoddard, Sandol, Leben bis zuletzt. Die Hospizbewegung. Ein anderer Umgang mit Sterbenden, Serie Piper, München 1989
Tausch, Anne-Marie / Tausch, Reinhard, Sanftes Sterben – Was der Tod für das Leben bedeutet, Hamburg 1985